New Editon of Social Psychology

社会心理学新编

（第三版）

王晓楠　雷开春·主编

课程电子资源

復旦大學 出版社

第三版序

习近平总书记在党的十九大报告中强调"加强社会心理服务体系建设,培育自尊自信、理性平和、积极向上的社会心态",在党的二十大报告中提出,"健全共建共治共享的社会治理制度,提升社会治理效能",其中,培育良好的社会心态是检验社会治理成效的重要指标之一。我国的社会心理服务体系建设包括宏观的社会心理服务体系建设,中观的健康社区、行业和领域的培育和塑造,在微观层面聚焦个体、人际、群体和群际等方面,培育个体心理健康、人际关系、群体和群际和谐。社会心理学为个体心理健康、人际和家庭关系和谐、组织和群体管理、青少年教育和成长、社会安全防范、社区和环境营造等领域提供了大量共享知识,培育积极社会心态,逐渐形成良好社会氛围,不断满足人民美好生活需要,构成社会心理服务体系的重要内容。

当前,我国正处于世界百年未有之大变局的深度变革期,同时又处于社会转型加速期与改革攻坚期,存在一些由个体心理引发的社会问题。因此,如何运用理论知识进行干预和解决尤为重要,社会心理学将人们的成长改变与社会环境的改善结合起来,采取一种人与环境协同改变的逻辑,增强人们在现实生活中的参与意识和改变能力,提升人们在现实生活中的获得感和幸福感。

2014年我与雷开春老师共同筹划,力图编写一本通俗易懂的社会心理学的教材。我们召集了社会心理学的专业教师,包括陈滢、沈启容、张静、赵小军和魏超波,共同商议、撰写,经过教材编写团队2年的努力,于2016年3月出版了《社会心理学新编》。为了使教材内容常用常新,出版了《社会心理学新编》(第二版)。第二版主要增加了两个新的章节,第二章社会心理学的主要流派和第十一章大众心理。2023年初,我们决定再次修订本书的内容,针对转型社会所面临新问题,设计每个章节用新案例替换大部分旧案例,将思政元素融入课程,改造第四章的课程内容,同时根据新时期特点,增加第十三章家庭社会心理,其中包括家庭中的社会观念、家庭中的人际关系、家庭中的个体发展。为了方便教学和学生学习,第三版的教材增加了电子教材资源,根据章节内容设计课程资源,包括视频、案例、习题。

尽管目前同类社会心理教材颇多,但大多强调逻辑结构和知识点,相对缺乏对中国人心理的特殊论述。本教材基于国内外社会心理学教材的结构逻辑,增添了较多鲜活的案例、学习活动和心理学小实验,既保持传统教材的结构逻辑,又拥有鲜活案例,增加引发思考的自我练习或课堂活动,激发读者将理论与生活工作实践相结合。本书不但适合行政管理、社会学、社会工作、应急管理、家政等专业的师生,同时也适合政府机关、企业事业单位的员工培训以及对社会心理学感兴趣的普通读者。

第三版较第一版和第二版有较大的更新,王晓楠和雷开春对原来十二章节案例进行更新和完善,并共同编写第十三章内容,童子荣对第三章的内容进行了修订,教材配套资源由王晓楠进行整体设计,课程视频由王晓楠、雷开春、童子荣、杜鹃共同制作完成。

再版之际,感谢复旦大学出版社,特别是责任编辑戚雅斯对本书的辛苦付出和努力,没有她的支持和帮助,本书很难与读者们见面。本人也认同社会心理学学科发展需要直面中国社会转型的新问题,立足我国国情,脚踏实地地努力、追踪、学习、梳理社会心理学的新进展,进而不断完善、更新本教材,当然这也是最有挑战性和艰巨性的工作。虽然我和雷开春老师都尽全力写好本书,但由于能力有限、学科局限,本书也难免有不当之处。在此真诚地欢迎各位读者、同行和专家们提出宝贵意见和建议,便于我们将来继续修订和完善。

王晓楠

2023 年 6 月 20 日

目 录

第一章　绪论　1
　　第一节　社会心理学的界定　3
　　第二节　社会心理学的研究方法　8
　　第三节　社会心理学的发展历程　15

第二章　社会心理学的主要流派　22
　　第一节　心理学取向　23
　　第二节　社会学取向　28
　　第三节　其他研究取向　33

第三章　社会化　39
　　第一节　社会化概述　40
　　第二节　社会化的理论　43
　　第三节　社会化的影响因素　49
　　第四节　社会化的历程与结果　52

第四章　社会中的自我　61
　　第一节　自我概念　62
　　第二节　自我认知　67
　　第三节　自尊　71
　　第四节　自我控制　75

第五章　社会认知　82
　　第一节　社会认知概述　83
　　第二节　印象形成　90
　　第三节　归因　93

第六章　社会动机与行为　101
　　第一节　社会动机概述　103
　　第二节　主要的社会动机　105
　　第三节　利他行为　108

第四节 侵犯行为 | 115

第七章 社会态度 | 123
第一节 社会态度的界定 | 124
第二节 社会态度的测量 | 129
第三节 社会态度的理论 | 135
第四节 社会态度与行为 | 139

第八章 人际关系 | 147
第一节 人际关系概述 | 148
第二节 人际吸引 | 153
第三节 亲密关系 | 156
第四节 人际沟通 | 160

第九章 社会影响 | 167
第一节 他人在场 | 168
第二节 从众与服从 | 172
第三节 模仿与暗示 | 180
第四节 去个性化 | 185

第十章 群体心理 | 190
第一节 群体概述 | 191
第二节 群体互动：合作与竞争 | 195
第三节 群体决策与群体领导 | 201
第四节 群体偏见 | 206

第十一章 中国人的心理与行为 | 210
第一节 中国人的社会态度 | 211
第二节 中国人的社会关系 | 216
第三节 中国人的社会自我 | 220

第十二章 大众心理 | 232
第一节 信任与宽容 | 234
第二节 风俗、时尚与流行 | 238
第三节 传言、流言与谣言 | 245

第十三章　家庭心理学	251
第一节　家庭中的社会观念	252
第二节　家庭中的人际关系	257
第三节　家庭中的个体发展	262

参考文献	269

第一章

绪论

学习目标

- 了解社会心理学的定义和研究范围;
- 了解社会心理学的常用研究方法;
- 理解社会心理学研究中存在的伦理道德问题;
- 了解西方社会心理学的发展历程;
- 了解中国社会心理学的发展历程。

本章学习资料

> 引 例

刻 板 效 应

将一个人的照片分别给甲、乙两组被试看,照片的特征是眼睛深凹,下巴外翘。实验者向两组被试分别介绍情况,给甲组介绍情况时说:"此人是个罪犯";给乙组介绍情况时说:"此人是位著名学者",然后,请两组被试分别对此人的照片特征进行评价。评价的结果是:甲组被试认为,此人眼睛深凹,表明他凶狠、狡猾;下巴外翘,反映其顽固不化的性格。乙组被试认为,此人眼睛深凹,表明他具有深邃的思想;下巴外翘,反映他具有探索真理的顽强精神。原因在于,把他当罪犯来看时,自然就把其眼睛、下巴的特征归类为凶狠、狡猾和顽固不化;而把他当学者来看时,便把相同的特征归为思想的深邃性和意志的坚韧性。这就是刻板效应。

责任分散效应

1964年3月13日凌晨3时20分,在美国纽约郊外的某公寓前,一位叫朱诺比白的年轻女子在结束酒吧工作回家的路上遇刺。当她绝望地喊叫"有人要杀人啦!救命!救命!"时,听到喊叫声的附近住户亮起了灯,打开了窗户,凶手吓跑了。当一切恢复平静后,凶手又返回作案。当她又叫喊时,附近的住户又打开了电灯,凶手又逃跑了。当她认为已经无事,上楼回自己家时,凶手又一次出现在她面前,将她在楼梯上杀死。在这个过程中,尽管她大声呼救,她的邻居中至少有38位到窗前观看,但无一人来救她,甚至无一人打电话报警。这件事引起纽约社会的轰动,也引起了社会心理学工作者的重视和思考。人们把这种众多旁观者见死不救的现象称为责任分散效应。

从 众 效 应

某高校举办一次特殊的活动,请德国化学家展示他发明的某种挥发性液体。当主持人将满脸大胡子的德国化学家介绍给阶梯教室里的学生后,他用沙哑的嗓音向同学们说:"我最近研究出一种强烈挥发性的液体,现在我要进行实验,看要用多长的时间才能从讲台挥发到全教室,凡闻到一点味道的,马上举手,我要计算时间。"说着,他打开了密封的瓶塞,让透明的液体挥发……不一会儿,后排的同学、前排的同学和中间的同学都先后举起了手。不到两分钟,全体同学都举起了手。此时,"化学家"一把把大胡子扯下,拿掉墨镜,原来他是本校的德语老师。他笑着说:"我这里装的是蒸馏水!"这个实验说明,同学之间的从众效应——看到别人举手,也跟着举手,但他们并不是撒谎,而是受"化学家"的言语暗示和其他同学举手的行为暗示,似乎真的闻到了一种味道,于是举起了手。

对于类似的社会现象,你是否发现也经常发生在我们的身边。社会心理学正是以这些我们日常生活中常见的社会现象为对象,探索这些现象背后的心理规律。

第一节 | 社会心理学的界定

> **引例**
>
> 1968年，美国哈佛大学教授罗森塔尔等人在一所学校随机抽取18个班的一至六年级的小学生，运用智力测验对他们进行鉴定。然后，研究者给了这些学生的老师们一份名单，并告诉校方，他们通过一项测试发现，该校有20%的天才学生，只不过尚未在学习中表现出来。有趣的是，在八个月后的学年年末测试中，这些学生与其他同类学生相比，个个成绩进步飞快，性格活泼开朗，求知欲望强，而且与老师的感情特别深厚。然而，所谓的名单只是从学生的名单中随意抽取出来的。

这个案例告诉我们，我们的行为很容易受到外界的影响（学生受到老师的影响，老师受到研究专家的影响）。因此，当我们了解或预期一个人的行为倾向时，仅了解他的心理是不够的，他所处的社会情境同样重要。把社会环境和人类心理联系在一起，这正是社会心理学的独特之处。

一、社会心理学的定义

社会心理学（social psychology）是在心理学和社会学两大母体下孕育而成的，在一定历史背景下产生的一门具有边缘性质的独立学科。正因如此，关于社会心理学的研究，从一开始就有心理学和社会学两大取向。正如美国著名心理学家墨菲所说："当社会心理学成形之时，它趋向于分为两支，一支是心理学家的社会心理学，着重社会情境中的个人；一支是社会学家的社会心理学，着重团体生活。"在整个社会心理学的发展历程中，心理学取向一直占据着首要地位，并主导着社会心理学的研究方向。但最近几十年，由于心理学取向的社会心理学在解决社会现实问题上并非一帆风顺，社会心理学家们加强了对群体心理与行为的研究，主张"走出单一的心理学取向，从社会学、心理学和文化人类学等学科的综合取向出发研究人的社会心理和社会行为"。

因此，社会心理学应该是一门指向个体、群体以及他们之间相互影响的、研究普罗大众的科学，它并不局限于某一个或某几个学科领域，而是多学科体系的相互整合和相互吸收。从学科融合的趋势出发，社会心理学可定义为：对个体、群体的社会心理与社会行为及其规律进行系统研究的科学。其基本问题包括：人在与他人及周围环境相互作用过程中产生的心理与行为；人与人之间的相互作用过程及作为这一过程后果的人际关系；作为人们直接社会现实的微观社会怎样影响人们的行为与思维方式等方面。

二、社会心理学的研究范围

社会心理学既要研究社会心理,如民族心理、阶层心理等,也要研究社会行为,如利他行为、攻击行为等;既要研究特定情境中的个体心理,如态度的形成和改变、如何看待自己和他人等,也要研究群体心理,如人们在群体中如何行动、群体如何影响他们的成员等。从研究对象的角度出发,可以将社会心理学的研究范围划分为三个层面:个体社会心理与行为、社会交往心理与行为以及群体心理与行为。

（一）个体社会心理与行为

这一层面的研究内容主要包括社会化、社会自我、社会认知、社会动机与行为、社会态度等方面,关注的是个体在社会情境中的心理过程与行为。社会化涉及社会及个体两方面:从社会视角看,社会化是社会对个体进行教化的过程;从个体视角看,社会化是个体与其他社会成员互动并成为合格的社会成员的过程。自我是一套关于自己的信念体系,具有多维度的结构体系。对社会中的自我的探讨,则重点从自我认知、自我体验与自我控制三个方面予以理解。社会认知的研究主要包括两个方面:一是对他人的认知,即印象形成,如对他人的个性特点、表情、行为等的认知;二是归因问题,即研究人是怎样寻找自己或他人行为的原因。社会动机是人的社会行为的直接原因,对社会动机的研究聚焦于对多种类型社会动机的集中探讨。社会行为包括利他行为和侵犯行为,前者研究的基本问题包括:人们为什么、什么时候会做出利他行为?谁会做出利他行为?怎样才能减少冷漠而增加利他行为?后者研究的基本问题包括:侵犯行为取决于先天的生物因素还是后天习得的?什么样的情境更容易诱发侵犯行为?怎样才能减少侵犯行为?社会态度是社会心理学最早的关注点之一,对社会态度的研究主要集中在社会态度的结构及各构成成分之间的关系,研究态度形成与改变的条件和过程以及如何进行科学的测量。

（二）社会交往心理与行为

这一层面的研究内容主要包括人际关系、社会影响等,重点关注的是人与人之间相互作用的机制。人际关系的研究主要集中于人际吸引、亲密关系、人际沟通等。亚里士多德将人称为"社会性动物",即人类有一种强烈的归属需要——与他人建立持续而亲密关系的需要,这正是社会心理学家们对人际吸引机制、促进亲密关系的因素等进行探讨的原动力。人际沟通是人类社会交往的最初、也是最重要的形式,是人类人际关系、群体关系乃至社会关系形成的基础。社会影响是社会心理学研究的核心问题之一。在社会生活中,人们的心理和行为总是受到各种社会力量的影响。这些社会力量既包括与社会地位相联系的各种权力,也包括源于被爱和受尊敬的影响力;既有文化因素,也有群体影响。对他人在场、从众与服从、模仿与暗示、去个性化的探讨,就深刻地揭示了个体的心理与行为是如何受到其他人或其他群体等的影响。

（三）群体心理与行为

社会中的个体无不处于各类正式或非正式的群体之中。群体心理主要研究群体的界定和分类；群体规范的产生及其作用；群体对群体成员工作效率、思维、决策等的影响；群体领导人的地位、作用、产生机制以及领导风格；群体间产生冲突和偏见的原因及消除的策略等。此外，由于群体的类型、性质、特点不同，例如，国家、宗教、种族、民族、文化、职业等所具有的差异性，就会使特定群体形成特定的群体行为，发展出不同类型的群体社会心理，这些心理与行为也是社会心理学研究必不可少的内容，如民族心理、阶级心理、职业（阶层）心理等。本书第十章将集中探讨中国人的社会态度、社会关系和社会自我（面子），正是对中国独特文化背景下所形成的群体心理与行为特点的介绍。

三、社会心理学与相关学科

（一）社会心理学的学科位置

社会学是一门十分庞杂的学科，小到人际互动，大到社会变迁，从青少年社会化到社会阶层流动，都是它的研究范畴，拥有多重理论范式与研究方法，郑杭生老师给社会学下的定义是："社会良性运行和协调发展的条件和机制的综合性具体社会科学"，这个比较抽象生涩，你只要了解凡是属于社会和人的东西都是社会学的研究对象，实际上，学界目前也没有十分统一的概念界定。

心理学则是一门研究人类心理现象、精神功能和行为的科学，包括基础心理学和应用心理学两大领域，研究涉及知觉、认知、情绪、人格、行为、人际关系、社会关系等诸多领域，也与日常生活的许多领域——家庭、教育、健康、社会等发生关联。心理学不仅与社会紧密相关，也与神经科学、医学、生物学等科学有关。

心理学在自身的演变和发展过程中，与其他学科门类有着千丝万缕的联系，形成了十分独特的关系。心理学本身就有着各种不同的历史形态。在心理学独立之后，其他许多学科也有以自己的独特方式在涉及和考察人的心理行为，并且为心理学提供了丰富的科学内容。探讨心理学与其他学科的关系，首先必须探讨这种关系的历史演变。心理学与其他相关学科的关系演变所具有的第一个非常重要的和非常关键的转折点，就是心理学作为独立的学科门类的出现。心理学在成为独立的学科门类之前，心理学依附于其他学科，心理学以其他学科的形态和方式存在和发展。心理学对人的心理行为的探索和研究，是按照其他学科的形态和方式来进行的。

在心理学发展的历程中，心理学与其他学科的关系最初始的就是依附的关系。这种依附关系是心理学在独立之前的一种依赖的关系。当然，在心理学从不成熟走向成熟的道路上，这种依附的关系开始表现出来的是从属的关系，后来表现出来的是还原的关系。

社会心理学现在被认为是心理学的分支学科，主要研究社会环境对人的心理及行为影响，包括个体和群体的社会心理现象，个体社会心理现象指受他人和群体制约的个人的思想、感情和行为，如人际知觉、人际吸引、顺从等，群体社会心理现象指群体本身特有的心理特征，如群体凝聚力、社会心理氛围等。社会心理学的社会影响的范畴远比一个人试图改变另一个人的行为宽广得多，这是因为除明显的行为之外，想法和感觉也会受他人的影响。社会影响有许多种形式，改变个人的行为意图只是社会影响的形式之一，而且仅仅是他人的存在就能使我们受到影响。从更细微的层面来说，我们每个人都受社会文化意识与文化大环境的影响。社会心理学研究者对这种不同影响因子在个人内心彼此发生冲突时会产生何种结果特别感兴趣，甚至可以说，社会心理学因此而获得存在的必要和价值。当代社会心理学关心的主要不是客观的社会环境，而是人们如何受他们对社会环境的解读或构建的影响，也就是说，人们如何知觉、理解和解释社会环境比了解客观的社会环境更为重要。除此之外，社会心理学家还会特别注意这些理解的根源。社会心理学是一门以实验研究为基础的科学，它用实证方法，系统论证有关人类社会行为的观点，而不是依赖常识或哲学家等一些权威。

沙莲香（1987）通过对社会心理学研究对象的规定，说明社会心理学是一门独立的学科。她指出，一门学科的研究对象决定着它的学科性质、学科地位及其任务。进而，正是因为社会心理学拥有自己的、不能被其他学科所取代的研究对象，才直接把它同心理学、社会学和行为科学等其他学科的研究区别开来，从而成为一门独立的学科。与沙莲香不同，周晓虹（1991，1997）则从他提出的"金鼎说"角度对社会心理学的独立性进行了阐述。他指出，社会心理学是一只有着社会学、心理学和文化人类学这样三条坚足的金鼎。从起源上看，它是在三个母体学科的基础上形成的边缘学科，是它们相互渗透的结果。

社会心理学的学科位置问题指的是社会心理学在科学体系中居于何种地位，以及同其他邻近学科处于何种关系之中的问题。这一问题的探讨对于明确社会心理学的内容、范围、边缘和体系，它与邻近学科的联系和区分，借鉴邻近学科的研究成果和汲取其研究方法都有重要意义。对于加速建立具有我国特色的社会心理学也有着理论上和实际上的意义。社会心理学的邻近学科是心理学（普通心理学）、社会学、文化人类学以及政治学、经济学。由于社会心理学主要是从心理学、社会学衍生而来并同它们有紧密联系，因此，关于社会心理学学科学位置问题主要是探讨它同心理学、社会学的相互关系。

（二）社会心理学与心理学的其他领域

社会心理学与心理学的所有其他领域都有着直接联系，其中，最为紧密的是人格心理学和实验心理学。

社会心理学家与人格心理学家都对个体进行了充分关注。基于这一点，美国心理学会把这两个领域归入同一本期刊中——《人格与社会心理学期刊》（JPSP）及《人格与社会心理学简报》（PSPB）。它们的不同之处在于，社会心理学家对社会因素更为关注，人格心理学家关注的焦点则是个体内部功能以及个体间的差异。例如，在解释个体的暴力倾向时，社会心理学家感兴趣的是社会情境如何使绝大多数个体变得友善或无情、从众或独立，如何使他们对他人产生好感或偏见；人格心理学家则试图寻觅个体的童年创伤，揭示暴力倾向产生的早期根源。

社会心理学是一门实证科学。这意味着社会心理学使用系统的方法收集关于社会生活的信息，并检验理论的可用性。从这个意义上说，一方面，实验心理学为社会心理学的因果推论提供了强有力的研究手段，奠定了方法论的基础。精美巧妙的实验设计，往往能起到事半功倍的效果。另一方面，实验心理学和社会心理学在某些研究领域正在走向融合。实验心理学的两个核心方向是认知心理学（研究心理过程）和行为神经科学（研究生物化学以及神经元结构如何与行为产生关联）。对于他人是如何影响我们的生理体验，如血压、心率和眨眼反应等，社会心理学家们对这一领域的研究兴趣正越发浓厚。这方面的工作衍生出一个新的附属学科——社会神经科学（研究社会行为是如何与大脑的活动以及神经系统的其他分支相关联的）。

（三）社会心理学与其他学科

社会心理学不仅与心理学的其他领域紧密联系，而且与其他学科也关联较多，最值得一提的便是社会学与人类学。

如前所述，心理学和社会学是社会心理学的母体。社会心理学学科正式确立的象征意义就在于两本《社会心理学》教科书的正式出版，其中的一本是美国社会学家爱德华·阿尔斯沃思·罗斯于1908年出版的《社会心理学》，另一本是弗罗德·阿尔皮特于1924年出版的《社会心理学》专著。由此可见，社会心理学与社会学之间渊源极深，且血脉延续至今。以往，社会心理学家与社会学家在研究对象上具有较大的差异性：社会心理学家研究个体——个体在某个特定时间对他人的看法、个体之间的互相影响及其关系；社会学家研究团体——从小团体到大团体（社会与其发展趋势）。例如，在亲密关系的研究中，社会心理学家感兴趣的可能是一个个体是如何被另一个个体所吸引，社会学家则可能会关注婚姻关系、离婚以及同居的比例。但是，当下这种差异正在逐渐缩小。社会心理学家们也开始逐渐考虑诸如社会等级、共享的社会规范这些变量是如何影响偏见、攻击等行为的。此外，尽管社会心理学家与社会学家会运用一些相同的研究方法，但社会心理学家更多依赖于可对某种因素进行操纵的实验方法，如有无同伴影响这个因素，以检验该因素所起的作用；社会学家所研究的因素（如社会经济地位等）则常常难以操纵。

人类学关注的是人类文化与人类本性之间的纽带。同样,社会心理学也与人类学息息相关。人类学家们研究世界各地的文化,希望从中得知人类行为中的哪些行为是普遍存在的,哪些又是因文化而异的。以社会学为基础的社会心理学家们强调的也是更广阔的社会团体,从街区团伙到种族群体以及政党派别。这一传统在社会心理学的社会文化视角中得到了延续。社会心理学对社会文化因素的日益重视,对群体、文化以及社会规范的持续研究,与人类学的相关研究相得益彰,互为补充。

第二节｜社会心理学的研究方法

课 程 活 动

活动步骤:
1. 请15个人志愿上场参与现场活动,并站成一个圈。
2. 请其中的任意一个人举起右手,握住对面那个人的左手,再举起左手,握住任意一个人的右手;请另一个人也按照刚才的步骤进行,直到所有人都跟别人握在了一起。
3. 请大家把这个复杂的人网解开,答案是:一个大圈或两个套着的圈。
4. 当志愿者无法解开时,强调一定能解开。15分钟后结束活动。

活动思考:
1. 团队的角色分工是否形成? 领袖是谁? 策划是谁? 默默配合者是谁? 抱怨者是谁? 为什么?
2. 未上场者在做什么? 关心还是漠然? 为什么?

这个现场活动可以反映出很多社会心理学规律,如团体形成、群体决策、旁观者效应、从众效应、期望效应等,这种现场实验法在社会心理学中经常被采用。除此之外,还会有哪些研究方法? 是否所有的社会心理规律都适合现场实验?

一、社会心理学常用的研究方法

社会心理学家在研究社会心理与社会行为时,主要采用描述法和实验法。描述法是在自然状态下,测量或记录行为、思考和感受过程,主要包括自然观察法、案例分析法、档案研究法、调查法和心理测验。实验法则恰恰相反,研究者通过系统地操纵情境的某一方面并严格控制其他方面,从而改变被试的行为,并试图揭示行为的原因。

（一）描述法

1. 自然观察法

顾名思义，自然观察法（naturalistic observation）是指研究者在不受观察者干预的条件下，对个体的言谈、举止、行为和表情等进行有目的、有计划地观察，以了解其心理活动的方法。例如，为了研究助人行为，研究者在公共场合安排假的紧急事件，观察有多少人愿意帮助处于困境中的陌生人。按观察形式来分，自然观察法可分为直接观察和间接观察；按观察时间来分，可分为长期观察和定期观察；按观察内容来分，可分为全面观察和重点观察。

作为一种研究方法，自然观察法的主要优点在于它的真实性和连续性。一方面，自然观察法所观察到的社会行为是自发的、真实的行为，不是虚假的或是精心策划的；另一方面，自然观察法是在人们不知情的情况下进行的，没有人为安排的痕迹，可以进行长期的、连续的观察，便于取得有关行为发生顺序及发展过程的相关资料。

使用自然观察法需要注意的问题有：第一，研究者必须确保被观察者不知道自己正在被观察，如果被观察者意识到自己正在受到观察，他们在行为表现上有可能与实际不同，使观察结果不够真实。第二，有很多社会行为并不能或很难被自然地观察到，如各类犯罪行为以及为社会道德所不允许的行为等。我们很难想象一位对地铁性骚扰行为感兴趣的研究者整天在地铁上转悠的情景。第三，观察者自身的主观愿望容易影响观察过程及观察结果。研究者的假设会使研究者寻求支持性信息，而忽略那些不一致的证据，这种情况被称为观察者偏差（observer bias）。第四，自然观察法对自变量缺乏控制，难以得出因果关系的结论。这是所有描述法的共同缺陷。

2. 案例分析法

案例分析法（case study）是指对一个个体或群体进行深入、细致的检视，以探究或解释其心理与行为原因的方法。当社会心理学家想要更好地了解一个罕见的或不寻常的个体或群体时，他们有时就会采用案例分析的方法。英国社会心理学家马克·沙勒对那些"一夜成名"后的人的心理感受很感兴趣，他在1997年对多个名人的案例资料进行了研究，这些资料来自名人的日常生活和书信，其中包括摇滚巨星科特·柯本，这位巨星在20世纪90年代声名鼎沸时突然自杀。柯本的案例显示，名声并不总是好事，它使一些人陷入不愉快的高度自我关切中。

案例分析法能够给研究者提供系统的观点和丰富的假设。通过对案例尽可能多的直接考察、分析和思考，能够对研究对象建立起比较深入和全面的理解。但与自然观察法一样，研究者很难避免主观偏差的问题：首先，研究者在搜索个体的生活证据时，往往会受到先入假设的误导，总是挑选出那些支持其预感的事件；其次，案例分析法没有一种标准化的数据分析方法，证据的提出和观点的解释带有极大的主观随意性。同一个案例，不同的研究者可能得出完全不同的结论；最后，案例分析法的结果往往不具普遍性，难以推广。所谓普遍性，即一个特定的研究结果适用于相似情形的程度。仅仅基于对一个案例进行分析，如科特·柯本案例，我们很难说该案例中导致自杀行为的原因可以推广到其他相似的案例中。

3. 档案研究法

解决推广性的方法之一便是考察许多相似的案例。马戈·威尔森和马丁·戴利考察了底特律市1972年发生的512起杀人案件的警察报告。下面是一段摘录：

案 例

底特律案件背后

受害者（男，22岁）与犯罪者（男，41岁）都在一家酒吧，这时双方都认识的一位熟人走进了酒吧。犯罪者向受害者吹嘘这位熟人的打架能力，并说自己曾和他干过一架。受害者回复："你倒挺彪悍的。"然后，两个人就开始为谁更厉害而争论不休。受害者说："我可带着家伙。"犯罪者回复道："我也带着。"两个人都指指自己的口袋。受害者又说："我可不想死，我知道你也不想死，让我们忘了这件事吧。"但是，犯罪者掏出一支小型自动手枪，打死了受害者，然后离开了酒吧。

如前所述，一个案例所得出的结论是很难推广的，但若是一系列材料中都发现相似的细节并推导出相同的结论，那就引人深思了。威尔森和戴利在数百宗杀人案中找到了许多相似的细节：一方面，犯罪者和受害者大都是男性，特别是20岁出头的青年；另一方面，社会支配地位的冲突起到了煽风点火的作用。

威尔森和戴利所使用的方法就是档案研究法（archival method），研究者使用之前为其他目的所收集的档案材料来检验其研究假设。档案研究法的优点是：第一，它能帮助研究者轻而易举地获得大量的现实资料，而且成本很低；第二，研究者可以在较长的时间和空间内检验假设。有些记录可以追溯到几百年甚至更长的时间，这是其他方法办不到的。

档案研究法的缺点主要在于：档案数据最初几乎总是为了另外的目的而收集，并不是研究者现在想考察的问题，两者之间有一定的偏差，研究者需要努力地找出与自己研究课题相关的信息，这对研究者的信息收集和处理技巧提出了更高的要求。

4. 调查法

调查法（survey method）是研究者经常采用的一种方法，其基本做法是：研究者向调查对象询问一系列问题，然后整理所获得的资料并进行深入分析以得出结果。根据调查形式的不同,调查法可分为访谈法和问卷调查法。前者是研究者亲自访问被调查者,向他们直接提问,并对回答进行记录;后者是以书面形式向被调查者提问,让他们填写问卷。

调查法可以比较方便地获得大量的信息和数据,并且具有很强的针对性。在进行调查时,有三个方面的因素需要特别注意,因为它们可能直接影响到调查结果的有效性和准确性,这三个因素分别是样本代表性、问题的顺序、形式及措辞和被调查者的社会赞许性偏差。

首先是样本代表性(representative sample)。在一个调查中,样本数量并不是调查所要注意的唯一因素。样本在多大程度上能够代表所研究的总体更为重要。1936年,有一家名为《文学文摘》的周刊杂志向一千万名美国读者邮寄了总统选举调查的明信片。在两百多万名读者的回复中,阿尔夫·兰登以绝对的优势战胜了富兰克林·罗斯福。而几天之后的正式选票统计结果却是:兰登只获得了两个州的选票。因为该杂志只向从电话簿和汽车登记处得到姓名和地址的人邮寄了明信片。这样一来,就将那些无力负担电话与汽车的人群排除在样本之外。这是体现样本代表性重要性的一个典型案例。当作为一个群体的被试,其特点与研究者想描述的更大人群的特点相匹配时,我们才说这个样本是有代表性的。上述所调查的对象仅是美国社会中拥有一定经济实力的阶层,并不能代表全体美国人民,所以,调查结果出现了很大的偏差。为获得具有代表性的样本,最有效的方法是随机取样(random sample)——在研究总体中,每个人被抽到的概率是相同的。通过这个方法取得的任何一个亚群体——青少年、大学教师或是职业经理人,他们在调查中所具有的代表性将与他们在整个总体中的代表性相一致。

即使调查的样本具有代表性,我们也必须警惕其他的误差来源。一是问题的顺序。当被问及"日本政府是否应该对美国工业品在日本的销售数量设定限额"时,大多数美国人给予了否定的回答(Schuman & Ludwig,1983)。然而,同时在与前一样本相当的样本中,有三分之二的美国人给予了肯定的回答,是因为他们之前先回答了这样一个问题:"美国政府是否应该对日本工业品在美国的销售数量设定限额?"大多数人都认为美国有权利设定进口限额。为了保持一致,他们也只好回答日本应当有同样的权利。二是问题的形式。在舒曼和斯科特的研究中,他们询问一些美国人:"你认为现今国家面临的最重要的问题是什么?能源短缺、公共教育质量、堕胎合法化或污染问题,或者你也可以填写你认为的最重要问题。"在给予上述选择答案的人群中,32%的人认为公共教育质量是最大的问题。而在那些仅仅被问及"你认为现今国家面临的最重要的问题是什么?"的人群中,仅有1%的人提到了教育问题。前面的问题是一个半封闭式问题,后面的问题则是一个开放式问题,结果完全不同。所以,问题的呈现形式可能会影响问题的答案。三是问题的措辞。调查问题的设置是一个十分精巧的环节,不管是问题的顺序、形式,还是问题的措辞,都会影响回答的结果,甚至是问题语调上的细微改变,也会产生巨大的影响力。《时代》周刊在1994年的一项调查发现,仅有23%的美国人认为政府在"救济穷人"上花销过大,而53%的人认为政府在"福利问题"上花销过大。大多数人同意削减"国外援助"资金而增加"帮助他国饥饿民众"的开支。同样的意思,不同的表达,结果却完全不同。

最后,被试的社会赞许性偏差(social desirability bias)也会影响调查结果。所谓社会赞许性偏差,即人们倾向于报告他们认为恰当的或可接受的内容(不论事实是否如此)。例如,有研究发现,在澳大利亚,86%的人对自己工作业绩的评价高于平均水平,只有1%的人评价自己低于平均水平;大多数外科医生认为自己患者的死亡率要低于平均水平。在荷兰,大部分高中生认为自己比其他人更诚实,更有恒心,更有独创性,更友善且更可靠。

5. 心理测验

心理测验(psychological test)是指借助量表对心理特征和行为进行观察和描述的系统心理测量。心理测验有许多类型,如速度测验(测验时有严格的时间限制)、能力测验(没有严格的时间限制)、团体测验(同时给一组受试者测验)、个体测验(一次只给一个人测验)、纸笔测验(以笔、纸、书写方式进行,不操作客体或设备)、作业测验(通过操作特定客体或设备而作出反应)等。

研究者一般将常用的心理测验分为最大成绩测验和典型反应测验两大类。前者用以测量人们的"最大"作业成绩,从而对他们所具备的能力作出评定。这种测验包括各种智力测验、技能测量和成就测验,如韦克斯勒成人智力量表(WAIS)、斯坦福-比纳(Standford-Binet)智力量表、贝内特(Bennett)机械理解测验以及SAT(Scholastic Assessment Test)学术能力评估测试等。后者不是测量人们能够干些什么,而是测量人们在特定情境中的典型行为或感受,主要包括个性、习惯、兴趣、情绪等,如明尼苏达多项个性量表(MMPI)、加州心理量表(CPI)、罗夏墨迹测验和主题统觉测验(TAT)等。

社会心理学研究中经常会采用各种类型的心理测验,用以揭示更广泛的潜在特质,这就对心理测验的可靠性和准确性提出了很高的要求。一个好的心理测验,必须合乎信度和效度两项指标的要求。信度(reliability)是指测验结果的一致性。如果当你第一次做某一职业能力倾向测试时,结果显示你是一个事务型的人;一周之后,当你重新做这个测验时,结果却显示你极具艺术细胞,对具体事务工作毫无兴趣,这个测验便是不可信的,因为两次测试结果的差异太大。一些心理测试(如罗夏墨迹测验)并不能提供非常可靠的测量,另一些测试(如智商测验、SAT等)能提供更具一致性的分数。但即使一个心理测验是可信的,它也未必是有效的。效度(validity)是指测验结果的准确性或有效性,即测量到的是不是所要测定的心理特征。如果一项语言能力的测验测得的竟是机械能力,这种测验就完全没有效度。没有效度的测验,哪怕有再高的一致性,也是没有任何意义的。就如同用成人的身高来衡量智力的高低一样:成人的身高基本不变,每次测量几乎都会相同,具有很高的信度,但它却并非是智力高低的有效指标。

(二) 实验法

实验法是进行社会心理学研究最重要的一种研究方法,很多现在广为人知的社会心理学结论或观点,最初都来自一些设计精巧、匠心独具的经典实验。应用这种方法时,研究者系统地改变或控制一些因素(自变量),以确定该变量是否影响另一种因素(因变量)。实验法有别于描述法的重要特点之一,就是对所研究的情境给予一定程度的控制,突出自变量和因变量之间的关系,以尽可能地减少无关因素的干扰,例如,通过随机分配的方法,最小化组与组之间的系统性差异;又如,设计为双盲实验,以消除可能出现在实验者和参与者意识当中的主观偏差和个人偏好对实验结果的影响等。在这一点上,社会心理学家们发展出一些相当精妙的方法来探究被试的自然反应。

实验法既可以在实验室使用,也可以在其他场合使用。根据研究使用的场合以及控制方法和程度的不同,可以将实验法分为实验室实验法和现场实验法两种形式。

1. 实验室实验法

实验室实验法在特定的实验室条件下进行,其基本特点是对所研究的情境给予很高程度的控制,能最大限度地突出重要因素,防止无关因素的干扰。例如,在菲利普·津巴多对匿名感与攻击性之间关系的实验室研究中,他让被试对其同伴进行电击,一半被试戴着有姓名的标签,穿着自己的衣服,因此,极易被识别;另一半被试则保持"隐匿状态",他们穿上宽松的白大褂,戴白色的面罩,面罩几乎遮住了整个脸。在实验中,被试被随机地分配到匿名和非匿名的情境中去,两组被试间除了衣服的匿名性(自变量)外,情境的所有其他方面都是一样的——主试、环境、被电击者以及任务,研究者用相同的方法来测量两组被试的攻击性。结果发现,那些"匿名"的被试给予的电击量是"易识别"被试的两倍。通过随机分配被试并控制无关变量,津巴多得出结论:通过他对匿名性的操作(而非处于匿名状态下的被试具有某种异常的特征)导致了被试更高水平的攻击性。这也是实验法有别于描述法的重要特点之一:描述法体现的是变量之间的相关关系,实验法揭示的却是自变量和因变量之间的直接因果关系。

实验室实验法的优点显而易见,它可以使人们在有精密控制的条件下,对一个所关心的问题反复进行研究,以揭示特定变量与一定行为或心理表现之间的因果联系,因而可以用来验证理论假设,也可以对特定问题进行深入细致的研究。实验的高度控制性使得研究资料准确,研究结论可信。实验室实验法的缺点主要在于研究情境的人为特征及被试的被研究意识,实验结果不可避免地与实际生活有某种脱节，难以推广到现实生活中。

2. 现场实验法

现场实验法是指在真实的生活情境中进行的有控制的实验。社会心理学家史密斯在1982年做的一项研究就是现场实验的很好例证。史密斯选择超级市场作为实验情境，考察在食品推销时身体接触对短暂的推销员与顾客之间的人际相互作用有着怎样的影响。实验是请求顾客品尝与购买一种新食品。请求方法有两种：一种是只请求，没有身体接触，由这种条件构成控制组，主试的一半时间用这种方式推销；另一种请求方法是请求的同时还轻拍顾客的肩膀，这种条件构成实验组，主试的另一半时间改用这种方式推销。结果发现，控制组顾客50%购买了推销食品；而实验组的比例达到79%。这说明轻度身体接触促进了短暂的人际相互作用。在这一实验中，顾客并不知道自己正在被研究，研究者推销的过程则是实验。实验中的自变量为推销方式，并被操作化为是否有身体接触。自然，每一位顾客被安排到控制组或实验组的概率是相等的。实验保证了随机分配。

现场实验法的优点在于，由于被试不知道自己当了被试，所以，他们不会产生反应偏向；自变量得到控制，可以研究变量间的因果关系。其局限主要在于，现实情境的控制是有限的，研究可能受到干扰。例如，由于某种原因，某一阶段去超市的人群是一个特殊群体，而不是一个完全随机的抽样。此外，自变量的操作也较为困难，例如，我们很难说在拍肩膀推销与不拍肩膀推销的方式上，差异仅仅是拍肩膀，其他无关变量的控制较难。

二、社会心理学实验研究中的伦理道德问题

社会心理研究同时具有科学性和人文性的双重特征。因为是科学的，它必须满足获取科学知识的一切正当标准与要求；因为又是人文的，它必须满足种种伦理标准及要求。在绝大多数情况下，社会心理研究（特别是实验研究）会干扰被试的权利及福祉，尽管这绝对不是社会心理学家的本意，例如，在前面所述的津巴多的匿名感与攻击性研究中，当被试给予同伴电击时，无论是给予电击者还是接受电击者，他们是否会受到心理伤害？研究在伦理上是无可非议的吗？

社会心理学实验研究中触发伦理论争始于米尔格拉姆主持的权威服从研究。在实验过程中，实验者让一位被试误以为自己在参与一项研究惩罚对学习效果的影响的实验，并且自认为是"教师"，另一位训练有素的实验者的同谋则伪装成"学习者"。实验仪器包括：给"学习者"准备的电椅以及特设的控制板，由分成30个等级的"电击"控制杆按实验要求进行控制，电压由30伏依次升到450伏。"学习"实验由实验者安排，以一定的方式进行，让被试（即"教师"）给予"学习者"越来越强的"电击"，作为他未能学会有关材料的惩罚。与此同时，"学习者"则发出越来越热切的恳求，希望停止"电击"，并表现出令人信服的强烈痛苦及不

安。这时,实验者则用权威的口气指令被试不顾"学习者"所表现出明显的痛苦而继续加强"电击"水平(图1.1)。

米尔格拉姆的实验引发了许多伦理学上的批评:第一,被试最初受到欺骗,并且以为自己在对他人施加痛苦;第二,被试本人受到伤害,体会到极度的不安及紧张;第三,当被试最终明了实验目的及结果后,他们被巨大的罪恶感所吞没,就像他们对他人真的实施了电击;第四,实验会破坏被试

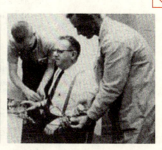

图1.1
米尔格拉姆权威服从实验中的一幕

以后生活中对权威信任的能力及信心;第五,被试没有从这个实验中有任何收益。

受米尔格拉姆的服从实验激发,加之原来存在的一些伦理问题,如欺骗、被试可能受到的伤害以及隐私的侵犯,日益受到社会心理学和其他社会科学家的关注,公众也抱有极大的兴趣,以致政府的政策制定及立法也参与其中,最终形成了一系列研究操作规范及职业伦理信条。美国心理学协会(2002)、加拿大心理学会(2000)以及英国心理学协会(2000)颁布的伦理准则严格要求研究者们做到如下几点:

(1) 尽可能地告知实验者有关实验的情况,这些情况要足以符合实验者知情同意的标准。

(2) 真诚。只有当必要且实验目的的确非常重要时,才允许使用欺骗手段,而并非出于"那些会挫伤实验者积极性"的考虑来使用欺骗手段。

(3) 保护实验者不受伤害,保护实验者不受严重不适的影响。

(4) 对实验者的个人信息保密。

(5) 向实验者作出事后解释。在实验之后告知实验者有关实验的一切情况,包括所使用的欺骗手段。但如果反馈可能会给实验者带来痛苦或困扰,例如,他们意识到自己曾表现得很愚蠢或是很残忍时,可视为该原则的唯一例外。

第三节 | 社会心理学的发展历程

一、西方社会心理学的发展历程

(一) 形成期

与其他许多学科一样,社会心理学的渊源也可以追溯到古希腊时期的柏拉图

和亚里士多德。柏拉图在《理想国》中的社会分类观点和亚里士多德"人是社会性动物"的命题,都对社会心理学后来的诞生有一定影响。

推动社会心理学诞生的直接原因,一方面是19世纪下半叶欧美大陆的社会和科学的发展,当时,资本主义的发展给社会带来了大量亟待解决的社会问题,客观上需要一门学科专门研究这些问题;另一方面,社会心理学的母体——心理学和社会学在这一时期得到长足的发展,有关社会心理问题的研究越来越多,为社会心理学的诞生做好了知识上的准备。当然,一门学科的形成必然会有一系列重大事件的推动,简述如下:

1859年,德国学者拉扎勒斯和斯坦达尔创办《民族心理学和语言学》杂志,并发表了《民族心理学序言》一文,成为民族心理学的创始人。

1875年,德国学者舍夫勒首先在现代意义上使用"社会心理学"一词;1894年,斯莫尔和文森特在美国率先使用"社会心理学"一词,并将"社会心理学"列为《社会研究导论》一书的主要章节。

1897年对美国社会心理学来说意义非凡,是美国社会心理学的诞生之年,主要有两个标志:一是詹姆斯·鲍德温以"一种社会心理学研究"为《心理发展的社会和伦理解释》一书的副标题,阐述了个人是个体化了的社会我,是社会的一部分,也是社会的结果;二是1895年特瑞普利特在《美国心理学杂志》上发表了第一份社会心理学实验报告。实验的目的是考察他人在场和竞争对于人的表现的影响。

1898年,法国学者塔尔德出版了《社会心理学研究》一书,试图用模仿的概念来解释社会行为。

1908年是社会心理学真正意义上的诞生之年。在北美与欧洲大陆,几乎同时出现了两本专门的社会心理学系统著作。一本是1908年6月出版的美国社会学家罗斯的《社会心理学》。罗斯第一次将社会心理学作为一门独立的学科来对待,并专门讨论这门学科的本质与范围。在长达23章的著作中,他广泛涉及当时社会中心问题之一的暴众心理及有关的各种社会心理问题。另一本是同年10月出版的英国本能主义心理学家威廉·麦独孤的《社会心理学导论》。麦独孤沿着达尔文进化论的线索,讨论了个体行为的动力问题,认为本能是一切社会行为的基础。他明确提出:"社会心理学必须说明个人的心理天赋如何形成社会上的一切复杂精神生活,及这种生活如何反过来影响天赋"。

(二)确立期

20世纪20年代以前,尽管社会心理学已经成为一门独立的学科,有了自己的研究领域,但整体上仍然没有完全摆脱从哲学母体中带来的思辨和抽象的性质。直到1924年,弗洛伊德·奥尔波特的《社会心理学》的出版,才完成了社会心理学最具革命性的转折,宣告社会心理学进入了确立时期。其主要特征是社会心理学从描述转向实证,从定性研究转向定量研究,从理论思辨转向应用研究，从大群体分析转向小群体研究。这一系列的转变都从不同的侧面说明社会心理学逐步走向成熟并建立了科学的基础。在这方面最值得一提的两个人物是奥尔波特和米德。

1. 奥尔波特与实验社会心理学

奥尔波特把前人的哲学概念和两个世纪以来所创立的研究方法结合起来，建立了在社会科学领域内足以自立门户的社会心理学。他在《社会心理学》一书中提出了这一学科特有的概念及实验方法，他因此被称为"社会心理学之父"，该书也被公认为是实验社会心理学诞生的标志。奥尔波特的研究主要受到特瑞普利特1897年发表的关于他人在场和竞争对个人行为影响的实验报告以及德国的莫德在1913年做的有关群体对个人行为影响的实验的启发和影响。他研究了社会促进、从众等现象，对群体做了试验，进行了实地调查，测量了群体中人们的不同态度并研究了他们的性格。他提出的一些研究项目在此后三十年间一直是社会心理学家广泛关注的课题，由此可见他的影响之大。

2. 米德的社会学传统

社会心理学的确立虽然以奥尔波特的实验社会心理学为主要标志，但作为一门研究人类自身行为的学科，用自然科学中实验室实验的方法来研究社会行为，必然带有很大的局限性。从19世纪末到20世纪初，以米德为代表的美国社会学家所从事的理论研究在一定程度上弥补了这一不足。米德提出的符号相互作用论兼有哲学、社会学和社会心理学的色彩，他将原先社会学家对社会的宏观研究缩小到微观研究，即将社会行为看成两个人或两个人以上的社会互动。这一思想为后来布鲁姆的符号互动论奠定了基础，也直接孕育了20世纪40—50年代后形成的诸多社会心理学理论。无论是萨宾的社会角色理论、海曼的参照群体理论，还是戈夫曼的社会戏剧理论、莱默特的社会标签理论，都与米德的思想有着密切的联系。

（三）迅猛发展期

第二次世界大战以及之前的欧洲政治动乱给全世界人民带来极大的灾难，社会心理学在战争中带来了一些影响，主要体现在以下两个方面：第一，纳粹德国巨大的知识分子天才群的迁移。就社会心理学而言，勒温及其所倡导的崭新的学术传统因此注入美国社会心理学；第二，为了适应战争的需要，大量的社会心理学家被政府招募，进行了广泛的应用研究，如士兵士气、舆论、劝说及心理战，社会心理学家与社会现实及社会问题的密切关联也因此开始。

第二次世界大战期间及战后初期是社会心理学最富有创造力的阶段。一是抽样调查方法的发明。战争期间，为适应战争的需要，如建立国民士气、克服沮丧情绪、探明国内公民有关战争的意向及态度，研究者发明了抽样调查方法。该方法被广泛地用于研究现实问题，如投票模式、对现实及想象的危机的反应以及公民的政治态度等，还被用于研究实验室及课堂之外的许多社会心理问题，成为实验方法的有效补充。二是大批卓有成效的社会心理学成果的涌现。第二次世界大战结束后,以霍夫兰为首的耶鲁小组从战前有关人类学习的实验研究转向社会影响、社会劝说及社会交往的实验研究,他们对于交往者的可信度、劝说效果的保持、劝说中的首因及近因效应进行了创造性的探讨。在加州大学,逃离纳粹迫害而迁往美国的德国科学家阿多诺和弗兰克尔·不伦瑞克把人格定向带入社会心理学。其研究成果《权威人格》试图解释发生于欧洲劫难背后的人格特征,并因此加强了人格心理学和社会心理学的传统联系。在团体动力学研究中心,开始了对行动研究的强调。他们主张社会心理研究应定位于社会问题,从而导致了国立训练实验室以及大批敏感性训练小组或人际关系训练小组的建立。

继承第二次世界大战结束后初期生机勃勃的研究传统,社会心理学在20世纪50年代至60年代初期取得重大进展。社会心理学的研究主题越发广泛,从社会认知及劝说、合作竞争及冲突、人格与社会行为的关联、领导行为与群体的凝聚力,到组间关系、社会化及亲社会行为,不同的领域都取得令人瞩目的成果。这是社会心理学迅猛发展的时期,也是认知定向逐渐取代行为主义定向而占据社会心理学中心舞台的时期。

(四)危机期

社会心理学在20世纪60年代后期遭遇到重大的挫折,承受着来自学科内部和社会外部的双重打击。罗森泰主持的一系列研究证实了存在实验者(包括教师)的期望效应;奥恩则发现了社会心理学实验中存在需求特征,或者说成为被试的角色扮演。他们的研究从社会心理学内部对实验的有效性提出了质疑。

社会心理学的发展受到两方面外部影响:第一,对伦理问题的关注普遍增长,并进而引发有关社会心理研究尤其是实验研究的伦理争论,如前述米尔格拉姆主持的服从实验研究所引发的批判与反思;第二,西方社会动乱造成了社会的大动荡。面对这些严峻的社会现象,民众呼吁社会心理学到社会现实中去解决最迫切的社会问题,但社会心理学在很多方面表现得力不从心。"社会工程师"的自信心及公众的期望值降至冰点。

正是在此背景下,社会心理学家进行了深刻的自我批判。批判的焦点主要集中在两个方面:一是彻底审查社会心理学赖以发展的方法论基础——实验程序;二是挑战美国社会心理学的霸主地位,开创社会心理学的世界本土化运动。它们共同构成了社会心理学的最新发展趋向及整体脉络。如果说"危机"严重损害了社会心理学的学科尊严,那么,社会心理学自我批判意识的兴起则是社会心理学走向理智成熟的标志。

(五)再次发展期

学者们通过对社会心理学危机的反思并以此为鉴,自20世纪80年代以来,社会心理学再次蓬勃发展起来。

一方面，在建构主义的视角中，美国主流社会心理学理论延续着传统的社会认知范式的主导模式，使正处于第三代思潮的社会认知主义的社会心理学理论蓬勃发展。研究者们抛弃了建立统一理论的企图，代之以寻求所谓的中等范围理论，如符号互动论框架下的情感控制论、认同论和期望状态论，以及社会交换论框架下的权力依赖论、情感社会交换论等。

另一方面，欧洲社会心理学逐步复兴，解构了美国社会心理学的霸权地位，重建与欧洲现实相对应且与美国不同的欧洲社会心理学的本土化运动始于20世纪60年代末，其主要代表为泰费尔、莫斯科维奇等人。该运动的最初实践成果是于1969年成立了欧洲实验社会心理学协会，1971年，《欧洲社会心理学杂志》创刊，同年发行了《欧洲社会心理学专著》，随后不久，又创立了欧洲社会心理学实验室。从1979年开始，欧洲实验社会心理学协会出版了《欧洲社会心理学研究丛书》。这套丛书由于包含了很多欧洲社会心理学的标志性理论，因而成为国际上社会心理学的经典著作，也是欧洲社会心理学理智复兴的开始。经过30余年的不懈努力，以2001年出版的《欧洲手册》为标志，欧洲社会心理学已经成功地解构了美国社会心理学的霸权地位，使国际社会心理学图景得以重构。

二、中国社会心理学的发展历程

（一）评介阶段（1949年以前）

从20世纪20年代起，我国的社会心理学开始萌芽。首先，一些学者翻译介绍了国外的一些社会心理学著作，例如，赵演翻译了奥尔波特的《社会心理学》，高觉敷翻译了黎朋的《群众心理学》。其次，学者们撰写了一些社会心理学著作，如1924年陆志韦撰写的《社会心理学导论》和1948年孙本文撰写的《社会心理学》。最后，学者们还做过一些实地调查和应用研究，例如，1922年，张耀翔首次进行了选举方面的民意测验、中国青年的情绪研究、迷信以及商人心理研究等；1942年，费孝通和周先庚在昆明进行了第一次工业社会心理学学科研究。但总体来说，1949年之前的工作主要以介绍与评价为主，虽然有一部分针对中国特定问题的研究，但不够系统化。

（二）停顿阶段（1949—1980年）

众所周知，我国有一段时期在政治、经济、教育等很多方面都是模仿苏联的。早在20世纪20年代，苏联的社会心理学研究停滞；直到20世纪50年代末，苏联才逐步恢复对社会心理学的研究。在我国，由于苏联学术观点的影响和"文化大革命"，社会心理学一直没有得到应有的重视，整个学科研究停滞不前，直到20世纪80年代才开始重建。

（三）重建与本土化阶段（1981年至今）

1981年，北京心理学会首次举办了社会心理学学术座谈会，来自全国各地的

50多位学者就社会心理学的对象、性质、方法和部分理论问题发表了意见。1982年,中国社会心理学研究会(后更名为中国社会心理学会)成立,这是我国社会心理学重建的主要标志。同年,北京师范大学心理学系开始招收以社会心理学为主攻方向的研究生,南开大学、广州师范学院等院校也相继开展同样的工作。这一时期,北京、上海、天津、广州等地出现一批新老结合的研究群体,一部分译介著作也陆续出版,中国社会心理学研究者用较短的时间,完成了社会心理学的重建过程。

此后,社会心理学在我国取得了长足的进步。中国社会心理学会及中国心理学会社会心理学分会相继成立,规范化的博士培养体系基本形成,中国社会心理学会学术会刊《社会心理研究》开始在内部发行,这些都标志着中国社会心理学已经进入本土化或中国化阶段。中国社会心理学者在本土社会心理学理论构建上作出了初步而富有成效的贡献,如杨国枢的社会取向理论、金盛华的有关中国人自我价值定向和精神信仰理论等。我们也要清醒地看到,尽管社会心理学理论在中国正在良性发展,但与美国和欧洲相比,中国社会心理学探索与发展的道路还很长。

本 章 小 结

1. 社会心理学是在心理学和社会学两大母体下孕育而成,在一定历史背景下产生的一门具有边缘性质的独立学科。

2. 社会心理学是对个体、群体的社会心理与社会行为及其规律进行系统研究的科学。

3. 从研究对象的角度出发,可以将社会心理学的研究范围划分为三个层面:个体社会心理与行为、社会交往心理与行为以及群体心理与行为。其中,个体社会心理与行为主要研究社会化、社会自我、社会认知、社会动机与行为、社会态度等方面,关注的是个体在社会情境中的心理过程与行为;社会交往心理与行为主要研究人际关系、社会影响等,重点关注的是人与人之间相互作用的机制;群体心理与行为主要研究群体的形成与发展、群体间互动等,强调的是去个性化的个体行为。

4. 在心理学领域中,与社会心理学联系最为紧密的是人格心理学和实验心理学;在社会学领域中,与社会心理学联系最为紧密的是社会学与人类学。

5. 社会心理学家在研究社会心理与社会行为时,主要采用两大类研究方法:描述法和实验法。描述法主要包括自然观察法、案例分析法、档案研究法、调查法和心理测验。实验法可分为实验室实验法和现场实验法。

6. 由于社会心理学实验可能给被试带来欺骗、伤害以及隐私问题,因此,社会心理学研究经常会涉及伦理道德问题。

思考与练习

一、名词解释

社会心理学　实验法　心理测验

二、论述题

1. 论述社会心理学的常用研究方法。
2. 简述社会心理学研究中存在的伦理道德问题。

第二章

社会心理学的主要流派

学习目标

- 了解社会心理学的主要流派及其观点；
- 理解不同流派对社会行为的解释逻辑。

本章学习资料

▶ 引 例

完美主义者的心理学解释

赫赫有名的苹果公司创始人史蒂夫·乔布斯可以说是完美主义者的典型代表，甚至在他病重住院后，仍坚持着这一风格。有一次在他深度镇静时，医生往他脸上戴面罩，他把面罩扯掉，说他讨厌这个面罩的设计，拒绝戴它。尽管他几乎无法说话，但是他要求医生拿来五种不同的面罩，选一个他喜欢的。

乔布斯给世人留下了完美主义者的印象，他对细节的挑剔延续到生命的最后一刻。有人说，他的完美主义倾向来源于他的养父母的言传身教；也有人说，他的完美主义来自被亲生父母遗弃的创伤；还有人说，他的完美主义来自对成就的渴望。你怎么看待乔布斯的完美主义呢？学习本章后，你会发现，不同理论流派对行为背后的心理原因的解释各不相同，它们可以让我们更加理解人的丰富性。

第一节 心理学取向

心理学取向的社会心理学着重研究社会情境中的个体心理，强调采用严格的心理学方法和实验，来分析影响个体心理与行为的社会文化环境因素，目标是揭示影响个体心理和行为的社会心理机制。

一、精神分析理论

精神分析理论由奥地利精神科医生弗洛伊德于19世纪末20世纪初创立。他在治疗心理疾病的过程中，通过观察、思考、总结和内省等方式得出的理论体系，并由此溯及人类的一些普遍性心理规律。弗洛伊德的精神分析理论包括精神层次论、人格结构论、人格发展论、本能论和防御机制论，并提出精神分析方法。

（一）精神层次论

弗洛伊德认为，人的精神活动包括欲望、冲动、思维、幻想、判断、决定、情感等，但它们会在不同的意识层次里发生和进行。人的心理活动有些能够被自己觉察到，只要我们集中注意力，就会发觉内心不断地有一个个观念、意象或情感流过，这种能够被自己意识到的心理活动叫作意识，处于最浅层。那些因不符合社会道德和本人的理智，无法进入意识被个体所觉察的思想、观念或痛苦的感觉、意念、回忆等，常被压存在无意识这个层次里，一般情况下不会被个体所觉察。当个体的控制能力松懈时，比如处于醉酒、催眠状态或梦境中，偶尔会暂时出现在意识层次里、让个体觉察到。在意识与无意识之间则是前意识，如同冰山与水面起伏接触的地方，可以通过某些特定的事件或行为才能被唤醒。

（二）本能论

弗洛伊德的"本能"指的是人的生命和生活中的基本要求、原始冲动和内驱力。具体而言，分为自我本能和性本能。之后，弗洛伊德重新整理了自己的理论后提出，人有生的本能和死的本能。

（三）人格发展理论

弗洛伊德以性的发展为主线，将人格发展分为五个阶段。但这里的性，不是狭义上的性，而是一种被称为力比多（libido）的驱动力。其中，口唇期（0—1.5岁）指力比多的满足主要依靠口腔部位的吸吮、咀嚼、吞咽等活动获得满足。如果受限，可能会导致一些不良行为，如贪吃、醉酒、吸烟等。肛门期（1.5—2岁）指力比多的满足主要依靠大小便排泄获得满足。因此，排便训练非常重要，如果管制过严，可能会导致冷酷、顽固、刚愎、吝啬等性格；如果管制过松，又会导致浪费、无条理、放肆、邋遢等问题。生殖器期（3—5岁）指力比多的满足主要依靠性器官的部位获得满足。若处理不当，可能会出现恋母情结或恋父情结。潜伏期（5—12岁）指儿童不再以身体作为力比多满足为重点，而是将兴趣转向周围事件，并在团体性活动中多呈男女分离趋势。生殖期（12—20岁）主要指随着性器官的成熟，个体性的需求转向相似年龄的异性，对婚姻家庭的意识逐渐成熟。

（四）人格结构论

弗洛伊德认为，人格由本我、自我和超我组成。其中，本我是指原始的自己，包含生存所需的基本欲望、冲动和生命力。本我是一切心理能量之源，按快乐原则行事，它不理会社会道德、外在的行为规范，它唯一的要求是获得快乐，避免痛苦，但本我是无意识的，不被个体所觉察。超我是人格结构中代表理想的部分，它是个体在成长过程中通过内化道德规范，内化社会及文化环境的价值观念而形成，其功能主要是监督、批判及管束自己的行为，超我的特点是追求完美，它所遵循的是"道德原则"。自我是自己可意识到的执行思考、感觉、判断或记忆的部分，自我的功能是在本我与超我之间达成平衡，为此它遵循的是现实原则。

（五）防御机制论

弗洛伊德认为，本我受自我和超我的控制，自我在个体欲望满足过程中起中介和协调作用。但是，自我很难既满足本我和超我的要求，又符合现实原则，难免会遇到一些挫折。超我与自我之间的差异会造成道德性焦虑，自我与本我之间的冲突会产生神经性焦虑，生活情境的矛盾则会带来现实性焦虑。为了减轻恐惧、焦虑、紧张等心理压力，避免人格受损，自我就发展出一套能被现实允许、超我接受、本我满足的方式，即心理防御机制。常见的心理防御机制有压抑、否认、隔离、潜抑、反向形成、合理化、升华、幽默和补偿等。

（六）精神分析法

在弗洛伊德看来，精神分析的目标就是寻找无意识被压抑的欲望。为了帮助个体寻找到那些压抑很深的情结，弗洛伊德提出了自由联想法、梦的解析法和日常生活心理分析法。在他看来，浮现在脑海中的任何东西都不是无缘无故的，那些经常出现的梦境有其特殊的含义，甚至遗忘、错误、迷信等日常现象也有特定的意义。

在弗洛伊德之后，其弟子荣格、阿德勒、弗洛姆、霍妮、沙利文从不同的维度对精神分析的理论进行了扩展，尽管他们自己可能声称与弗洛伊德的理论不同，但后人还是将他们归为精神分析学派，因为他们基本上都认可早期经历对人格塑造的影响。

案 例

一位28岁的外企职员发现最近总是洗手,而且洗手次数一天比一天增多,一旦不洗手,就觉得脏了,很难受,自己都控制不了。有一次,领导交给他一个任务,让他参与重大项目谈判。在谈判的紧要关头,对方负责人握了他的手,他立马跑去卫生间洗手,回来时,对方负责人说:"我觉得我们这个项目合作还是需要再考虑考虑。"于是,这个谈判以失败而告终。回到公司,这位职员被领导当场训斥,并停职反省。后来他了解到,对方是觉得和他握手后就去洗手,不尊重对方,这才导致合作失败。

根据精神分析理论,该职员用反复洗手这个行为来缓解被压抑的来自无意识的冲动或欲望,而这些则与其童年的特殊经历有关。

二、社会学习理论

社会学习理论是由美国心理学家阿尔伯特·班杜拉于1952年提出的,聚焦观察学习和自我调节对人的行为的作用,重视人的行为和环境的相互作用。社会学习理论的核心思想是:人们现在的行为由过去的经验所决定。在特定的环境中,人们学会特定的行为,随着时间的流逝,这些行为成为习惯,但当再次处于同样的环境时,人们倾向于以相同的习惯的方式行动。例如,当红灯亮起时,我们通常都会停下来,因为这是我们过去经历中学习到的反应方式。根据班杜拉的观点,学习的发生通常有三种机制,包括联结、强化和观察学习。

(一)联结

在经典的条件反射实验里,巴甫洛夫的狗每次看到食物时,都会听到铃声。经过一段时间,狗会在没有食物的情况下分泌唾液,这是因为狗已经在食物与铃声之间建立了联结。这一现象表明学习行为就是刺激-反应联结的形成。与此类似,人类也能通过联结来学会某种社会态度、社会情感。例如,许多小孩子一进医院就会哇哇大哭,就是因为之前有过在医院里打针的痛苦经历,甚至提到医生都会害怕。

实 验

行为主义心理学创始人华生曾经做过一个通过人为刺激制造恐惧情绪的实验,叫小阿尔伯特实验(图2.1)。阿尔伯特是一个8个月大的孩子,最初他对小白鼠、兔子、狗、猴子、有头发和无头发的面具、棉絮、焚烧的报纸等物品均没有任何恐惧感。

直到有一天，华生将一只小白鼠放到他身边，阿尔伯特慢慢地被跑动的小白鼠吸引了注意力，观察过一段时间后，探索的天性促使他伸出手去触碰小白鼠。

但当他第二次试图触碰小白鼠时，华生就在他身后用铁锤敲击铁棒，铁棒发出刺耳的响声，吓了阿尔伯特一跳，他放弃了触碰小白鼠，并大声哭起来。随后，只要阿尔伯特想去摸小白鼠，华生就会敲击铁棒。重复这样的行为几次之后，阿尔伯特只要一看见小白鼠，就会露出惊恐的表情，还会哭着转身。这表明，阿尔伯特已经把小白鼠和巨响联系在了一起，小白鼠就代表着巨响，因为对巨响感到恐惧，也就对小白鼠产生了恐惧。

图2.1　小阿尔伯特实验

（二）强化

在操作条件反射实验里，斯金纳发现，鸽子偶一抬高头，受到强化，此后会继续抬高它的头；白鼠的压杆行为如果不予以强化，压杆反应便停止。这表明，人们学会某一行为，是因为随后会有一个令人愉快的，或者可以满足某种需要的东西出现；人们避免表现出某种行为，可能是因为随后会有一个不愉快的结果出现。行为后果会增加或减少行为的机制，就叫强化。除了动物可以通过强化学习某些行为以外，儿童的许多行为也是强化的结果。例如，儿童学会与同伴分享玩具，可能是因为分享行为受到了父母或其他成人的表扬；一个小学生不敢在上课时说话，可能是因为被老师点名批评，甚至告诉家长。

（三）观察学习

班杜拉的研究发现，人们仅通过观察他人或模仿榜样，就可以学习某种社会态度和行为。在观察学习中，环境中的他人是一个重要的信息来源。观察学习可以在没有任何其他外在强化的情况下出现。此时，环境中的他人被称为榜样，是人们模仿的对象。例如，有研究表明，有良好阅读习惯的孩子，其父母本人也大多具备良好的阅读习惯。同时，人们是否会真正学习榜样并进行模仿，还与榜样行为所带来的后果有关。例如，有研究发现，一些幼儿园年龄段的孩子喜欢与别人分享自己的食物或玩具，可能与这些孩子观察到分享行为可以得到父母或老师更多的表扬和称赞有关。

> **案例**
>
> **社会学习理论的经典实验**
>
> 著名心理学大师班杜拉曾经做过一个儿童模仿攻击充气娃娃的实验。实验者先要求儿童观

看成人攻打充气娃娃的视频,之后,一组儿童看到的是这个成人得到了奖赏,实验者称赞他是英雄;另一组儿童则看到成人受到了惩罚,实验者批评了他。之后,将儿童带入了有充气娃娃的房间,告诉儿童可以自由玩耍,实验者则躲在单向玻璃后。第二组儿童在进入房间后,攻打充气娃娃的明显地多于第一组的儿童。实验结果表明,儿童学会了模仿,即模仿成人的行为,在模仿的过程中,儿童也学会了对结果进行相应的评估。

根据社会学习理论的观点,我们目前的行为是过去生活经验的再现,有暴力倾向的儿童大多自己经历过家庭暴力或目睹过家庭暴力。

三、社会认知理论

社会认知理论的创始人是德裔美国心理学家勒温。他首次将格式塔学派的观点应用到社会心理学,强调社会环境在被个人感知时的重要性。与精神分析理论聚焦童年经历所不同的是,社会认知理论关注人的主观意识,认为只有理解了人的认知过程,才能理解人的行为,强调人们的行为依赖于他对社会环境的感知。

(一) 心理场

心理场是指由一个人的生活事件经验和未来的思想愿望所构成的一个总和,并随着个体年龄的增长和经验的累积在数量上和类型上不断丰富和扩展。虽然每个人的心理场存在个体差异,但总的来说,一个人的生活阅历越丰富,他的心理场的范围就越大,层次也越多。人的心理场包括物理环境、社会环境和概念环境,而这里的环境一定是指能对这个人的行为产生影响的那些要素。例如,一个学生在教室学习时,天气变化、教室里学习的人数、竞争的意识都可能成为这个学生的心理场的一部分。

(二) 认知分类

一般来说,人们心理场中的事物并不是杂乱无章地放置的,而是会自发地形成分组或分类。例如,人们会把茶壶和茶杯看成一体(接近或邻近原则),也会把图书馆里看书的人看成一个群体(相似原则),也会把厨房水槽里的盘子看成一堆而不是单个的盘子(相似原则),还会把天上的几片白云看成一只羊(好图形原则),也会认为老师就应该是高尚的、道德的、无私的(简单性原则)。通过这种认知分类,我们的心理场变得更容易识别。

(三) 图形-背景

通过认知分类虽然节省了人们的认知资源,但大多数人的注意力仍然十分有限,不可能同时注意所有事物,因此,人们必须在这个场内进行选择性注意,即区分出图形与背景。所谓图形,就是指注意力聚焦的事物;所谓背景,就是不被注意但仍停留在心理场内的事物。例如,当我们看一场篮球赛时,球员就成为图形,观众则成为背景。因此,在心理场内,图形与背景是可以转换的。如果出现观众骚乱时,球员立即变成背景,骚乱的观众反而成了图形。

社会认知理论与社会学习理论的重要区别在于：第一，社会认知理论关注现在的感知，而不是过去的学习；第二，社会认知理论强调个人对环境的感知和理解的重要性，而不是一个中立的观察者所看到的环境中真实的客体。

> **案例**
>
> **社会认识理论的经典实验**
>
> 美国心理学家凯利对麻省理工学院两个班级的学生做了一个实验。上课之前，凯利向学生宣布，临时请一位研究生来代课，并介绍了这位研究生的一些情况。凯利向一个班的学生介绍这位研究生具有热情、勤奋、务实、果断等多项品质，而向另一个班的学生介绍的信息将"热情"换成了"冷漠"，其余都相同。两种介绍间的差别是：下课之后，前一个班的学生与研究生一见如故，亲密攀谈；另一个班的学生对他敬而远之，冷淡回避。
>
> 根据社会认知理论的观点，虽然介绍中的描述仅有一词之别，但学生们对代课者的认知却有非常明显的差异，这种差异显然与过去的经历无关，仅与他们的理解相关。

第二节 社会学取向

社会学取向的社会心理学着重研究群体心理，强调社会互动或群体变量（政治、经济、教育、文化、法律等社会结构因素）对个体行为的影响，从而揭示社会情境与个体行为之间的关系。

一、社会交换理论

社会交换论理论是主张从经济学的投入与产出关系的视角研究社会行为的理论。将人际传播重新概念化为一种社会交换现象。它认为人际传播的推动力量是自我利益（self-interest），趋利避害是人类行为的基本原则，人们在互动中倾向于扩大收益、缩小代价，或倾向于扩大满意度、减少不满意度。它主张尽量避免人们在利益冲突中的竞争，应通过相互的社会交换获得双赢或多赢。社会交换论的主要代表人物是乔治·霍曼斯和彼得·布劳。前者的理论被称为行为-交换主义，后者则被称为结构-交换主义。前者更着眼于微观结构中的个人行为层面的社会交换，而后者把交换理论从微观结构发展到宏观结构，考察了更为复杂的社会情境中的社会交换。

（一）报酬和代价

报酬指一个人从社会交往中得到的任何有益的东西，可以分为爱、钱、地位、信息、实物、服务六类。报酬对每个人的意义是不同的。一件东西对某人是报酬、对另一个人则可能毫无价值。例如,有人可能会看重地位,而另一个人可能会觉得地位毫无意义。对于同样是计算机系的博士生来说,在求职时有些人可能会倾向于去社会声望很高的大学工作,而有些人可能选择去工资很高的BAT工作。代价是社会交往引起的消极后果。某一种社会交往或人际关系可能要付出很大代价,这种代价包括大量时间和精力的付出、矛盾的产生,甚至是他人的反对等。从事某一种社会交往还可能会妨碍我们进行其他报酬更大的活动,这也是一种代价,经济学上把这称为机会成本。例如,当女性选择全职养育孩子时,她放弃的是工作,但需要付出比工作更多的时间和精力,甚至可能影响其将来重新进入职场。

（二）交往关系评价

社会交换理论认为,一个人对他与另一个人的交往或友谊所得到的报酬和所付出的代价心中有数。尽管人们并不特别去计算这些报酬和代价,但是他们会关心某个关系的总结果,即总的来看,这种关系是使自己得到的多（报酬大于代价）,还是使自己失去的多（代价大于报酬）。当交往关系无法满足人们的评价时（代价大于报酬时）,他们可以选择退出交往,也可能选择协商解决。例如,丈夫觉得自己的责任就是赚钱养家,而妻子觉得丈夫还应该更多关心自己和孩子时,双方就可能产生报酬与代价的不平衡。

（三）公平交往原则

社会交换理论认为,使人最满意的社会交往关系是公平关系：人们不喜欢被别人剥削,但通常也不愿占别人的便宜。评价一种交往关系是否公平,依据的可以是每人都是否得到均等利益（平均原则）,也可以是需要较大的人应该得到较多的利益（按需分配原则）,还可以是一个人得到的利益应与他作出的贡献成比例,多作贡献的人应该得到更多的利益（公平原则）。例如,夫妻双方在离婚时可能将财产平分,也可能将大部分财产给有更大需要的妻子,也可能给有更大贡献的丈夫。

（四）交往关系的平衡

根据社会交换理论,保持交往关系的平衡主要有三个因素：社会规则、相对资源和最小兴趣原则。社会规则往往决定着在社会交往的关系中谁的影响力最大。例如,日常生活中,领导命令下属、父母管教子女都是被公认的社会规则。相对资源指当交往的双方所具备的资源不一样时,占有较多资源的一方就具有更大的控制力。如夫妻双方中,工资高、学历高、工作好或外貌好都可以是一种资源,如果一方具备的资源大大优于另一方,具有好资源的一方就会具有较大的力量。最小兴趣原则指如果一方比另一方更需要建立或继续相互之间的交往关系,双方的力量就会产生不平衡,对建立交往关系兴趣较小的一方会占有更大的力量。例如,在求职难的背景下,大学生在雇佣关系中就占据不利地位。

> **案例**
>
> **社会交换理论的应用**
>
> 同宿舍的两个同学应该一起承担打扫卫生的工作。其中一位同学平常不愿意打扫卫生,经过协商后,他每天为宿舍打水以弥补自己的过失。后来,这位不愿意打扫卫生的同学可能以自己年龄小、体质弱为理由,强调自己做的打扫卫生的工作已经很多了,别的同学多做一些是应该的,因此不会改变自己的行为。
>
> 根据社会交换理论的观点,公平是社会关系得以维持的基础。那位不愿意打扫卫生的同学则通过以弱者自居改变了另一个同学对公平感知(帮助弱者可以收获更多的内在道德奖赏)。

二、符号互动论

符号互动论由美国社会学家米德创立,并由他的学生布鲁默于1937年正式提出。符号是指在一定程度上具有象征意义的事物。符号互动论认为,事物对个体社会行为的影响,往往不在于事物本身所包含的世俗化的内容与功用,而是在于事物本身相对于个体的象征意义,而事物的象征意义源于个体与他人的互动(这种互动包括言语、文化、制度等),在个体应付他所遇到的事物时,总是会通过自己的解释去运用和修改事物对他的意义。例如,每到4月1日,许多网友都会自发地在社交媒体上悼念张国荣。此时,"张国荣"早已脱离了他本来的身份,成为一种符号。

(一)角色理论

符号互动理论的先驱者米德最早提出社会角色理论,认为自我产生的过程包含玩耍与游戏两个部分。在儿童时期,个体在游戏和玩耍的过程中,会创造出想象的伙伴,扮演他人的角色。这里的角色,指其他参与者对自我行为的期待,每个人都依据在群体中的角色来表现被群体期待的行为。他认为人与人之间的互动,是社会角色之间的互动。例如,一位母亲之所以会天天早起为孩子做饭,可能是源于她对母亲这个角色的想象;一个男性以加班来争取成功,可能是来自他对丈夫角色的想象。

(二)"镜中我"

库利提出为人熟知的"镜中我"理论,他认为在社会交往中,他人起到了作为自我镜子的作用。米德拓展了库利的"镜中我"理论,对自我的构成做了解释。他认为自我在与他人互动的过程中得到了改变,明确提出了主我和客我理论。他认为主我是个体对其他人的态度作出的本我的非理性反应;客我则是个体对其他人的态度作出的规范而理性的态度。例如,当你问一位同学:"×××,你好!干什么去呀?"如果他回答说:"不干什么!"于是,当你再见到他时就不再跟他打招呼了,就属于主我的反应;如果你还是选择礼节性地打招呼,则属于客我的反应(具体参见第三章)。

(三) 自我呈现

传播学者欧文·戈夫曼认为,自我呈现是人们为了塑造自己在他人心目中的形象而进行的一种表演。为了能使他人更容易接受而塑造自我良好的形象,要将他人和社会容易接受的形象和行为呈现在前台,不利于自我的内容要隐藏在后台。不管是主动的自我呈现,还是被动的表演,自我呈现是参与人际互动和交往的必要内容。例如,你可能很不喜欢孩子的老师,但为了给老师留下好印象,你还是会尽可能地保持对老师的尊重。

(四) 情境定义

这一理论最早由托马斯提出,他认为个体对他所处情境作出的解释会影响他的行为。在符号互动论学者看来,情境是指人们在行动前面对的情况,包括人物角色关系、行为、场合等,人们根据对情况的判定进而决定自我行为。任何符号必须在一定具体的情境中才能表达出意义;同一符号在不同的情境下,表达的意义也有所不同。因此,要预设情境,具体符号具体分析。用"发火"这件事来举例。当你对领导不满时,你也许很生气也不会发火;但如果是对孩子的拖延行为不满意,你大概率会选择发火。两次行为的差异就在于,你对情境的理解不同:面对领导,你可能是弱者;面对孩子,你可能就以强者自居了。

三、参照群体理论

参照群体的概念由海曼于1942年首次提出。海曼将人们的主观地位定义为与他人群体对比之后得出的自我社会地位认知,这个他人群体就是人们的参照群体。1949年,斯托弗等人运用"相对剥夺"的概念来解释美国士兵的公平感问题:士兵的剥夺感主要取决于他们相对于参照群体而言所处的境遇状况,而不是一个绝对的客观境遇状况。因此,参照群体理论聚焦的问题是,人的社会心理态度和行为怎样受其从属的或追求的群体参照力所影响。

(一) 参照群体划分

参照群体理论把参照群体分为内群体和外群体。内群体指个体把自己所在的群体作为参照群体,个体会用所在群体的标准作为自我评价的基础,并遵守所在群体的规范,个体是否满意由自己的实际情况与同属的群体的其他成员的实际情况的比较来确定。外群体指个体把其他群体的标准作为自我评价的基础,此时,个体的目标可能是在实际加入该群体前先学习该外群体的规范模式,从而逐步获得加入该外群体的"资格"。然而,人们在选择参照群体时存在两个问题:首先,有时参照群体的边界并不确定。在不同的案例中,人们参照对象的类型是不一致的。有的案例是与具有稳定的社会联系和实际交往的人所作的比较,比如在对宪兵公平感的研究中,宪兵的参照群体是同为宪兵的其他战友;而有的案例是与那些处在不同地位或者社会范畴的人相比,比如在对生活满意度的调查中,海外后勤士兵的参照群体就变成了海外前线士兵和国内士兵。其次,同一群体会出现参照行为不一致的现象,甚至得出一些相互冲突的结论。比如,斯托弗等人分别研究了清一色的老兵队伍、清一色的新兵队伍及老兵与补充兵共存的队伍中士兵的态度。研究发现,三个群体的反应显然呈现多种差异模式。

(二) 参照对象类型

参照群体理论认为最重要的参照对象是他人,"他人"则可以进一步细分为组织内的他人(如同事)和组织外的他人(如同行)。同时,人们有时也会以自己过去的状态作为参照对象。此外,系统也会成为人们的参照对象,即与人们预期的结果进行比较。比如,在中国的传统文化中,受教育程度较高的人群建立了较高的社会地位预期。而在市场转型过程中,市场需要的身份类别与教育制造的身份类别预期之间的错位是这部分人群不公平感的来源之一。从时间维度上看,参照对象可以分为三类:过去、现在以及可预期的将来。为此,参照对象可以分为3(过去、现在、将来)×4(自己、组织内的他人、组织外的他人、系统),共12种。不过,应当注意的是,以他人和系统为参照对象时,时间维度的意义不是很大,人们一般只会考虑他人或组织现在的情况,因为有关他人或组织过去的信息一方面难以获得,另一方面人们觉得与自己无关,对将来则难以预期。

(三) 参照群体的功能

参照群体理论认为参照群体有两种主要作用:规范性功能和比较性功能。规范性功能是指群体确立某种行为标准(或称群体规范)迫使个体遵循,如果群体能奖赏对它的顺从而惩罚不顺从,它就起规范作用。比较性功能是指个体借助它作为比较标准和出发点用以评价自己或他人。尽管某个群体对某人并没有提出看法或要求,但这个人要想确认自己或对他人的地位和状况进行评价,就要以某个群体的特点或水平作为基准加以比较。在这种与自我或他人的比较过程中,个体能够确定自己的价值、社会地位,获得一定的满足感,或者产生一定的相对剥夺的感受。例如,在同一批刚入职的同学中,有的人工资收入较高,而有的人较少。收入较高的人在比较中会感到一定的满足,而那些收入相对较低的人,尽管收入的绝对值已经不错了,但与其他同学相比要少一点,在比较中他会感到一种相对的剥夺感。

> **案例**
>
> **参照群体的应用**
>
> 社会心理学家罗伯特·恰尔迪尼的一项研究发现:美国亚利桑那州的石化林国家公园为了制

止盗窃木化石的行为，在园内设置了告示牌，对游客盗取木化石的劣迹表示痛惜。结果却是公园的盗窃现象不但没有减少，还比设置告示牌子之前更严重。

另一项来自加利福尼亚州的实验也得到了相似的结果：如果告知一些住户，他们的用电量比邻居多，这些人很快就会减少用电；另外一些住户被告知其用电量低于邻居后，则会增加其用电量。

根据参照群体理论，人们总会对与自己相似群体的行为作出强烈反应，类似程度越高，影响力越大。人们通常愿意选择作出与参照群体一致的行为。

第三节 | 其他研究取向

一、决策理论

决策理论学派是从巴纳德创始的社会系统理论学派中独立出来的。该学派的主要代表人是赫伯特·西蒙和詹姆士·马奇。他们以社会系统理论为基础，吸收了第二次世界大战后的行为科学、系统理论、运筹学和计算机程序等学科的内容，把决策理论发展为一门边缘科学。决策理论认为，个体会对不同行为的成本和获益进行评价，并选择其中最符合逻辑、最合理的一个。人们会选择那些成本最小而获益最大的行为。例如，一个小学生之所以会快速地完成家庭作业，是因为他做作业付出的精力与时间与他完成作业后会得到的奖励（如看电视）相比，后者带来的收益更大。

（一）期望效价理论

期望效价理论通过增加评估每一种选择发生的可能性而延伸了成本和获益的含义。该理论认为，决策应在综合下述两个因素的基础上进行：（1）每一种可能的结果或选择的价值；（2）由决策而导致的每一个可能结果真实发生的概率或称为期望。例如，一个人之所以会努力工作，可能是他认为努力工作获得更多报酬的可能性很大。而另一个人之所以常常迟到，是因为他认为因迟到被处罚的可能性不大。

（二）有限理性理论

有限理性是指介于完全理性和非完全理性之间的在一定限制下的理性。有限理性是为抓住问题的本质而简化决策变量的条件下表现出来的理性行为。西蒙用令人满意的原则来代替传统的最优化原则，认为由于实际决策中所受到的动机的、认知的及计量上的限制，个体只能找到一个令人满意的决策方案。例如，一位女性在生活中没办法找到最优的结婚对象，她只能与一个相对满意的人结婚。

(三) 心理账户理论

理查德·塞勒的心理账户理论认为，人的决策取决于心理账户，而非真实账户。所谓心理账户，就是人们无意识地把财富划归入不同的账户进行管理，不同的心理账户有不同的记账方式和心理运算规则。而这种心理记账的方式和运算规与经济学和数学运算方式不相同，因此经常会以非预期的方式影响着决策，使个体的决策违背最简单的理性经济法则。这一理论在消费领域应用最广。例如，你在去听音乐会路上不小心丢了已经买好的价值1 300元的门票，你不大可能再买一张票。然而，如果你在去音乐会的路上丢了1 300元，你则更可能选择继续买票听音乐会。这就是因为心理账户不同导致的，因为你会把买好的1 300元的门票放到单独一个账户上，现金放到另外一个账户上。

> **案例**
>
> **决策理论的应用**
>
> 小王是杭州某大学人文学院汉语言文学师范专业的大四学生。理想的职业是中学语文教师。小王综合素质较好，但成绩中等，她考取了家乡一所公立学校的教师岗位，但又想要在繁华的杭州立足，一家待遇丰厚的私立中学向她抛来了橄榄枝。此外，她又想再参加次年的杭州教师招考，考前先在一家公办学校做代课老师。不同的学校岗位摆在面前，小王不知何去何从？
>
> 从决策理论来看，小王首先需要找出自己对就业岗位最看重的4—5个因素，然后分别对这几个因素按重要程度排序（赋值），最后，得分最高的那个单位就是最优选择。

二、社会文化理论

社会文化理论着重研究文化对个体心理与行为的影响，强调从文化因素入手探索有关人类行为的解释，他们试图证明文化在一个民族的人格与社会行为中的模塑作用，能动的人格与社会行为又是在何种程度上建构文化的。文化通常指特定群体的信仰、价值、传统和行为模式。这里的群体可以是国家、种族、宗教团体，甚至是大学生社团。文化大多通过社会化由上一代传递给下一代。例如，儿童不仅可以从父母和同学那里体会到文化，也可以从故事、电视节目中学到；新成员可以从老成员那里学习传统、规范，甚至团体秘密。

（一）社会规范

社会规范是文化的一个非常重要的内容，指的是群体成员行为的规划和期望。社会规范涉及的内容非常广泛，如吃饭时的坐姿、领导的穿着以及出行时的礼让、右行。有一些社会规范适用于群体中的所有人，如服从交警指挥、不能随地吐痰；有些规范只适应于群体内某些特定身份的人，例如，在学校里，教师和学生的规范并不相同；在足球比赛中，球员与观众应遵守的规范也是不同的。

（二）社会角色

社会角色是一整套规范并适用于某一特定地位的个体，如警察、教师、医生等。社会角色借用了戏剧的比喻，个体在社会中的行为就像演员在剧中的表演一样。在戏剧中，剧本设定了舞台，规定了每个演员要扮演的角色，也决定了演员在剧中将要说什么话、做什么动作。与此相类似，文化也为我们的日常生活作了大量的预先设置。例如，教师在讲台上讲话不能过于随便；学生在课堂上必须安静地坐在座位上。

（三）跨文化比较

跨文化比较的目的是厘清不同文化之间在哪些重要方面存在差异，其中，个人主义文化与集体主义文化之间的差异是最常采用的分析维度。在个人主义文化中，一个人的行为在很大程度上是由个人目标所决定的，而不是家庭、工作单位等集体的目标。如果个人目标与集体目标产生冲突，在个人主义文化中，将个人利益放在首位是可以被接受的。同时，个人的自我感觉也会更多地建立在个人特征和成就上，而不是建立在群体成员的基础上。相应地，集体主义文化强调忠于家庭，恪守群体规范，维护与群体成员社会关系的和谐。例如，中国人普遍认同团结就是力量（集体主义），美国人则强调命运掌握在自己的手里（个人主义）。即便看似相同的概念，在两种文化中也会有不同的含义。例如，在美国自我依靠通常指自由地做自己想做的事，不受群体的限制；中国人却更可能将自我依靠理解为不成为他人的负担，不向家庭或朋友提出过分的要求。

> **案例**
>
> ### 社会文化理论的应用
>
> 兰道夫和杰农（Lantolf & Genung）于2002年曾报告了一位博士生想在暑期加强汉语学习的案例。刚开始，博士生的学习目标是获得汉语的交际能力，授课老师采用听说法教学方式，而他并不适应。因此，他便将学习目标调整为获得一个及格分数，顺利地获得博士学位。
>
> 索恩（Thorne）于2003年则报告了一个相反的案例：一名学习法语语法课程的学生参加了网络聊天室的学习活动，其最初目的是想通过聊天活动来学习法语，但后来他将聊天活动看作与同伴建立有意义的社会关系的手段，他不仅获得了极大的个人满足感，而且提高了法语水平。
>
> 根据社会文化理论，案例中两名学生的学习动机都发生了变化，与社会的互动过程对学生的认知起了社会性构建作用，换句话说，人们通常会根据所处的情境来调整自己的认知、判断、预期，甚至行为。

三、进化社会理论

进化社会理论吸收了达尔文关于进化和自然选择的思想，强调我们作为同一个物种通过遗传获得的共同特征。在远古时代，有一些行为倾向（如躲避蛇、喜欢吃富含蛋白质的食物）增加了我们祖先生存的机会，于是，具有这些行为倾向的人会有更多的子女，而这些子女也会继续繁衍。与此同时，这种行为倾向也逐渐成为人类遗传特征的一部分。进化社会理论还能解释婴儿与父母建立强烈情感的倾向、我们对配偶的偏好、乐于助人行为以及战争等许多社会现象。换句话说，我们今天很多普遍的人类行为，都是物种在进化过程中长期自然选择的结果。进化社会理论的主要观点包括以下五个方面。

（一）过去是理解心理机制的钥匙

进化心理学认为，当代人类的大脑里装着一个有着漫长进化历史的心理，因此，过去是了解现在的钥匙。这里的"过去"不仅指个体的成长史，更主要指人类的种系进化史。人类祖先99%的进化历史发生在狩猎采集时代。这种漫长历史的进化过程给人类的心理带来了长久历史的积淀。当今人类的心理中，仍然带有漫长的历史所留下的痕迹。今天的每一个活着的人都是进化的产物，作为"活化石"，帮助我们了解祖先的过去。

（二）功能分解是探究心理机制的重要途径

进化心理学主张，要了解心理，首先要弄清这些心理机制是用来解决哪些适应问题的。通过分析某一心理所做的工作或所完成的任务，以此揭示出这一心理的功能；然后，推测出这一功能背后的心理机制；再追溯这些机制形成的进化史、选择史，直至其终极根源；最后，根据机制和终极原因对心理现象作出解释。

（三）心理就是一系列的适应器

心理是作用于我们狩猎采集时代的祖先身上的进化过程所产生的、进化而来的适应器。自然选择的作用在于通过重复遇到进化中反复出现的情境（长期存在的适应问题），从而对可供选择的心理设计进行检验，以决定哪些设计被选择并遗传给后代。在人类的进化历史中，那些增强自身生存和繁殖能力的设计变化被选择了出来。

（四）心理机制具有模块性

进化心理学认为，人的心理具有模块性，心理包含许多领域特殊性的模块，一个模块只处理与其特定的功能相适应的内容特殊化的信息。换言之，模块作为特殊化的"计算"机制，它只计算那些特定的输入，仅仅专注于与其特殊处理能力相关的信息。例如，心理好比一把瑞士军刀，它包括不同的工具，每一个都能完成某个特定的任务。人的心理也是由一些认知工具组装而成，每种心理都有特定的功能。

（五）人的行为表现是心理机制和环境相互作用的结果

心理机制是解释人类社会行为极为重要的因素。在用心理机制解释人类行为的时候，也不能忽视环境的作用，但是在这里环境是作为第二位的因素起作用的。进化心理学家反对环境决定论。在他们的眼中，环境的作用只在于作为背景因素来激活心理机制，从而使有机体表现出行为。所有的外显行为都是背景输入和心理机制相互作用的结果。

从进化社会理论来看，20世纪以来，感到压抑的人群大量增加，这是因为大家庭的解体及核心家庭的激增。我们的祖先生活在大家庭的氛围中，与家族成员有密切联系的人很少会遭受应激的伤害，因为家族成员更愿意提供社会支持，包括劝导、物质帮助、健康关心、帮助孩子、联合反对共同的敌人。没有大家庭的生活对人来说，特别是女性来说是一种损失，从而会导致压抑。为此，我们可以根据进化心理学的新人性观来进行组织设计和生活设计，以改善人们的生活和工作。

> 案 例

社会进化理论的应用

在美国宾夕法尼亚州匹兹堡市，一位公共汽车司机G先生在女儿6岁时发现她不是亲生女儿，镇上一个男人吹嘘自己才是女孩的亲生父亲，最终亲子鉴定报告证明，这是真的。G先生立马停止支付这个女孩的抚养费，拒绝拥抱和亲吻她，与儿子出门时也不再带上这位小女孩。后来，法院判决G先生应继续支付女孩的生活费，尽管他和小女孩已亲密生活了6年，但不是生父的事实导致他判若两人。

进化人类学家马克·弗林在特立尼达村也发现了类似案例，继父与继子女之间交流没有亲生父子频繁且更具有攻击性，子女显然不喜欢这些交流方式，他们普遍比亲生子女更早离开家庭，开始独立生活。

根据社会进化理论的观点，亲代投资是一项宝贵的资源，绝大多数人不愿意把资源花在没有血缘关系的人身上。

本 章 小 结

1. 心理学取向的社会心理学聚焦社会情境中的个体心理，强调严格的心理学方法和实验，目标是揭示社会环境影响个体心理和行为的心理机制。

2. 社会认知理论关注现在的感知，而不是过去的学习；强调个人对环境的感知和理解的重要性，而不是一个中立的观察者所看到的环境中真实的客体。

3. 社会学取向的社会心理学聚焦群体心理，强调社会互动或群体变量（政治、经济、教育、文化、法律等社会结构因素）对个体行为的影响，目标是揭示社会情境与个体行为之间的关系。

4. 决策理论认为，个体会对不同行为的成本和获益进行评价，并选择其中最符合逻辑、最合理的一个。

5. 社会文化理论聚焦文化对个体心理与行为的影响，强调从文化因素入手探索人类行为，目标是揭示文化对民族人格与社会行为的模塑作用，以及人格与社会行为又是如何建构文化的。

6. 进化社会理论吸收了达尔文关于进化和自然选择的思想，强调我们作为同一个物种通过遗传获得的共同特征。

思考与练习

一、名词解释

强化　图形-背景　情境定义　期望效价理论

二、论述题

1. 简述社会心理学的主要流派及其观点。
2. 论述不同流派对社会行为的解释逻辑。

第三章

社会化

学习目标

- 掌握社会化的概念和途径；
- 掌握社会化的内容；
- 理解社会化的理论；
- 理解社会化的影响因素；
- 掌握社会化的发展阶段和社会化的结果。

本章学习资料

> 引 例

狼孩是否可以社会化？

1920年9月19日，人们在印度加尔各答丛林中，发现一对由母狼哺育的女孩。大的约8岁，取名卡玛拉，小的约两岁，取名阿玛拉。这是人们发现的第一例"狼孩"。她们的言语、动作姿势、情绪反应等方面都能看出很明显的狼的生活痕迹,还会学狼嚎叫。两人被收养后,始终无法融入人类社会。一直到被收养的第七年,卡玛拉才改变狼的习性,和普通孩子一起生活,能说出四五个词,能简单表达自己的意思,还学会了唱一些歌。卡玛拉直到17岁死去时,仍然不会说完整的话,当时的心理水平相当于两岁儿童。

狼孩的事实证明,人的知识和才能不是与生俱来的,而是人类社会实践的产物。儿童要成为一个符合社会要求的成员,不仅要受到身体上的照顾,还需要与社会成员进行交往,发生感情上的联系,否则,社会化就会受到损害。脱离了正常生活环境,人的心理活动不可能正常发展。人不是孤立的,而是高度社会化的。如果脱离了人类的社会环境,脱离了人类的集体生活,就无法形成人类固有的特征。

第一节 | 社会化概述

一、社会化的概念

社会化(socialization)是社会心理学研究的一个中心课题,也是心理学、社会学和文化人类学共同关心的问题。社会化过程就是使人的行为表现出符合他所属的社会文化规范的过程。例如,进食是人类的共同行为,但是吃什么及怎样吃却要符合社会文化的规范。社会化涉及社会及个体两方面。从社会的视角看,社会化即社会对个体进行教化的过程;从个体的视角看,社会化即个体与其他社会成员互动,成为合格的社会成员的过程。

社会化是指个体通过与社会的交互作用,适应并吸收社会的文化,形成适合于该社会与文化的人格,掌握该社会公认的行为方式,成为一个合格的社会成员的过程;或者说,社会化是个体由自然人成长、发展为社会人的过程,是个体同他人交往,接受社会影响,学习掌握社会角色和行为规范,形成适应社会环境的人格、社会心理、行为方式和生活技能的过程。关于社会化,可以从以下四个方面来理解。

(一)个体学习社会角色与道德规范的过程

人从母体分娩出来,就处在与社会环境的互动关系之中。任何时代的社会都会使用种种方法对他施加影响,使其成为一个符合该社会要求的成员,使他懂得什么是正确的,是被社会所提倡与鼓励的;什么是错误的,是被社会所禁止与反对的。与此同时,个人也随时随地地对当前的社会环境以其自身的独特方式作出种种反应,并反作用于环境,从而表现出人的主观能动性。所以,个人的成长与发展就是一系列社会化的过程,是一个学习社会角色与道德规范的过程。

(二)社会化使自然人变为社会人

儿童要成为一个符合社会要求的成员,不仅需要受到身体上的照顾,还需要与社会成员进行交往,发生感情上的联系,否则,社会化就会受到损害。印度的狼孩、美国的安娜等社会隔离(social isolation)的典型例子表明,脱离了正常的社会生活环境,人的心理活动不可能正常发展。

(三) 社会控制

个体转化的手段——社会控制(social control)是使社会和文化得以继承的手段,它使儿童和社会成员去做那些能够使社会正常运转而必须做的事情。各个社会除了制定法律方面的强制性规定以外,还采取各自的措施以确保对道德秩序的支持。凡是体现了这些规范的行为,往往受到嘉奖;凡是违反了这些规范的行为,则可能受到惩罚。维护和加强社会规范的手段还包括宗教、法令等社会形式,以及在亲属关系、职业关系及其他社区关系中起作用的非正规的控制与约束力。通过灌输与强制、奖励与惩罚、诱导、训练、参与等方式引导社会新成员遵守更大范围的社会规范或群体规范。

(四) 社会化贯穿于人的一生

人从出生就已经在接受社会环境对他施加的影响了,之后,经过婴儿期、幼儿期、儿童期、青少年期、成年期,一直到老年期,无时无刻不在接受社会影响,不断地进行社会化。处在成长阶段的青少年通过学习知识,掌握社会规范,形成一定的行为方式,做一个被社会接受的学生和青年;成年以后,要进入人生的事业阶段,组织家庭,教育子女等;退休以后,还须继续适应自己社会角色的变化,承担作为一个公民的义务。

二、社会化的基本途径

人的社会化是通过社会教化和个体内化两条途径实现的。社会教化作为一种外在力量,对个体内化是不可缺少的。没有社会教化,就没有个体内化;没有个体内化,社会教化也就毫无意义。

(一) 社会教化

社会教化是指社会通过社会化的机构及其执行者实施社会化的过程。社会化的机构包括家庭、学校、社会团体、社会组织、大众传播媒介以及法庭、监狱和劳动教养所等。社会化的执行者是指这些机构的组织者及其成员。社会教化具体分为两大类:一是有系统的、正规的教育,如各级学校对学生的教育以及监狱和劳动教养所对违法犯罪者的改造和教育;二是非系统的、非正规的教育,如社会风俗、群体亚文化、传播媒介对人的影响和教育。后者往往在无形中发生作用,起着潜移默化的影响。

(二) 个体内化

个体内化(individual internalization)是指人经过一定方式的社会学习,接受社会教化,将社会目标、价值观、规范和行为方式等转化为其自身稳定的人格特质和行为反应模式的过程。它是个体的内部心理结构同外部社会文化环境相互作用,并对后者主动加以选择和适应的过程。

社会心理学家从不同的方面研究实现个体内化的机制，主要包括：① 观察学习。这是20世纪60年代后班杜拉等提出的，他们认为个体通过对榜样的观察和模仿，可以学习到许多社会行为；② 认知加工。即个体通过感知、记忆、想象、表象、思维等认知活动，将外部世界的信念内化；③ 角色扮演。个人通过角色扮演了解社会对该角色的期望，并形成与此期望相一致的行为模式；④ 主观认同。又称"自居作用"，弗洛伊德曾以此说明社会道德的内化，儿童认同谁或以何人自居，就会以他作为自己仿效的榜样；⑤ 自我强化。指个体在某项活动中达到了自己的目标，就会得到精神上的满足，并增加了日后依此行为模式行动的可能性。这些机制相互关联，共同实现个体的社会化。

三、社会化的内容

社会化贯穿人的一生，包括社会生活所必需的基本知识、技能、行为方式、生活习惯以至于各种思想观念。其主要作用有：① 教导生活技能。一是衣食技能，即维持生存的能力，这是人社会化的第一步；二是职业技能，即谋求生存的本领；② 传递社会文化。它的核心内容包括价值观念体系和社会规范体系；③ 完善自我观念；④ 培养社会角色。根据社会化的内容，可以将社会化分为政治社会化、道德社会化、民族社会化、法律社会化、职业社会化和性别角色社会化等。本节仅介绍其中最具有代表性的三种类型，即政治社会化、道德社会化和性别角色社会化。

（一）政治社会化

政治社会化（political socialization）是指个体逐步接受被现有的政治制度所肯定和实行的政治信念和规范，形成特定的政治态度和政治行为的过程。其目的是将个人培养和训练成为遵守政府规定、服从国家法律、行使正当权利、承担相应义务、促进政治稳定的合格公民。个体在政治社会化的同时，经过自己的主观能动作用，整合社会的各种政治观点，分析各种政治关系，形成自己独特的政治态度和政治行为并反作用于社会政治。

政治社会化是社会化的重要领域，因为在一切社会关系中，经济关系是基本的关系，而政治是经济的集中体现。政治社会化了的个人，总是会赞成或反对某一种政治制度。政治社会化直接关系到一个国家及其政治制度的稳定、巩固与发展，关系到公民政治参与能力的高低。可以说，任何一个国家都十分重视培养自己国家的公民，使他们忠于自己的社会制度。在我国有目的、有计划、科学地进行政治社会化，提高全民族的政治文化素质，既是建设社会主义民主政治的需要，也是现代社会人的全面发展所不可缺的。

（二）道德社会化

道德是指社会调整人们之间以及个人与社会之间相互关系的行为规范的总和。道德社会化（moral socialization）就是使人们将特定社会所肯定的道德准则和道德规范逐渐内化,形成合乎社会要求的道德行为的过程。

美国学者赫什等人提出,人的道德性一般表现为三个方面:① 关心他人,愿意帮助和保护他人。这种关心是自觉自愿、发自内心的;② 能够正确地进行道德判断。社会中的道德准则时常是相互冲突的,对道德问题作出的不同判断会导致不同的行为;③ 行动,即在个人关心他人和作出正确判断的基础上采取的行动。如果个人的行为能够根据社会标准来进行,就是实现了道德社会化。

道德社会化的主要功能是:通过道德榜样的社会教化作用,来引导未成年人的社会学习,将不同时期的社会主流价值观、社会规范和行为方式等内化为自身稳定的道德人格特质和行为反应模式。道德社会化是个体内部心理结构跟外部社会道德文化环境互动的过程。未成年人实现道德内化的心理机制是观察、模仿、学习、认知加工、角色扮演、主观认同和自我强化。因此,家庭、学校、社区和大众传媒向未成年人提供的道德榜样,在很大程度上决定了他们道德学习的方向和习得的行为规范的性质。

(三) 性别角色社会化

性别角色(sex role)社会化是指个人学习自己所属文化所规定的性别角色的过程。男女两性的差异不仅表现为不同的生理特征,还表现为不同的社会特征。在不同的社会和文化背景中,人们对不同性别的人有着不同的角色期待。性别角色是由于人们的性别不同而产生的符合于一定社会期望的品质特征,包括男女两性所持的不同态度、人格特征和社会行为模式。

目前,无论在西方社会还是在包括中国在内的东方社会,都有一种性别角色的刻板成见,认为男性和女性都各应有该性别的心理特点。欧伯格等对12—76岁男女调查的结果发现,人们认为理想的男性特点是支配感、进取心、自主性、自信心以及自我表现;而理想女性的特点是谦卑、急人所难、温顺依从。在职场中或者家庭生活中,我们经常可以看到传统性别角色观念的影响。

第二节 | 社会化的理论

学 习 活 动

请分别用三个形容词来描述你心目中的典型男性形象和典型女性形象。

> 根据你自己的情况,来判断一下自己的性别社会化程度?
>
> 学习思考:
>
> 性别社会化是非常重要的社会化内容。有研究者发现,在我国,不少男性青少年表现出了明显的女性化倾向。这一现象引起了不少大众的关注和担忧。2021年,甚至有全国政协委员提出《关于防止男性青少年女性化的提案》,教育部的答复还被推上微博热搜。其中,关于男性青少年"阳刚教育"的必要性,人们产生了很多争议。然而,无论争议内容和观念如何,实现性别社会化本身是非常有必要的,这是个体自我形成的重要组成部分。

一、库利的"镜中我"理论

图 3.1
库利

该理论的提出者为美国社会学家库利(图3.1)。库利认为,自我或人格是社会的产物,是通过社会互动而产生的。他将自我意识的形成分为三个阶段:首先,我们设想自己在他人面前的行为方式;其次,继行为之后,我们设想或理解他人对自己行为的评价;最后,我们根据自己对他人评价的想象来评价自己的行为,并据此作出下一步的反应。在这样一个循环往复的过程中,每个人就逐渐形成了自我意识和个性。库利非常形象地将通过观察别人对自己行为的反应而形成的自我概念称为"镜中我",即每个人的自我观念其实是他人这面"镜子"的反射。库利还注意到初级群体在个性发展和个体社会化过程中的重要作用。

二、米德有关自我的理论

图 3.2
米德

米德(图3.2)也对人格的结构和形成进行了研究,他在吸收库利"镜中我"等他人理论的基础上提出了自己的看法。他认为人格分为主我"I"和客我"me",主我是有机体对他人态度的反应,客我则是有机体自己采取的一组有组织的他人态度。主我遵循主动和冲动原则,它是个人在自己的行动中针对某一社会情境作出的反应。一个动作一旦完成了,它就成了客我的一部分。个人从自己的意识中唤起他人的态度,从他人的角度看待该社会情境,因此,客我是自我中对主我的记忆和反思的部分。

客我和主我是一种动态的依赖关系。一个人无论怎样预测形势和计划自己的行动,实际情况常常会发生无法预料的变化。行动刚完成,它就会成为人们记忆的一部分,个体按照社会组织中他人的态度审视自己,把新的社会情境带入客我的框架中,通过对自己行为意义的反思,修正自我概念,并根据新的自我概念设计未来的行动。主我和客我相互影响,促进个体自我的不断发展，缺少了任何一方，个体的自我意识都无法形成。在米德看来，自我的发展无法脱离具体的社会化过程，它必须借助于社会的人际交往和沟通才能形成。

米德认为，社会化的实质是角色扮演（role taking），即学会理解他人对于角色的期待，并按照这种期待从事角色行为的能力。米德将社会化过程分为三个阶段：模仿阶段、嬉戏阶段和博弈阶段。

米德的人格理论深刻地分析了个体人格的形成与社会交往的关系，但他的理论也受到一些批评，如低估个人与社会之间的冲突、忽视社会文化的多元现象等。

三、弗洛伊德的人格理论

弗洛伊德（图3.3）是奥地利著名的医生和心理学家，他是首位对人格的结构和形成进行科学探讨的心理学家。他认为人的本能表现为两种基本驱动：一种是性的驱动，它泛指人对快乐的追求和满足，是积极的、发展的、促进变化的方面；另一种是死的驱动，它具有破坏性，要求回到事物的初始状态。这两种基本需要构成人内心的根本冲突。从人格角度来说，它包括本我、自我和超我三个部分，本我和超我总是处于矛盾冲突中，本我代表人格中最原始的那部分，它是与生俱来的，受"快乐原则"支配，不考虑理智、逻辑、道德的约束；超我奉行"至善原则"，是社会规范、道德标准、价值判断等内化的结果；位于本我和超我之间的是自我，它按照"现实原则"调节本我和超我之间的矛盾，以现实环境允许的方式满足本我的需要，并管理不为超我所接受的冲动。

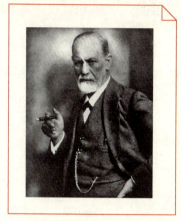

图3.3
弗洛伊德

弗洛伊德的精神分析学说系统，深刻地分析了人格结构以及相互之间的动力联系，深入人的无意识进行研究和探讨，为人类认识自己作出了重大贡献，但同时也受到许多批评，尤其是他过分强调人的本能以及童年期的经历对人的发展的影响引起许多学者的不满，埃里克森就是其中的代表人物。

四、埃里克森的人格发展理论

埃里克森（图3.4）修正和发展了弗洛伊德的理论，他不同意弗洛伊德的泛性生物学理论，认为精神分析既要考虑生物学的影响，又要注意社会文化的影响，尤其要注意家庭、学校、文化对儿童社会化的影响。埃里克森批评弗洛伊德忽略了社会文化因素的作用，并且强调了自我的作用。埃里克森认为，个性的发展持续人的一生。个性的发展过程要经过许多阶段，每一个阶段都有一个特殊矛盾，当解决了某个

图3.4
埃里克森

阶段的特殊矛盾后,个性便相应地发展一步。埃里克森把发展看作一个经过一系列阶段的过程,每一阶段都有其特殊的目标、任务和冲突。各个阶段互相依存,后一阶段发展任务的完成依赖于早期冲突的解决。埃里克森认为,在每一阶段的发展中,个体均面临一个发展危机,每一个危机都涉及一个积极的选择与一个潜在的消极选择之间的冲突。个体解决每一个危机的方式对个体的自我概念以及社会观有着深远的影响。埃里克森的人格发展八阶段理论见表3.1。

表3.1 埃里克森人格发展八阶段理论

阶段	年龄段	心理冲突	人际交往范围	相应获得的品质	
1	0—1.5岁	信任对不信任	母亲	希望信任	恐惧不信任
2	1.5—3岁	自主对羞怯怀疑	父母亲	意志自制	自我怀疑
3	3—6岁	主动性对内疚	家庭基本成员	价值感	无价值感
4	6—12岁	勤奋对自卑	邻居和学校	能力勤奋	无能
5	12—18岁	同一性对角色混乱	同龄群体和领导榜样	忠诚自信	不确定感
6	18—25岁	亲密对孤独	朋友、配偶和竞争合作伙伴	爱与友谊	杂乱泛爱
7	25—65岁	生育对自我关注	同事和家庭成员	关心他人与创新	自私自利
8	65岁以上	自我调整对绝望	全体人类	智慧	绝望与无意义感

与弗洛伊德的观点相比,埃里克森的心理社会发展理论主要有以下发展:第一,埃里克森认为人格的发展持续于人的一生,而不是弗洛伊德认为的童年期的经验就决定了人的一生;第二,埃里克森注意了主体的自我作用与社会文化的影响;第三,埃里克森对人格发展的每一阶段都提出了一个具体的心理社会问题,对学校教育中人格的培养和对精神病的预防与治疗都有很大的现实意义。

五、敏感期理论

根据幼儿教育家蒙台梭利对大量儿童的观察,儿童发展的过程的确存在大致相同的关键期。

(1)空间敏感期。从2岁起孩子开始进入空间敏感期。儿童通过物体的位置探索空间,通过物体的运动探索空间,还通过弯曲的视界探索空间。通过不在视界中的物体探索空间,他们由此得到空间感,形成空间概念。空间的要素包括直观的位置、直观外的位置、速度与时间的关系。这就是科学逻辑的起始点。弹力球是幼儿最初的探索空间的最好的东西。扔东西的动作虽然简单,但却非常重要。

(2) 语言敏感期(0—6岁)。婴儿开始注视大人说话的嘴形,并从发出牙牙学语声时,就开始了他的语言敏感期。语言能力影响孩子的表达能力,因此,父母应经常和孩子说话、讲故事,或多用"反问"的方式,加强孩子的表达能力,为日后的人际关系奠定良好的基础。

(3) 认识符号、书写符号的敏感期(3.5—4.5岁)。孩子对认识符号、书写符号(文字、拼音、偏旁部首)产生兴趣。在孩子的这个敏感期,要特别强调使用实物教学,也就是用孩子认识的事物来认识相关的文字,比如孩子喜欢的食品、玩具等,把文字制作成字卡让孩子和实际的物品配对,这样,孩子就能够避免用记忆去死记硬背了。让孩子通过实物配合文字的形式来学习,才能够真正让孩子将抽象的符号和现实的实物结合起来,学习文字就会有意义了。同样的道理,孩子在书写符号之前,一定要先触摸符号。幼儿园的孩子基本上在毕业之前,就能够掌握符号的书写了。

(4) 阅读敏感期(4.5—5.5岁)。孩子的书写能力与阅读能力虽然较迟,但如果孩子在语言、感官、肢体动作等敏感期内,得到了充分的学习,其书写和阅读能力就会自然产生。此时,父母可多选择读物,布置一个充满书香的居家环境,使孩子养成爱读书的好习惯。

(5) 秩序敏感期(0—3岁)。孩子需要一个有秩序的环境来帮助他认识事物、熟悉环境。一旦他所熟悉的环境消失,就会令他无所适从。幼儿的秩序敏感力常表现在对顺序性、生活习惯、所有物的要求上,如果成人没能提供一个有序的环境,孩子便没有一个基础以建立起对各种关系的知觉。当孩子从环境里逐步建立起内在秩序时,智能也因而逐步建构。

(6) 感官敏感期(0—6岁)。孩子从出生起,就会借助听觉、视觉、味觉、触觉等感官来熟悉环境、了解事物。3岁前,孩子通过潜意识的"吸收性心智"吸收周围事物;3—6岁的孩子更能具体地透过感官分析、判断环境里的事物。在生活中随机引导孩子运用五官,感受周围事物。尤其当孩子充满探索欲望时,只要是不具有危险性或不侵犯他人他物时,应尽可能地满足孩子的需求。

(7) 细微事物的敏感期(1.5—4岁)。忙碌的大人常会忽略周围环境中的微小事物,但是孩子却常能捕捉到个中的奥秘。因此,如果孩子对泥土里的小昆虫或衣服上的细小图案产生兴趣,正是培养孩子细心、认真的好时机。

(8) 动作敏感期(大肌肉1—2岁、小肌肉1.5—3岁)。两岁的孩子已经会走路,最是活泼好动的时期,父母应充分让孩子运动,使其肢体动作正确、熟练,并帮助左、右脑均衡开发。除了大肌肉的训练外,小肌肉的练习也同时进行,即手眼协调的细微动作的训练。不仅能养成良好的生活习惯,也能帮助智力的发展。

（9）社会规范敏感期（2.5—6岁）。两岁半的孩子逐渐脱离以自我为中心，而对结交朋友、群体活动感兴趣。这时，父母应与孩子建立明确的生活规范，培养日常礼仪，使其日后能遵守社会规范，拥有自律的生活。

（10）追求完美敏感期（3—4岁）。从对完整性的审美发展到对事物完美的追求，这个发展的过程使孩子在审美上有了更大的范围。第一反抗期和追求完美的敏感期总是手拉着手一起走来。3—4岁，这是一个在成人眼里不可理喻的年龄。例如，幼儿园的一个小朋友在园长怀里摔倒了，但是谁抱他都不肯起来，他会一直哭着，到楼上找到平时经常带他的老师，再把老师带到他刚才摔倒的地方，重新摔倒一次，让这位老师把他抱起来。这时，他的哭声才会停住。

（11）性别敏感期（4—5岁）。大概4岁的孩子最好奇的就是谁是男孩谁是女孩。如果有人去洗手间，他们一定要跟着去，原因是想观察到底是男孩还是女孩。孩子对身体的探索和认识来自观察，当成人给孩子解释时，必须客观、科学，就如同认识自己的眼睛、鼻子、嘴一样。

（12）人际关系敏感期（2—5岁）。人际关系敏感期一般从交换玩具和食物开始，然后主动寻找情趣相同的伙伴，甚至开始相互依恋。从和许多小朋友玩到只和一两个小朋友深入交往，孩子经历了人际交往的全过程，而这种交往能力是与生俱来的。

（13）婚姻敏感期（5—7岁）。在人际关系敏感期后，孩子便真正展开了婚姻敏感期。最早的时候，孩子会想要和爸爸、妈妈"结婚"。之后，他们就会"爱上"自己的老师或者其他的成人。甚至可能"爱上"一个小伙伴，比如只和自己喜欢的小孩分享好吃的东西，而且经常在一起玩，产生矛盾时也不愿意让其他人干预。总之，他们想拥有属于自己的空间。

（14）身份确认敏感期（4—7岁）。"我是警察""我是霸王龙""我是小锡兵""我是白雪公主"。孩子们会给自己一个又一个身份。这种现象的产生是因为孩子开始崇拜某一偶像，希望自己就是那个偶像。在幼儿园里，经常有穿着白雪公主服装的小朋友，你必须叫她白雪公主她才答应你。孩子在这个身份确认的过程中，他们开始透过自己的偶像来表达自己。

（15）文化敏感期（6—9岁）。幼儿对文化学习的兴趣起于3岁，到了6—9岁则出现想探究事物奥秘的强烈需求。因此，这时期孩子的心智就像一块肥沃的土地，准备接受大量的文化播种。成人可在此时提供丰富的文化资讯，以本土文化为基础，延иду至关怀世界的大胸怀。

敏感期理论表明，成人在养育儿童的过程中需要配合儿童发展的内在需求，既不过早训练，也不要强行干涉，才能顺利地完成社会化。

第三节 ｜ 社会化的影响因素

支配和影响个体行为发展的因素很多。心理学家在研究人类行为的制约或影响因素时，主要有本能论和环境论两大取向。人的社会化有赖于生物学因素和社会因素的交互作用。人格或个性发展也会受到基因模式和特定的社会生活环境的相互影响。

一、社会化的生物学因素

遗传是指父母的生理、心理特征经过受精作用传递给子女的一种生理变化过程。遗传在很大程度上决定了新个体的生理特征以及行为的生物学倾向。在生理方面，遗传可以决定个体的身高、体型、肤色、血型等；在心理方面，遗传的决定作用不如生理那样明显，但一般认为个人的智力、知觉、动作等行为特征均与遗传有密切关系。

遗传因素是每个人社会化的潜在基础和自然前提。从生物学的意义上讲，正是由于有一种由上代为下代提供的有利于人类从事社会活动的特殊遗传素质，才为人的社会化奠定了生物学基础。但是，只有这种生物学基础，人是不能完成社会化的。

据资料记载，到20世纪50年代末，已知有30个小孩由熊、豹、狼等野兽在野地哺育长大，这些小孩被发现时的行为与野兽相近，用四肢走路，不会说话，食生肉，用舌头舔饮生水，他们中有的人再重返社会生活时已难适应。1920年，在印度发现的狼孩卡玛经过孤儿院近10年的教养才学会用手拿东西吃，用杯子喝水，直到17岁死去那年其智力才相当于4岁儿童的水平。由此可见，环境在人的社会化过程中起着不可取代的作用。

二、社会化的社会文化环境因素

除了生物学因素，影响人的社会化的另一个重要因素是人所生存的整个社会文化环境，包括文化、家庭、学校、同辈群体、职业背景和大众传播媒介等。

（一）文化因素

文化是指在某种特定群体或社会生活中形成的，并为其成员所共有的生存方式的总和。它不仅包括文学、艺术、教育、科学等精神财富，而且包括社会的政治、经济、宗教、道德、法律、风俗习惯、传统、生活态度、行为准则以及相应的物质表现形式等。文化对人的作用直接表现在：通过文化传承，了解前人的生活经验；向个人传递本群体或民族的行为价值准则；使个人能够顺利地与他人及群体建立社会联系。这一切都决定了文化是一个十分重要的社会化因素。

疼痛反应能从一个侧面反映出文化因素对人的社会化作用。一项来自美国的研究对住院病人中的意大利人、爱尔兰人、美国人进行对比后发现,意大利人容易夸大疼痛,他们会抱怨、毫无顾忌地呻吟、呜咽、哭叫,他们对于自己的这种外显表露并不感到难堪,呼喊是希望得到医生与家属的同情与帮助。爱尔兰人与美国人则不然,他们能忍受极大的疼痛,认为抱怨、呻吟、呼喊无助于减轻疼痛,即使是疼痛难忍,宁可到单独的房间内去哭叫,也尽量不在他人在场时表现出痛苦的感受,借以博得他人的怜悯。

(二) 家庭因素

家庭是个体社会化的起点,也是一个极为重要的社会化因素。家庭中影响个体社会化的因素很多,其中,父母的教养方式和家庭气氛尤为重要。所谓教养方式,是指父母在抚育子女时所采用的教育、训练、哺育等一整套手段和方法。它有两层含义:一是教养态度,是指父母在教育、哺育子女方面所持的知识、信念、情绪及行为倾向;二是教养行为,教养行为是指父母在教育、哺育子女时所采取的实际行动。

破裂家庭对儿童社会化的影响很大。破裂家庭的构成有两种情况:一为父母(或其中一人)死亡,二为父母离婚。无论何种情况,对子女的影响均是不良的。单以父亲或母亲去世的家庭对子女的影响而言,据研究发现,父亲或母亲去世时间的早晚对子女的人格发展有不同程度的影响。婴幼儿时丧母者对以后人格发展的影响比丧父者要大,但在儿童期丧父者则比丧母者的影响要大。

习近平谈家庭、家教和家风建设

家庭是社会的基本细胞,是人生的第一所学校。不论时代发生多大变化,不论生活格局发生多大变化,我们都要重视家庭建设,注重家庭、注重家教、注重家风,紧密结合培育和弘扬社会主义核心价值观,发扬光大中华民族传统家庭美德,促进家庭和睦,促进亲人相亲相爱,促进下一代健康成长,促进老年人老有所养,使千千万万个家庭成为国家发展、民族进步、社会和谐的重要基点。

——2015年2月17日,习近平在2015年春节团拜会上的讲话

希望大家注重家教。家庭是人生的第一个课堂,父母是孩子的第一任老师。孩子们从牙牙学语起就开始接受家教,有什么样的家教,就有什么样的人。家庭教育涉及很多方面,但最重要的是品德教育,是如何做人的教育。也就是古人说的"爱子,教之以义方","爱之不以道,适所以害之也"。青少年是家庭的未来和希望,更是国家的未来和希望。古人都知道,养不教,父之过。家长应该担负起教育后代的责任。家长特别是父母对子女的影响很大,往往可以影响一个人的一生。中国古代流传下来的孟母三迁、岳母刺字、画荻教子讲的就是这样的故事。我从小就看我妈妈给

> 我买的小人书《岳飞传》，有十几本，其中一本就是讲"岳母刺字"，精忠报国在我脑海中留下的印象很深。作为父母和家长，应该把美好的道德观念从小就传递给孩子，引导他们有做人的气节和骨气，帮助他们形成美好心灵，促使他们健康成长，长大后成为对国家和人民有用的人。
>
> ——2016年12月12日，习近平在会见第一届全国文明家庭代表时的讲话

（三）学校因素

在现代社会中，学校是将儿童从家庭引向社会的第一座桥梁。学校是有计划、有组织、有目的地向社会成员（不仅是儿童）系统传授价值观念、社会规范、生活技能和科学知识的专门机构。当儿童进入学龄期以后，学校的影响就逐渐取代家庭而上升到首要地位，成为最重要的社会化因素。学校通过教材、教学、教师人格、教育方式、考试与考核、各种学生组织及各种活动等对学生的社会化发生影响，其中，教师的作用（如教师的威信和期待作用）尤为重要。

（四）同辈群体

同辈群体是由地位、年龄、兴趣、爱好、价值观和行为方式大体相同的人组成的一种关系亲密的非正式群体。同辈群体是一个独特的、极其重要的社会化因素，尤其在学龄期儿童进入青春期后，同辈群体的影响日趋重要，甚至在某些方面远远超过父母、家庭其他成员及教师的影响。同辈群体对儿童和青少年社会化产生何种影响主要取决于群体内的价值取向。例如，一些好学上进的中学生结合成的同辈群体，其成员话题大多是学习、成绩、报考什么样的大学等。这种价值上的认同既促进他们在学习上的竞争，又可相互启发，坚定自己的理想和信念。相反，一些染有不良习气的同辈群体，奉行人生一世吃喝玩乐的信念。沾有恶习的少年儿童尽管会受到家长、老师等的指责，但由于在这些群体中获得了精神支柱，并相互感染，结果只会越陷越深。因此，父母应对孩子的朋友给予足够的关注，减少孩子受不良同辈的影响。

（五）职业背景

对于进入现代社会的成年人来说，职业及工作是家庭之外的主要活动和社会背景，是其自我发展、表现个人能力及获得成就感的一个重要场所，也是身份的一个源泉。因此，职业背景是成人社会化的一个重要因素。许多学者研究发现，在人们的工作条件、工作经验和他们所持的态度及价值观之间存在着某种函数关系，例如，在工作中体验到的自由度越大、工作越复杂和越具挑战性，工作人员的工作就更具创造性；反之，越可能重视遵从性。

（六）大众传播媒介

大众传播媒介是现代社会传递社会信息的主要载体，具体包括报纸、广播、电视、杂志、图书、电影、互联网等。它作为面向大众的信息沟通的各种方式，可以同

时、迅速地向人们提供有关社会事件和社会变革的信息，提供各种不同的社会角色模式和流行的价值观。促使人们接受社会公认的价值观和行为方式，对个体社会化起着潜移默化的作用。人们一天的活动时间几乎都是在大众媒介中度过的。在20世纪初，一个城市居民的休闲时间有70%是用于面对面的人际交往的，而今天的70%休闲时间是用于和大众媒介交往，这使得人类社会的交往由直接接触转变为间接接触。

大众传播媒介在现代社会生活及人的社会化中起到日益重要的作用，其中，影响力最大的传播工具要算电视和互联网了。千家万户最富色彩的电视与计算机网络的普及，极大地拓展了人们的视野和生活空间，迅速改变着人们的交往方式。大众传播媒介信息已经成为处于人—机关系中的人们生活的重要组成部分，对人的社会化产生了比真实的"感性世界"更深刻、更广泛的影响。电视对儿童的社会化有着积极作用，具体表现在：它能开阔视野，增长知识，如"唐老鸭""一休"等电视形象无疑对儿童增强国际意识、了解世界起了很大作用；生动活泼的电视节目向儿童灌输各种道德观念，提高儿童辨别是非的能力；电视已成为儿童的"第二学校"，是一种十分重要的教育手段，通过电视可以向儿童传授各种知识，促进儿童的智力发展。

第四节 | 社会化的历程与结果

由于社会是不断发展的，个人为了适应社会生活，就必须不断学习，因此，社会化是人的一生发展的历程。从狭义上说，人的一生最重要的学习阶段是青少年时期，人的社会化主要是指未成年人的教化过程，即青少年的社会化过程。

一、社会化的发展阶段

社会学把人一生中所经历的社会化过程分为基本社会化、预期社会化、发展社会化和再社会化。未成年人所经历的对未来角色的非正式学习称为预期社会化，这是社会化中最基础、最一般的部分，此后，为了适应社会文化和生活环境的不断发展变化，人需要继续社会化。社会化贯穿人的一生，各年龄阶段都有其不同的特点。根据年龄、社会化的任务和人格等标准，可将社会化分为五个阶段：儿童期、青少年期、成年早期、成年中期和老年期。

（一）儿童期阶段

儿童期阶段是社会化的最初阶段，一般为14岁以前。这一阶段面临的主要社会化任务有：第一，学习走路、说话等最基本的生活技能，培养读、写、算等抽象思维和逻辑思维能力；第二，建立日常生活所必需的概念系统，内化一般的社会道德标准，形成价值判断的态度；第三，与父母、兄弟姐妹和同伴建立良好的人际关系，培养对相关社会团体的积极态度，扮演性别角色。

经过这一社会化阶段，儿童从第一信号系统的无条件反射发展到第二信号系统的条件反射，明确"我"这个概念。儿童大约在3岁左右开始能够分别扮演多个相关的角色；到了4岁，已经能够把几个相关的角色按照一定的规则结合起来；到了5岁（即学前阶段），就具备了同时扮演几个角色的能力，并能明确区分各自的不同行为规范。到了6—8岁，儿童开始了解精神和肉体的区别，学着从内部认识自己和他人；同时，经过学校有组织、有计划、有系统的训练，不断扩展和深化对自己和他人的认识。

(二) 青少年期阶段

青少年期阶段没有一个明确的界限，通常把它作为从儿童到成年之间的过渡期。这是一个十分特殊的社会化阶段，一方面，青少年希望能够摆脱父母的影响，有独立的观念；另一方面，需要同伴群体的鼓励，共同探索成人生活的价值观。青少年社会化阶段的特殊性首先表现在他们扮演的角色上，这些社会角色之间往往存在矛盾和冲突。青少年的生理发育非常显著，如身高、体重的增加，第二性征出现并逐渐发育成熟。他们开始要求被当作成年人对待，并尝试成年人的生活方式，但他们还没有完全建立起成年人的价值观念和行为规范，无法像成年人那样独立地为自己的行为承担责任。人们对青少年的要求也经常相互矛盾，既希望他们保持儿童的天真纯洁，又要求他们像成年人一样独立地承担自己的社会责任。青少年在这一时期经常表现出精神上的紧张和情绪上的冲突，对成年新角色的迷茫和对童年旧角色的厌恶交织在一起。

影响青少年正常社会化的第二个重要因素是青少年次文化现象，这一时期的社会化经历对个人人格的形成有着长远的影响。青少年在许多方面受到同辈群体的影响，如兴趣爱好、衣着打扮、青春偶像等。青少年同辈群体通常具有一种与成年人角色不一致的生活方式，这种现象被称为青少年次文化。青少年次文化的形成受到青春期的紧张情绪和挫折心情的影响，表现出叛逆的特征。在经历了青少年次文化阶段后，青少年才能逐渐进入成年阶段。一般来说，过度适应青少年生活方式的人往往面临无法成功地承担成年人角色的危险。

(三) 成年早期阶段

青少年进入成年期以后，将面临结婚和就业两项重要的社会化任务。从进入成年期开始，到找到工作建立家庭为止，这段时间称为成年早期。成年早期是直接、全面地学习成人责任和权利的开始阶段，它为顺利地承担成人角色打下基础。

进入成年早期的社会成员将在四个方面开始尝试成年人的角色：(1) 与异性交往、恋爱、结婚到建立家庭，学习丈夫或妻子的角色；(2) 第一个孩子出生后还要学习父亲或母亲的社会角色;(3)除了与同龄人相处外,还要与同事交往,建立特定的社会关系,扮演成人的社会角色;(4)必须学习专业知识,掌握劳动技能,确定适合自己发展的职业,扮演成年人的职业角色。成年人角色的学习和扮演是通过逐渐摆脱原来家庭和同辈伙伴的角色限制实现的,其中,职业角色的确定起着至关重要的作用,它给社会化的个人提供经济基础,并为个人的进一步社会化引入最核心的社会关系。

成年人角色的扮演主要受到社会的一般文化习俗和社会规范的影响。社会通常对每一年龄阶段的人都有明确的角色规定,规定他们应该承担什么角色、这些角色有什么要求以及应该在什么时候完成学业、建立家庭、确立自己的职业地位等。如果个人严重偏离这些社会规范,就会面临社会关系的紧张和内心冲突。当然,成人角色的学习还受到许多其他因素的影响,社会学家认为生活中重要的意外事件对人的影响往往比社会的一般要求更突出。个人不仅按照社会的一般标准安排自己的生活,还要根据自己的生活经验确定自己的发展方向。这些重要的生活经历有的与社会事件有关,如战争、经济危机等;有的与自然事件有关,如洪水、火灾、地震等;有的则需要深刻的内心体会,如宗教信仰等。

(四)成年中期阶段

在成年早期的基础上,每个人的社会化还在继续,发展自己的职业地位和社会地位,并扮演家庭角色。从确立家庭、职业角色到退休这段时期称为成年中期。人在成年中期扮演成年角色的重要部分,是人一生中最有作为的阶段。这使得个人无论在职业角色、社会角色还是在家庭角色中都需要承担许多社会责任。个人在家庭中不仅需要抚养和教育孩子,而且还要照顾年迈的双亲;在工作中需要按照自己的理想和目标制定长远的计划,并在日常工作中为实现这一目标作出努力;在社会生活中则要求进入合适的社会团体并承担公民的责任。

人们在职业角色的扮演上花费了大部分时间和精力后,会无意识地把职业习惯带到其他场合。人在成年中期常常会面临人们常说的"中年危机",表现为中年人对子女的疏远感、对婚姻生活的厌倦感和工作中的失落感。"中年危机"出现的原因是个人因过分地服从社会的安排而失去了自我意识。调查发现,厌倦感和失落感最重的中年人是那些整天操持家务的妇女和舍弃其他兴趣只追求职业成就的男人。

(五)老年期阶段

社会成员退休以后,就进入社会化的最后一个时期,虽然大多数老年人不再承担任何社会职业角色,但仍然面临一个适应环境的问题,需要进一步社会化。老年期首先面临的困难是退出职业角色的不适应感,这种不适应通常是由"无角色的角色"带来的。众所周知,职业角色在现代社会中起相当重要的作用,是判断一个人社会地位最重要的标准之一。退出职业角色意味着对自己地位和身份认同的危机,而退休后的老年人所从事的活动大多是消遣性的,缺乏成就感,如种花、养鸟、锻炼身体等,无法完全替代职业角色所起的作用。身体健康的老年人需要寻找新的生活目标,孤寡病弱者则不得不依赖他人的照顾。

角色丧失还会涉及家庭生活。由于女性的平均寿命高于男性,而女性的结婚年龄又通常低于男性,因而许多妇女还必须经历老年丧偶的危机。此时,子女已长大成人,父母在家庭中的角色已不再处于支配地位,如果失去了丈夫,老年妇女往往会发现失去了家庭中唯一可以对话的人,她们在这种处境中会备感失落。

老年期另一个突出的问题是必须学会面对死亡。死亡是生命的最终结局,任何人都无法回避,但大多数老年人忌讳或无法正视这一问题,因此,只有到了生命的最后一刻,社会化的过程才会停止。

二、社会化的结果

就个体方面而言,社会化的结果是人格和自我意识的形成;就社会方面而言,社会化的结果是社会角色的被承担和扮演。

案例

毛岸英上"劳动大学"

1946年1月7日,毛泽东的大儿子毛岸英从苏联回到延安。春节过后,毛泽东就叫他到边区劳动英雄吴满有那里去上"劳动大学"7个月。这个故事经《边区群众报》报道后传遍陕甘宁边区,生动地体现了党群关系的亲密无间。随后,晋冀鲁豫《人民日报》加以转载,传遍其他根据地。一篇小小的通讯,把党的领袖与人民群众的关系拉得如此近,颇为罕见。这里展示的是1946年11月15日晋冀鲁豫《人民日报》第三版转载的《边区群众报》的通讯全文:

毛岸英是毛主席的儿子,他在苏联住过莫斯科大学,最近才从苏联回来。毛主席对他说:"你住过苏联的大学,还没住过边区劳动大学,劳动大学的校长就是吴满有,劳动大学就在吴家枣园,那里的学生都是爱劳动的人民,你去学习对你有很大的帮助。"毛岸英愿意去。毛主席说:去很好,还要带些学费去。毛主席给了一斗米,叫毛岸英背上走,走到吴家枣园,累得他满头大汗。

毛岸英刚到吴家枣园,吴满有说:"你是个洋学生,咱一个字也不识,学什么呀?"毛岸英说:"我是个小学生,啥事也不懂得,你不要客气,我爸爸让我来,向你学习。"

吴满有就开始教了。第一课开荒,毛岸英跟上变工队,上山开荒。他看见变工队的人都把衣服脱下来开荒,他也同样去做。心想,"连校长都开荒,学生更应当开荒"。中午太阳正红的时候,他拼命地学开荒,白白的皮肉,被太阳晒得红红的,由红变黑,把皮也晒死了。过了两三天,他就学会开荒了。

毛岸英学了两个星期,就学会了开荒、上粪、除草、下种子、拢地。吴满有说:"毛岸英和我们的变工队一样的会种庄稼了。"

案例点评:人的成长是不断社会化的过程。通过父母的抚育、同伴的帮助、老师的教诲和社会的关爱等,人的知识技能不断丰富、能力不断提高、规则意识不断增强、价值观念日渐养成,逐步成长为一名合格的社会成员。

(一)人格和自我的形成

1. 社会化与人格

从人格角度来看,社会化是个人自我观念的培养以及人格的形成和发展过程。个人在一定的遗传和生理素质的基础上,通过参加社会活动建立特定的社会关系,形成自己独特的人格特征。人格又称个性,是指个人所具有的稳定的、综合的心理特征,是个人心理特征的总和。人格由两个方面构成:一方面是个性倾向,即个人对社会环境的态度和行为的积极性、选择性的动力系统,如需要、动机、兴趣、态度和习惯等;另一方面是个性的心理特征,即个人的典型心理活动和行为,如能力、气质、性格等。

人格是在个人的遗传和生理素质基础上和在特定的社会历史条件下,通过社会实践活动形成的。一方面,人格的发展离不开一定的遗传生理条件,尤其是人的高级神经系统,这是人的社会化的物质前提;另一方面,人格的形成和发展都是在一定的社会历史条件下进行的。通过社会化,个人把社会关系带进自己的生活,在积极适应各种社会关系的同时,从他人的角度审视、控制和规范自己的行为,形成特定的人格。人格的形成和发展与社会的维护和进步是同一社会化过程的两个方面,和谐的人际关系在人格中的反映就是人格协调,而人际关系的冲突以及社会生活的困难会导致人格的非健康发展,甚至人格解组。

2. 社会化与自我

自我作为人格的核心部分，在人格的形成和发展中起着非常重要的作用。自我观念的形成以及成熟状况是衡量人格发展水平的重要尺度，它决定个体做什么和怎样做。自我观念的形成和发展贯穿人的整个社会化过程，随着社会活动的扩展和深化，个体不断理解和内化社会的一般准则，自我观念逐渐成熟。自我观念是个体处理自己所面临的社会生活问题的基本原则，起着指导和规范个体社会行为的作用。自我的概念将在本书第四章中详细论述，本章不作具体介绍。自我概念的形成与社会化的过程同步，大致经历三个阶段，即从生理自我到社会自我，最后到心理自我。

由于自我概念的发展，个体逐渐脱离对成人的依赖，表现为主动和独立的特点，强调自我价值与自我理想。特别重要的是发展了自我概念中的两个主要因素——自尊和自信心。具体内容将在本书第四章中讲述。

(二) 社会角色

社会角色（social role）是沟通和衔接个人和社会的桥梁，是指个人在社会团体中被赋予的特定身份以及该身份所应发挥的功能。每一个人都要充当一定的角色，如父母、子女、教师、学生、医生、患者等。

1. 社会角色概述

社会角色是由一定的社会地位所决定的符合一定社会期望的行为模式。它包括一整套行为规范和行为期待两方面。首先，社会对处于特定地位的人，都作出了权利与义务两方面的规定。一方面，这种角色有权利要求别人进行某种活动；另一方面，别人有权利要求这种角色进行某些活动，表现出某种行为。例如，作为一个护士的角色，她有权要求病人服从她的安排，如治疗、卧床等；同时，病人及家属也有权要求她表现出护士角色应有的义务，送药、打针、换药都要认真负责，要关心和爱护病人。其次，社会也通过行为期待或角色期望，希望他按照这套行为规范行事。例如，教师应该为人师表，医生应该救死扶伤，干部要勤政爱民、不谋私利等。如果他不能满足人们的期望，他对于他所承担的角色就是不称职的。

社会角色是人的多种社会属性和社会关系的反映，或者说，社会中的人是他所扮演的各种角色的总和。一方面，在社会生活中，每一个人都承担着多种社会角色。例如，一个女医生在家要承担妻子、母亲、女儿、姐姐等角色；在医院也可能同时承担着儿科医生、科室主任、医学会成员、工会会员等角色；在社会公共场所，她还要承担乘客、顾客、游客等角色；在国家政治生活中，她要承担选举人与被选举人等角色。这些都是她的多种社会属性的反映。另一方面，任何一种社会角色都不是孤立存在的，人的多种社会角色是多种社会关系的反映。例如，这位女医生在医院要同病人、病人家属、护士、药剂师、检验人员、其他科室医生、医院领导等多种角色打交道，这种相互依存的角色是医院所存在的多种社会关系的反映。

2. 社会角色的扮演

当一个人确定了自己所要扮演的角色以后，他（她）就要在社会交往和日常生活中表现这一角色。角色扮演过程是一个对自己社会功能的体验、发展、完善的过程。进入角色是个体实践自己的社会职责，完成角色所规定的任务，把职责、任务以及那些对角色的要求由理性转化为感性。首先是角色期望。角色期望是指由个体的角色地位而对其应承担的责任和应有的行为表现的一种预期和设想。角色期望可分为个体对自身的期望和他人或社会对个体的期望。这两种期望达成一致是角色行为顺利进行的一个重要条件，但两者又有不同的侧重点。例如，作为一名教师，个体可能希望自己是一个受学生喜欢和爱戴的、教学成绩优秀的老师；而社会和家长对他的期望可能要偏重以身作则、品行优良、为人师表等。角色期望是对角色行为的限制和要求，个体的角色行为是否进行和怎样进行都要受到角色期望的影响。其次是对角色的领悟。个体能否按照社会所期待的功能来扮演自己，依赖于如何有效地领悟角色。角色扮演的有效性与个体对社会或他人期望的理解深度，和个人期望同社会或他人期望之间的一致性程度有关。为了更好地领悟角色，需要对角色清晰定位。要明确具体的要求和内容。最后是角色实践。这是角色扮演的实际过程，角色领悟只是一个人心中的想法，角色实践需要把这种想法付诸行动。

3. 角色失调

不是每个人都能扮演好自己的角色，社会对每个人的期待常常落空。角色行为有可能同角色期望不完全一致，角色行为的进行过程经常会出现困难和挫折。在现实生活中，一个人要同时扮演几个不同的角色，这些不同的角色因各自的职责、任务和角色期望不同，相互之间存在着矛盾和冲突；角色扮演的外部条件（如社会、环境、人际关系等的变迁）也会为角色扮演带来困难。如果角色扮演遇到矛盾和障碍，不能顺利地进行甚至失败，就称为角色失调。常见的角色失调有四种。

（1）角色冲突。指的是一个人在社会生活中负有多项角色责任或单一角色责任时，角色之间或角色内部发生了矛盾、对立和抵触，引起内部心理冲突。角色冲突有两类：一类是角色间冲突，即不同角色承担者之间的冲突。角色间冲突常常是由于利益上的对立、角色期望的差别以及人们没有按角色规范行事等原因所引起的。父母的"望子成龙"和孩子的"不堪重负"之间就存在着角色间冲突。另一类是角色内冲突，即当同一个体所承担的不同角色之间或同一角色存在几个不同的甚至相对的期望时，所引起的内部冲突。对于一位男性来说，当他面对"妻子和老妈都掉河里时该救谁"的难题时，他所扮演的丈夫和儿子两种角色就在他一个人身上发生了角色内冲突。

（2）角色不清。指的是社会大众或角色的扮演者对于某一角色的行为标准不清楚，不知道角色应该做什么、不应该做什么和怎么做。例如，大学新生初入高校大门，对学习和生活无所适从的状况就是一种角色不清。在单位评估中，某些人喜欢表现自我，把自己的优势大吹大擂，反而让其他谦虚谨慎的同事得到了较低的评价，这会让员工产生对自身工作定位的困惑，到底应该是说得好还是做得好？角色不清容易造成一定程度上的思想混乱和行为混乱。

（3）角色中断。指的是个体前后相继所承担的两种角色之间发生矛盾的现象。角色中断发生的原因有两个：一个原因是个体在承担后一角色前，并没有做好相应的准备，例如，一个人到了自立的年龄，还不愿意去工作，仍想由父母抚养，依赖家庭，就是一种角色中断；另一个原因是前后两种角色直接有矛盾，所要求的行为不具一致性引起的，例如，一个人在人事变动时，坚信自己可以当上领导，但最终事与愿违，不能接受仍然是一个普通职员的现实。

（4）角色失败。指的是因各种原因导致角色扮演不能顺利进行到底，不得不中途停止；或者虽然还没有退出角色，但已经困难重重，无法解决面临的困境。角色失败是最严重的角色失调现象。虽然角色失败的现象是少数，但它对个体和社会的负面影响是极其严重的。角色失败的结果有两种：一种是个体不得不放弃所扮演的角色，如夫妻离婚等；另一种虽然个体还处于某种角色的位置上，但其表现已经被实践证明是失败的，如对子女教育不力的父母等。

本 章 小 结

1. 社会化是指个体通过与社会的交互作用，适应并吸收社会的文化，形成适合于该社会与文化的人格，掌握该社会公认的行为方式，成为一个合格的社会成员的过程；或者说，社会化是个体由自然人成长、发展为社会人的过程。

2. 人的社会化是通过社会教化和个体内化两条途径实现的。社会教化作为一种外在力量，对个体内化是不可或缺的。没有社会教化，就没有个体内化；没有个体内化，社会教化也就毫无意义。

3. 根据社会化的内容，可以将社会化分为政治社会化、道德社会化、民族社会化、法律社会化、职业社会化和性别角色社会化等。

4. 社会化的理论主要包括库利的"镜中我"理论、米德的自我理论、弗洛伊德的人格理论、埃里克森的人格发展理论和生命历程理论。

5. 人的社会化有赖于生物学因素和社会因素的交互作用。人格或个性发展也会受到基因模式和特定的社会生活环境的相互影响。

6. 影响人的社会化更为重要的因素是人生存的整个社会文化环境，包括文化、家庭、学校、同辈群体、职业背景和大众传播媒介等。

7. 根据人的生命发展周期和各个发展阶段的特点，把社会化分为基本社会化、预期社会化、发展社会化和再社会化。

8. 就个体方面而言,社会化的结果是人格和自我意识的形成;就社会方面而言,社会化的结果是社会角色的被承担和扮演。

思考与练习

一、名词解释

社会化　政治社会化　道德社会化　社会角色

二、案例分析

2007年1月13日,一群柬埔寨村民在距首都金边200英里处的奥亚道地区的丛林中逮住了一个赤身裸体的女野人。据警官奇·本索恩称,当时,一名村民正在野地上放牧水牛,突然发现自己留在棚屋外的饭盒被人打开,自己的午饭已经全被吃光;第二天,同样的事情再次发生;第三天,他将饭盒留在同样的地方,并躲在棚屋中监视,结果他发现偷吃自己饭食的竟是一名形同野人的裸体女人;第四天,这名村民喊来几名朋友,布置陷阱设法逮住了这个女野人。

然而,令他们困惑不解的是,这个女野人不会说任何人类语言,她只是不断地发出动物般的咕哝声和尖叫声。奥亚道地区警察局长毛山称,这个女野人看起来像"半人半兽",她整个白天都在睡觉,但整个晚上都会醒着。

罗萨尔是一名越南警察。1989年,他只有8岁的女儿罗宗蓬在野外放牛时,突然在越南和柬埔寨边界的热带丛林中失踪。罗萨尔认为,他的女儿很可能已经被野兽吃掉了,但尽管如此,他仍然没有放弃寻获女儿的希望。当这个女野人被逮住的消息传到罗萨尔居住的越南村庄后,罗萨尔抱着侥幸心理,决定亲自去柬埔寨看一下这个女野人是否就是他失踪的女儿。

当罗萨尔一开始见到这个已经26岁的女野人后,认为她和自己18年前失踪的女儿并不太相似,但接着罗萨尔检查了这名女野人的手臂,发现这个女野人的手臂上有个和他女儿同样的伤疤。罗萨尔立即意识到这个女野人正是他失踪多年的女儿。

罗萨尔说:"当我见到她时,她赤身裸体,用猴子一样的弯腰姿势走路,她瘦得皮包骨头,她浑身颤抖,用手抓米粒吃,她的眼睛像老虎的眼睛一样发着红光。但我知道她正是我的女儿,当我看到她的手臂上有多年前被刀割伤的伤疤时,我更加确信了。"

请用所学理论分析女野人现象。

三、论述题

社会化的影响因素和内容有哪些?

第四章

社会中的自我

学习目标

- 掌握自我的基本概念、结构与功能;
- 了解自我认知的途径和自我偏好现象;
- 掌握自尊的定义与影响;
- 了解自我控制的定义和结构;
- 掌握增加自我效能和有效自我展示的方法。

本章学习资料

小 测 验

您是否同意以下观点,请在同意的观点上打"√"。

1. 自己比一般商人更有道德感。　　　　　　　　　　　　　　　　　　( )

2. 自己的工作业绩高于平均水平。　　　　　　　　　　　　（　　）
3. 自己比一般人更诚实、更有恒心、更有独创性。　　　　　（　　）
4. 自己比一般人的开车技术更好。　　　　　　　　　　　　（　　）
5. 自己比一般人更聪明。　　　　　　　　　　　　　　　　（　　）
6. 自己比一般人更健康。　　　　　　　　　　　　　　　　（　　）
7. 自己比别人更了解自己。　　　　　　　　　　　　　　　（　　）
8. 自己比其他人更不容易受到偏见的影响。　　　　　　　　（　　）
9. 自己比其他人更不势利。　　　　　　　　　　　　　　　（　　）
10. 自己比其他同事做事更认真。　　　　　　　　　　　　（　　）

您可以多找几个朋友或同学来试试这个小测验，看看同意每个观点的比例是多少？结果是什么？您是否也认同这样的观点：无论年龄、性别、信仰、经济地位或民族有多么不同，我们总是相信自己在很多问题上比普通人要强。当我们这样想时，我们是不是自我感觉很好？本章就来讨论我们是如何评价和界定自己以及如何更好地经营自我形象。

第一节 自 我 概 念

一、自我概念的定义

人与其他动物的本质区别就在于我们具有反身思考的能力。这种能力使我们可以考虑自己是谁。你会如何回答"我是谁"呢？青年、爸爸、上海人、党员、白领、足球爱好者、王菲的粉丝、外向、好吃、能干……或者你还能列出更多关于自己各方面特征或身份的描述。这一串关于自己的描述就构成了你的自我概念。

自我概念就是一套关于自己的信念体系：我的性格是什么？我长得如何？我的朋友是谁？我喜欢什么？讨厌什么？我擅长什么？不擅长什么？我拥有什么？没有什么？我害怕什么？渴望什么？我的过去怎样？未来又如何？……从本质上来说，我之所以与他人不同，不是因为外貌不同，不是因为性别不同，而是因为自我概念不同。即使是同卵双胞胎，他们的自我概念也会有所不同。

我到底是谁呢？你可以尝试通过以下的小测验来了解自己的自我概念。

小　测　验

请先让自己平静片刻,然后用"我是"造20个句子。答案没有好坏对错,只是帮助你了解自己。

(1) 我是_____。
(2) 我是_____。
(3) 我是_____。
(4) 我是_____。
(5) 我是_____。
(6) 我是_____。
(7) 我是_____。
(8) 我是_____。
(9) 我是_____。
(10) 我是_____。
(11) 我是_____。
(12) 我是_____。
(13) 我是_____。
(14) 我是_____。
(15) 我是_____。
(16) 我是_____。
(17) 我是_____。
(18) 我是_____。
(19) 我是_____。
(20) 我是_____。

通过这种造句的方式,你可以初步了解你自己。例如,一位大一新生造句"我是成年人",代表着她希望自己独立的态度;一位妻子造句"我是不愿意别人过多干涉我事情的人",代表着她希望在婚姻关系中保持个人空间;一位白领造句"我是一个敢于接受挑战的人",代表着她有较高的自信度。如果可能,你可以将自己的"自我"与朋友的"自我"进行比较,看看你们的自我概念有多大差异,同时可以聊聊他眼中的你和你眼中的自己有哪些异同。

二、自我概念的结构

从上面的小测验可以知道,我们可以从不同的维度来了解自我。尽管自我是单一的,但自我概念却是多维度的,并且会随着情境、时间、文化的不同而不同。大体上，在形式上自我概念可分为自我认知、自我体验与自我控制；在内容上可分为生理自我、社会自我与心理自我；在观念存在上可分为现实自我和理想自我。

（一）自我认知、自我体验与自我控制

自我认知是指个体对自己的印象及评价，包括对自己存在的认识以及对自己生理特征、性格、态度、思想等方面的认识和判断。自我体验是指自我的情感成分，如自信、自卑、自尊、自满、内疚等。自我控制是指自我的意志成分，包括个人对自己的行为、活动和态度的调控。例如，如果"我的身高是170厘米，体重60公斤"是对自我生理特征的认识，"我是一个比大多数女性苗条的人"就是对自我生理特征的判断。在此判断上可能产生自信的体验，而这种体验又会影响社会行为，如在社会中穿着时尚。

（二）生理自我、社会自我与心理自我

生理自我是指个体对自己物质特征的意识，在自我认知上包括对身形外貌、衣着装束、言行举止以及属于"我的"人和物的认识；在自我体验上表现为自豪感或自卑感；在自我控制上表现为对身体健康和外貌的追求、对物质欲望的满足以及对自己所有物的维护等。社会自我是指个体对自己社会特征的意识，在自我认知上包括对自己在群体中的名望、地位以及对自己拥有的各种社会关系的认识；在自我体验上表现为成就感或失败感、自豪感或自卑感；在自我控制上表现为追求名誉和地位、与人交往和竞争、争取得到他人的好感等。心理自我是指个体对自己心理特征的意识，在自我认知上包括对自己的智力、情感与人格特征以及价值取向和宗教信仰等的认识；在自我体验上表现为自尊、自卑、自我实现感和自我缺失感等；在自我控制上表现为追求智慧、能力的发展和追求理想、信仰，注意行为符合社会规范等。

（三）现实自我和理想自我

现实自我包括对已存在的感知、对自己意识状态的意识。理想自我代表对自己的期待，是一个与现实不太相符合的理想，是一个他人或者我们给自己设定的生活目标，包括潜在的、与自我有关的且被个人高度评价的感知和意义。例如，一个人认为他现在并不成功，但经过努力是可以成功的。"不成功的我"就是现实自我，"成功的我"就是理想自我。当然，现实自我并不等于真实自我。例如，一位身高165厘米、体重50公斤的女孩子，可能在许多人看来都不胖，但她的现实自我可能是"我太胖了"，于是，理想自我会是"我要苗条"。

三、自我概念的形成

社会学家库利发现，在儿童自我概念的形成和发展中，与他人交往有其特殊作用。他认为，儿童的自我概念始于通过"镜像过程"形成起来的"镜像自我"，

即别人对于儿童的态度反应（表情、评价与对待）就像是一面镜子，儿童通过它们来了解和界定自己并形成相应的自我概念。库利认为，通过这种镜像过程，别人对于儿童的态度不仅塑造着儿童的自我意象，而且也会通过儿童的自我概念引导行为，塑造一个人的实际自我。这就意味着，别人对于儿童的态度不仅影响着儿童的自我概念的形成和发展，而且影响着儿童未来个人的成长。

米德发展了库利的思想，并在其思想的基础上，进一步提出了一般化他人的概念。米德认为，儿童的交往世界是广阔的，而对应于每一个交往对象都形成相应的"镜像自我"是不可想象的。他认为，儿童进行自我评价的依据，不是个别的人或独特的群体，而是将他们转换成一个抽象的一般化他人，其自我概念是在设想的一般化他人如何看待自己的基础上形成的。

因此，儿童自我概念形成和发展的核心机制是，他们在认知能力不断提高的同时，存在着与他人的相互作用。印度狼孩的典型事例说明，如果只有生理机能的单纯成长而缺乏与他人的交往，自我概念的形成和发展就会受到抑制——这就是社会化的过程。

新生儿不具有自我意识。婴儿出生时没有自我与非我的分化，因而婴儿可能会自己抓伤自己。他们经常摆弄自己的手指，放进嘴里吮吸，但并不知道手指是自己身体的一部分，只是把手指当作玩具。从认知上，6—8个月的婴儿开始对自己身体和自身的连续性产生感觉。此时，婴儿可以像认识不同时间的妈妈是同一个人一样，感觉到自己是一个连续"事件"。这是儿童自我意识的萌芽，也是自我概念发展的基础。

1岁左右的婴儿开始把自己的动作和动作的对象加以区别，意识到自己的手指与脚趾是自己身体的一部分，这是自我意识的最初级形态。

1岁半左右的儿童从成人那里学会使用自己的名字，表明他们能把自己和别人相区别。儿童会使用自己的名字，是自我意识发展中的巨大飞跃。

2岁以后的儿童在语言学习中掌握了物主代词"我的"和人称代词"我"，由此实现了自我意识发展的又一次飞跃，即从把自己看作客体转变为把自己当作主体来认识。这标志着他们真正的自我意识的出现。

幼儿期儿童的自我意识发展主要表现在自我评价、自我体验、自我控制能力的发展上，其中，以自我评价为主导标志。

童年期儿童随着年龄的增长和认知能力的提高，自我评价出现了新的飞跃，乃至以后进入少年期、青年期，自我意识内容不断丰富，形式也日益复杂，直至达到成年人的自我意识水平。

四、自我概念的功能

《我是谁》讲述的是一位美国特工因为在非洲的特别行动中失去记忆，为了回答"我是谁"而引发的一系列故事。这个影片以喜剧的方式向人们展示了回答"我是谁"对我们的重要性。根据心理学家伯恩斯的观点，自我概念具有保持内在一致性、解释过去经验和决定未来期望三种功能。

（一）保持内在一致性

个人需要按照保持自我看法一致性的方式行动。有研究发现，当人们自认为自己没有种族歧视，但情境使人们遭遇可能被怀疑为具有种族偏见时，人们会努力做出显示自己的确没有种族歧视的行动，向自己证明自己与反对种族歧视的倾向具有一致性。其他大量有关态度一致性的研究也都很好地证明，个人需要保持自我的一致性。例如，你会认为那个只有1米高的小孩子是我，那个身高1.8米的人也是我；那个生病的人是我，那个行动自如的人也是我；那个偷懒的人是我，那个勤快的人也是我；那个快乐的人是我，那个痛苦的人也是我。正因为自我的这种内在一致性的功能，才将这么多不同维度的"我"整合在一起，成为个性的"我"。

（二）解释过去经验

一定的经验对于个人具有怎样的意义，是由个人的自我概念决定的。每一种经验对于特定个人的意义也是特定的。不同的人可能会获得完全相同的经验，但他们对于这种经验的解释却很可能不同。对经验的解释取决于一个人的自我概念。一个自认为能力一般、只该获得平均成绩的学生，对于比较好的成绩结果会认为是取得了极大的成功，其心理反应可能是十分欣喜与满足。而对于同样的成绩，一个自认为能力优秀、应当获得出众成绩的学生，会解释为遭受了很大失败，并体会到极大挫折。自我概念就像一个过滤器或有色眼镜，进入个人内心世界的每一种信息，都必须受到它的过滤或染色。当这些信息被过滤或染色后，也就被赋予了新的意义。这种意义的性质高度决定于个人已经形成起来的自我概念。

（三）决定未来期望

自我概念决定着人们对未来的期望。在各种不同的情境中，人们对于事情发生的期待、对于情境中其他人行为的解释以及自己在情境中的行为都高度取决于自己的自我概念。假设你是一个自我概念积极的人，自我期望值会比较高，取得好的工作业绩是理所当然的，遇到业绩不好的状况，则会被认为是例外，你会依然积极工作，并相信下次会取得好的业绩；如果你是一个自我概念消极的人，自我期望就会比较低，工作业绩差就成了意料之中的事，出现业绩好的状况反而成为意外，你仍然会认为下一次的业绩不会太好。

由于自我概念引发与其性质相一致或自我支持性的期望，并使人们倾向于运用可以导致这种期望得以实现的方式行为，因而自我概念具有预言自我实现的作用。在这一方面，有关预言自我实现的大量研究已很好地证明了自我概念的这种作用。

> **案例**
>
> **皮格马利翁效应**
>
> 　　古希腊神话中，塞浦路斯的国王皮格马利翁是一位非常著名的雕塑家。他用象牙精心雕塑了一个美丽可爱的少女并深深地爱上了她。他的深情感动了女神阿芙洛狄忒，女神赐予雕像生命。雕像活过来以后成了皮格马利翁的妻子。
>
> 　　1968年，美国著名心理学家罗森塔尔在其著作《课堂中的皮格马利翁》最早提出"皮格马利翁效应"的概念。罗森塔尔指出，人们基于对某种情境的知觉而形成的期望或预言，会使该情境产生适应这一期望或预言的效应。你期望什么，你就会得到什么，你得到的不是你想要的，而是你期待的。因此，"皮格马利翁效应"也被称为"自我期待效应"。

第二节 自我认知

一、自我认知的图式

　　从上一节我们知道，每个人的自我认知观念都可以有很多，如外貌、家庭、工作、性格、爱好、打算、担心、身份等。在特定情境下，我们并不会也无法做到同时关注所有有关自我的观念，这就需要将这些自我概念进行有效地组织，使我们更便捷地作出反应。研究表明，自我概念以自我图式的形式贮存于我们的记忆中。

　　所谓自我图式（self-schema），就是有关自我的认知结构，是关于自我的认知概括。它来自过去的经验并对个体社会经验中与自我有关的信息加工进行组织和指导。个体之所以形成某一自我图式，是因为这一领域对个体具有重要意义。

　　图4.1就是一个典型的自我概念图式。从图中可以看出，所有的观念都围绕在以姓名为核心的自我图式中，离中心越近的概念，对他越重要；离中心越远的概念，对他越不重要。其中，认真是十分重要的特征，养花则不太重要。有了自我图式后，一旦相关的情境出现，我们就会根据自我图式迅速作出反应。

　　自我图式既包括以具体的事件和情境为基础的认知表征（如"我昨天在会上

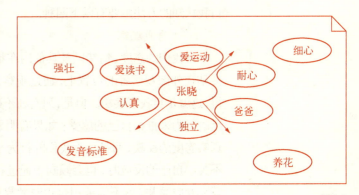

图4.1　自我概念图式

发言时犹豫不决"），也包括较为概括的、来自本人或他人评价的认知表征（如"我为人慷慨"）。自我图式由个体加工过的信息组成，对与自我有关的信息输入和输出均有影响。自我图式储存于记忆中，一经建立即发挥其选择性功能，决定是否注意信息、信息的重要程度如何、怎样建构以及如何处理信息。随着某类重复经验的不断累积，个体的自我图式会变得越来越稳固，对与之不一致或矛盾的信息会加以抗拒。当然，这并不代表已经建立的自我图式完全不能改变，在某些条件下，自我图式也会作出适当的调整。例如，当我们在乎的人离去后，我们在很长一段时间内不愿意改变原有的自我图式，但随着时间的迁移，也会接受现实从而调整原有图式。

在自我认知中，有一类是与个体的潜能和未来有关的，这类知识被称为可能的自我。可能的自我既包括我们希望成为的理想自我，如成功的自我、有钱的自我、受人尊敬和爱戴的自我等；也包括害怕成为的自我，如孤独的自我、抑郁的自我、无能的自我和失业的自我等。可能的自我是自我系统中有关未来取向的成分。可能的自我不仅仅是一些想象的角色或状态，它们表征着对个体有重要意义的希望、恐惧和幻想。这些可能的自我既是人格化、个性化的，也是社会化的，受到个体所处的社会、历史、文化背景的影响。因此，自我图式虽是对过去行为的表征，但它不仅仅是认知表征的贮存库，它还能令个体超越当前的信息，对自我的未来作出决定和推断。

二、自我认知的途径

或许你会发现，再也没有比"自我"更能让我们感兴趣的主题了。在你与朋友们的聊天中，你或许还会经常听到这样的感叹：真不知道我是怎么了！我都快不认识自己了！原来我是这样的啊！这些正是对我们未能充分了解自己的惊讶。随着心理学在我国的发展，越来越多的人表现出对心理学的极大兴趣。就本质上来讲，与其说他们是对心理学感兴趣，不如说是对他们自己感兴趣。在日常生活中，我们总在不断地努力认识自己，以期更好地预期未来可能的自己。概括起来，自我认知的方法主要有以下四种。

（一）自我观察

当我们的态度、情绪以及其他内在状态处于模糊不清或摇摆不定时，我们就会站在外部观察者的位置上，通过观察自己的行为和该行为发生时的情境来获得，这就是自我观察法。但是，只有在不确定自己的感受如何时，我们才会通过自己的行为来推论自己的感受；如果有明显的外部压力时，我们也不会认为行为是真实态度的反映，而是认为我们的行为是由外部原因决定的。当然，如果人们并不关心自己的反应时，也会倾向于通过行为来推断。例如，如果你知道自己一直就喜欢吃苹果，就不需要用是否吃苹果来推断了。如果你不太确定对苹果的态度，去朋友家又会主动吃苹果，这时你会想既然没有人强迫，是自己主动吃的，你一定是喜欢苹果。

(二) 自我内省

当我们把注意力集中在自己身上时，我们会根据自己内在的标准与价值观来评价和比较自己的行为，这就是自我内省法。与自我观察法不同的是，内省直接检验我们的态度、情感和动机，而自我观察是通过分析行为间接地推断我们的内部状态。这一方法看起来容易，我们却较少使用。有研究表明，大多数人每天用来思考自己的时间不会超过1个小时。但是，有些情境却能激发我们关注自己，如知道别人正在注视自己、听录音带里自己的声音、看录像带中的自己或是看镜子中的自己。遗憾的是，自我内省的方法也难以了解自己真正的感受和行为原因。例如，你可能花很长时间思考，也不理解为什么无法控制自己的焦虑情绪，不清楚自己为何喜欢指责别人等。

(三) 社会比较

由于关于自我的许多方面都无法用客观标准来衡量（如能力、价值、地位等），因此，完全客观正确地认识自我是不可能的，我们常常需要通过将自己与他人进行比较来认知——这可能是我们日常生活中最常用的自我认知方法。一般来说，我们更倾向于选择与那些条件相当或特点相似的人进行比较（估计很少有人会与爱因斯坦比谁更聪明吧），心理学上把这种比较称作平行比较。例如，我们经常会将自己与同学比较，看看谁的职业发展更好，而较少有人会直接将自己与世界首富比较。但有时我们也会向上比较（与比自己优秀的人比），或者向下比较（与不如自己的人比）。通过与他人的比较，我们才能对自己的特点进行评价，并获得不同的自我感觉。例如，身高在物理上是一个不变的数字，但与矮个子的人比，我们会感觉自己高，获得自信心；而与高个子的人比，我们又会觉得自己矮，会有自卑感。因此，与谁进行比较，比较什么就变得重要了——这也是获得自尊的重要策略。

(四) 他人反馈

有时，你还可以通过他人对自己的评价（如赞赏、批评）、对自己的态度（如冷淡、热情）以及反应（如拒绝、欢迎）来了解自己。当别人总是对你很友好时，你会认为自己的人际交往能力不错；当别人总是说你乐于助人时，你也会认为自己是个好人。当然，并非其他人如何看待我们都会影响我们的自我认知，我们更在乎的是重要的人的反馈。例如，当你无法确认自己是否能够胜任新岗位时，领导的肯定或许能帮助你；当你不确认自己的心理状况时，心理咨询师或许能帮助你；当你不知道自己有指责的习惯时，朋友的反馈或许能帮助你。有时，与自我认识有关的并不是别人实际上如何评价我们，而是我们觉得他们如何评价我们。我们进行自我认识的依据，不是个别的人或独特的群体，而是将他们转换成一个抽象的一般化他人，其自我认识是在设想的一般化他人如何看待自己的基础上形成的。例如，我们会想象到他人异样的眼光，因而不愿意穿着奇装异服。

三、自我认知的偏好

你是否有过这样的体验：在各种声音嘈杂的酒会上，音乐声、谈话声、脚步声、酒杯餐具的碰撞声不断，当你正集中注意力地欣赏音乐或与别人聊天，对周围的嘈杂声充耳不闻，但一旦有人提到你的名字时，你不但会听见，而且还会立即作出反应，看看是谁在叫你。这种现象被称为"鸡尾酒会效应"，表明人们对与自己有关的信息非常敏感。事实上，人们不仅对有关自己的信息表现出一种认知偏好，而且在加工这类信息的方式上也往往存在认知偏好。

人们通常对自己或他人的行为进行归因，但是对积极（如成功）和消极（如失败）行为结果的归因是不同的。在多数情况下，人们认为满意的结果与自己有关，而将不满意结果的责任推给他人或情境。例如，有些司机把事故归因为外部因素（如天气、车况等），有些司机则把惊险地避开事故归因为内部因素（如机敏、高超的驾驶技能等）。又如，员工把自己的晋升归因为努力工作和杰出技能，而把未被提升归因为老板的不公平对待。研究表明，当来访者提前结束心理咨询时，心理咨询师通常把原因归为来访者（如来访者认为自己已经康复），而不愿归因于自己或采用的疗法无法让来访者满意，并以此维持自己较高水平的自尊。这种将积极的或满意的结果进行内部归因，将消极的或不满意的结果进行外部归因的现象称为自我认知偏好，也称作利己偏差。这种现象在日常生活中普遍存在，当人们面对消极结果时尤为突出。

在本章开始的课前小测验中，我们列举了一系列有利于自己的自我认知偏好，你是否也认同这些偏好观念呢？实际上，大多数人也有与你一样的偏好。以下是相应的研究结果。

（1）伦理道德。大多数生意人认为自己比一般生意人更有道德。关于自己的道德和价值可以打多少分？50%的人给自己打90分及以上，只有11%的人给自己打74分及以下。

（2）工作能力。90%的商务经理对自己的成就评价超过对其普通同事的评价。在澳大利亚，86%的人对自己工作业绩的评价高于平均水平，只有1%的人评价自己低于平均水平。大多数外科医生认为自己患者的死亡率要低于平均水平。

（3）优点。在荷兰，大部分高中生认为自己比普通高中生更诚实、更有恒心、更有独创性、更友善且更可靠。

（4）驾驶技术。多数司机，甚至大部分曾因车祸而住院的司机，都认为自己比一般司机驾车更安全且更熟练。

（5）聪明才智。大部分人觉得自己比周围的普通人更聪明、更英俊、更没有偏见。当有人超过自己时，人们则倾向于把对方看作天才。

（6）忍耐度。在1997年的盖洛普民意测验中，只有14%的美国白人在黑人歧视程度的10点量表(0—10分)上打分达到或超过5分。可是在给其他白人打分时,44%的白人的分值达到或超过5分。

(7)赡养父母。多数成年人认为自己对年迈父母的赡养比自己的兄弟姐妹们多。

(8)健康。洛杉矶的居民认为自己比大多数邻居更健康,而多数大学生认为他们将比保险公司预测的死亡年龄多活10年左右。

(9)洞察力。我们假定他人的语言和行为能够体现他们的本质。我们私下的想法也是如此。因此,我们中的大多数人都认为我们比别人更了解自己。很少有大学生会认为自己比别人更天真或更傻,但他们会认为别人要比他们傻得多。

(10)摆脱偏见。人们往往认为他们比其他人更不容易受偏见的影响。他们甚至认为自己比多数人更不容易产生自我认知偏见。

有意思的是,即便是在自尊研究中得分最低的人,在给自己打分时也基本使用中等的评分标准。我们为何倾向于采用这些有利于自己的观点来评价自己呢?研究表明,我们维持自尊和自我感觉良好的需要与之高度相关。毕竟,相信自己比同伴拥有更多的天赋和积极的品质能使我们对自己保持良好的感觉,而且这种对自己的正向的感觉能为我们提供应对日常生活中的压力的资源。因此,自我认知的偏好能使我们产生力量感和自我满足感,符合自我价值定向的自我保护规则,在一定程度上对保护自我心理健康具有积极意义。

同时,自我认知偏好还受到年龄、性别、文化及心理健康水平的影响。例如,有研究表明,自我认知偏好在儿童(8—11岁)和年龄大(55岁以上)的人身上最为显著,而在青春期(12—18岁)和成年期(25—55岁)最不显著;男性比女性的自我认知偏好更强烈;中国人、朝鲜人和美国人的自我认知偏好更明显,日本人、印度人的自我认知偏好则表现较弱。

第三节 | 自　　尊

拓 展 阅 读

加强社会心理服务体系建设,培育自尊自信、理性平和、积极向上的社会心态。

——中国共产党第十九次全国代表大会报告

自我体验是在自我认知的基础上产生的内在体验,是自我概念的情感成分,也是主我对客我持有的一种态度。当我们把自己当成观察对象时,自我便出现了两个部分:一个是观察自己的主体;另一个是被观察的客体。主体的自我可以对客体的自我进行评估(后面分别简称主我和客我)。自尊反映的正是主我的需要与客我的现实之间的关系:当客我满足了主我的要求,就会产生积极肯定的自我体验,即自我满足;如果客我没有满足主我的要求,则会产生消极否定的自我体验,即自我责备。日常生活中,自尊、自信、自负、自满、自我肯定、自我欣赏、自卑、成就感、价值感、挫败感、自豪感、羞愧感、内疚感等都是我们经常能体会到的情绪体验。其中,自尊是自我体验最全面、最集中的体现。

一、自尊的定义

自尊(self-esteem)是对自我进行的整体积极性评价,这种整体的自尊对个体行为发展有重要影响。生活中,我们常常使用"自尊心"或"自尊感"来描述这种自我体验;也很容易判断出"某某的自尊心很强,而某某的自尊心很弱"。下面就让我们先来评估一下自己的自尊感吧。

小 测 验

请仔细阅读下面的句子,选择最符合自己情况的选项。请注意,这里要回答的是你实际上认为你怎样,而不是回答你认为你应该怎样。答案无正确与错误或好与坏之分,请按照你的真实情况来描述你自己。

请将你选择的分值直接相加,得到你的总体自尊感。分值越高,表明你的自尊感越高;反之,则越低。那么,你的自尊感有多高呢?你的自尊感高就一定带来积极行为吗?低自尊的风险又是什么呢?

情　况	非常符合	符合	不符合	很不符合
1. 我感到我是一个有价值的人,至少与其他人在同一水平上。	4	3	2	1
2. 我感到我有许多好的品质。	4	3	2	1
3. 归根结底,我倾向于觉得自己是一个失败者。	1	2	3	4
4. 我能像大多数人一样把事情做好。	4	3	2	1
5. 我感到自己值得自豪的地方不多。	1	2	3	4

续 表

情　　况	非常符合	符合	不符合	很不符合
6. 我对自己持肯定态度。	4	3	2	1
7. 总的来说,我对自己是满意的。	4	3	2	1
8. 我希望我能为自己赢得更多尊重。	4	3	2	1
9. 我确实时常感到自己毫无用处。	1	2	3	4
10. 我时常认为自己一无是处。	1	2	3	4

二、自尊的发展

自尊起源于依赖性自尊。我们成长的过程就是从依赖到独立的过程,因此,自尊的发展也经历了这样的过程。一般来说,自尊的发展有三个阶段,包括依赖性自尊、独立性自尊和无条件自尊。

(一)依赖性自尊

当我们依赖他人肯定或表扬而产生自尊时,表现的就是依赖性自尊,这使我们特别渴望别人的表扬。例如,演讲的时候如果观众反应强烈,我们就会很高兴;如果观众没有反应,我们便讲得索然无味。又如,有的学生很在意家长和老师对自己成绩的评价,如果老师和家长都表扬他,他会很高兴;如果有人对他的成绩表示怀疑或者不屑一顾,他就会难受,觉得自己受了莫大的委屈。依赖性自尊让我们把生活的动力归结于别人的看法。例如,就业时,会倾向于高名望、高地位的工作;选择伴侣时,主要考虑别人是否肯定、是否喜欢。依赖性自尊使人把对自己的判断建立在与他人的比较上。例如,如果考试成绩比别人高,感觉就会很好,反之,则会很糟糕。

(二)独立性自尊

当我们不依靠他人的看法,而是根据自我的评判标准产生的自尊,称为独立性自尊。例如,我很清楚自己的学习是否努力、工作是否用心,尽管别人对此有很多看法,但最终内心的尺子是由自己来衡量的。这样的人在思考自己的能力大小时,不会和他人比较,而是和过去的自己比较。我进步了吗?我是不是比过去的自己更幸福?相对于那些总是喜欢得到他人的肯定、害怕批评、有完美主义倾向的依赖性自尊水平较高的人而言,那些独立性自尊水平较高的人,乐于接受批评,乐于结交挑战他们、帮助他们找寻真理的"对手"。独立性自尊水平较高的人的生活动力主要来源于寻找"我对什么感兴趣?我关心什么?我到底想怎样生活?"这些问题的答案。依赖性自尊较强的人容易受到他人言行的影响,倾向于选择别人已经走过的路，甚至用机械的工作以获得他人的肯定和赞扬。而那些独立性自尊水平较高的人，喜欢跳出固定的模式，选择别人未走过的道路，这当然不是说他们从不选择别人已经走过的路，前提是他们真的喜欢。

（三）无条件自尊

无条件自尊使个体处于很稳定的状态，既不依靠他人的看法，也不来源于自我的评判，根本不需要对自尊进行评价。无条件自尊水平较高的人在评价自己的能力时，既不需要和别人比较，也不需要和自己比较，它是一种自然存在的状态。例如，写一本书，依赖性自尊较强的人会和其他书籍进行比较，动力来自他人的赞扬和肯定；独立性自尊较强的人的满足感来自自己写作水平的进步，由自己来决定书写得好坏；而无条件自尊较强的人写书的目的很简单：就是当有好的想法时，希望能用书呈现出来。

自尊的培养过程其实就是自我实现的过程。刚出生的时候，我们都没有自尊，过一段时间后，我们开始通过他人的看法来了解自己；然后，开始有自己的意识，懂得和以前的自己进行比较；最后，如果独立性自尊足够强，我们进行到自然而然的存在阶段。很多人到50岁的时候，才真正懂得如何让别人了解自己，而不是一味地寻求肯定。著名心理学家马斯洛也说，45—50岁才是自我实现的最佳阶段。但是，这并不是说我们应该消除依赖性自尊，而只要独立性自尊或无条件自尊。别人表扬我们时我们就高兴，别人否定我们时我们就伤心，这是人之常情，是人性中的一部分。独立性自尊或无条件自尊不是一夜之间获得的，这是一个需要时间、精力、自我有意识地培养、从失败中吸取经验并反复前进的缓慢的过程。

三、自尊的影响

作为整体性自我评估的自尊，对我们的认知、情绪、行为和意志都会产生影响。

（一）影响认知

自尊不仅与自我信念的内容和结构有关，而且也能预示人们对其行为的认知模式。有研究发现，高、低自尊的被试在成功和失败之后对自我行为的动力知觉不同。在成功后，高自尊者比低自尊者更有可能改变自己的行为，但两者间的差异较小，可能是因为与失败相比，成功后两者的自我提高动机都比较强；在失败之后，低自尊者比高自尊者更可能改变自己的行为，因为他们采取了一种自我贬低的认知模式。同时，自尊会影响个体接受信息。有研究表明，低自尊者难以接受信息或几乎不接受信息，高自尊者对自我非常自信，倾向于不接受信息的影响，而中等水平自尊的被试容易受到信息的影响。这一研究结果强调信息传递对不同自尊水平个体的观念转变的影响。此外，自尊水平还会影响我们对社会认知模式的建构，例如，低自尊者会把成功与人际接受联系起来，把失败与人际拒绝联系起来。

（二）影响情绪

通常情况下，人们都想对自己和自己的生活感到自信，并会竭力维持一种自信的外表，但并不是所有人都会这么做。有研究表明，高自尊的人由于情绪高昂，往往能超越自我，以较高的热情去追求目标，表现出积极的行为模式；低自尊的人则常常感觉到压抑、焦虑，这使得他们难以把自己的精力全部投入到感兴趣的活动中去，从而表现出消极的行为模式。换句话说，自尊感低的人不太会为调节自己的心情而努力，即使在一件令人快乐的事情发生以后，也不愿意去尝试和维持好心情，在消极事件后也没有让自己心情转好的动机。这也说明低自尊的人为何会适应不良，并在消极事件发生后感觉更糟。

（三）影响行为

我们可能会认为，只有低自尊不利于心理健康。然而，相关研究表明，过高自尊（自恋）的人和过低自尊（自卑）的人都可能有更多的消极行为表现。因为自恋的人大多拥有的是依赖型自尊，为了维持他们极高的优越感，常常无法容忍别人的批评和不同意见，因而表现出更多的侵犯行为和暴力行为，也有更多焦虑、孤独、饮食障碍的风险。当然，低自尊的人也面临着更多抑郁、毒品滥用、妒忌等负向行为的风险。因此，只有那些拥有稳定的高自尊的人，才有更健康的心理和健康的个性。

（四）影响意志

有研究考察了自尊如何影响个体的任务表现和坚持性。结果发现，在先前没有任何结果或先前已有成功经历的情况下，自尊对任务表现没有任何影响。但是，在先前失败的情况下，低自尊者比高自尊者的表现更差。事实上，仅仅是预期的失败也可能影响低自尊者的表现。这种现象的发生至少有两个原因：第一，失败使低自尊者把心思完全放在自己身上，他们开始对自己进行否定并陷入很差的自我感觉中，这种自我关注和感受就会影响他们的表现，使他们的注意力不能很好地放在正在完成的任务上；第二，主动退缩，由于先前的失败，低自尊者并不像高自尊者那样具有坚持性。当然，失败后继续坚持并不一定具有适应性意义，但是低自尊者并不能敏感地判断出在特定情况下坚持和放弃何为更明智的选择。

第四节 自我控制

一、自我控制的定义

自我控制（self-control）是指个体对自身的心理与行为的主动控制。它是以自我意识的发展为基础,以自身为对象的人类高级心理活动。

1994年,心理学家日莫曼提出了著名的关于自我意识和自我监控的"WHWW"四维结构,包括Why(为什么)、How(怎么样)、What(是什么)、Where(在哪里)。日莫曼认为,与人的任何活动一样,自省也可以从"为什么""怎么样""是什么"和"在哪里"这四个基本问题上来进行分析。在"为什么"方面,自我控制的内容是动机,所解决的任务是对是否参与进行决策,体现了个体内部资源的特征属性;在"怎么样"方面,自我控制的内容是方法、策略,所解决的任务是对方法、策略进行决策,体现了个体计划与设计的属性;在"是什么"方面,自我控制的内容是结果、目标,所解决的任务是对取得什么样的结果和达到什么样的目标进行决策,体现了个体自我觉察的特征属性;在"在哪里"方面,自我控制的内容是情境因素,所解决的问题是对情境中的物理因素(如时间、材料及其性质)和社会因素(如成人、同伴的帮助)进行决策和控制,体现了个体敏锐与多智的特征属性。

根据"WHWW"四维结构,那些情绪化严重的人可能具有高智商,但如果他在"为什么"这个维度上存在缺陷,即缺乏成功的动机,他将很难开发出智慧的潜能;在"怎么样"的问题上存在缺陷的人,可能整天忙忙碌碌,却总是事倍功半;在"是什么"维度上不健全的人,则不能合理地估量和揣度事情的结果和结果对他人生的意义,成功就容易与他失之交臂;至于在"在哪里"问题上遇到麻烦的人,他对社会环境以及自己在环境中的位置缺乏清晰的认识,不是高估自己,就是低估自己,从而导致自负或者自卑的消极情绪。

二、自我效能

拓 展 阅 读

人必须要拥有一种自我效能感,才能应对人生中不可避免的阻碍和不公,从而走向成功。

——阿尔伯特·班杜拉

根据班杜拉(图4.2)的观点,自我效能(self-efficacy)是指个人对自己在特定情境中是否有能力去完成某个行为的期望,它包括结果预期和效能预期。其中,结果预期是指个体对自己的某种行为可能导致什么样结果的推测;效能预期是指个体对自己实施某行为的能力的主观判断,简单地说,就是个体对自己能够取得成功的信念,即"我能行"。因此,自我效能的信念决定了人们如何感受、如何思考、如何自我激励以及如何行为。积极、适当的自我效能感能使我们认为自己有能力胜任所承担的工作，从而产生积极的、进取的工作态度；当我们的自我效能低时，会认为无法胜任工作，我们就有可能对工作产生消极回避的想法，工作积极性将大打折扣。

例如，茱莉·安德鲁斯在她的自传《家》一书中提到了她在12岁那年到米高梅试镜的经历。安德鲁斯这样写道，"当时，我看起来如此平凡，他们必须给我化点妆才行"，"最后的结论是：'她不够上镜'"。而罗琳的小说《哈利·波特与魔法石》在被伦敦一家小型出版社接纳之前，曾经遭到12家出版社的拒绝。华特·迪士尼曾经被一家报纸的编辑以"缺乏想象力"为由解雇。"飞人"迈克尔·乔丹上高中时曾被校篮球队拒之门外。自我效能正是这些成功人士具备的一种坚定不移的信念和相信自己具备取得成功的要素。

尽管班杜拉（图4.2）提出的自我效能有特定领域的限定，但我们极容易将成功/失败经验泛化，这导致自我效能常常表现为对自我控制力的整体性判断。研究表明，自我效能感与成就行为是相互促进的。获得自我效能感主要有以下三种方式。

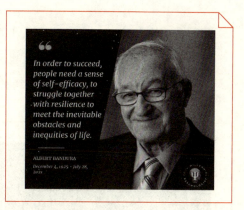

图4.2
班杜拉

（一）成功经验

我们自己的亲身经验对自我效能的影响是最大的。成功的经验会提高人的自我效能，多次失败的经验会降低人的自我效能感。不断成功会使人建立起稳定的自我效能感，这种效能感不会因一时的挫折而降低，而且还会泛化到类似情境中去。由于一些非能力因素会制约活动质量的高低，所以，人们在评价自我效能时，往往要同时斟酌能力因素与非能力因素对自己行为成败的作用。因此，除能力因素外，一些非能力因素（如活动任务的难度、个人努力和程度、外力援助的多少等）都会或多或少地影响自我效能的建立。如果任务很难，或者个人没有付出多少努力，又或者没有什么外力援助，这时的成功会增强自我效能感，而这时的失败不会降低自我效能感。如果任务简单，或者活动中费力很大，又或者外力援助较多，即使成功，也不会增强自我效能感；倘若失败，就会降低自我效能感。班杜拉在研究中发现，人们对于行为成败的归因方式会直接影响自我效能的评价。

> 案 例

成功经验的作用

2021年7月29日东京奥运会乒乓球女单半决赛上，中国选手孙颖莎与日本选手伊藤美诚对战（图4.3）。就在前一天，伊藤美诚和队友战胜了中国队，取得了奥运会历史上第一块混双金牌，所以她和孙颖莎的对决广受关注。半决赛第二局，孙颖莎在3：9大比分落后的情况下，连拿8分，最终拿下第二局，并以4∶0的总比分赢得了整场比赛。两人历史上曾8次交手，孙颖莎6胜2负，而近年来的重大比赛更是四连胜。虽说赛场瞬息万变，胜败均是常事，但个人成功经验能够提供更强的信心和斗志以及更加坚韧的精神。

图4.3
比赛现场

（二）替代性成功经验

我们还可以通过观察示范者的行为而获得间接经验，它对自我效能的形成也具有重要影响。当我们看到与自己水平差不多的示范者取得了成功，就会增强自我效能，认为自己也能完成同样的任务；当他们看到与自己能力不相上下的示范者遭遇了失败，就会降低自我效能感，觉得自己也不会有取得成功的希望。这种观察学习对自我效能的影响是通过两种认知过程实现的：一种是社会比较的过程，学习者采用与示范者比较的方式，参考其表现以判断自身的效能；另一种是提供信息的过程，学习者可以从示范者的表现中学到有效解决问题的策略或方法，了解解决问题的条件，这些都会对自我效能产生一定的影响。在观察学习的过程中，影响观察学习的诸因素都可能对自我效能的建立发生作用。

（三）言语说服

此外，他人说服性的建议、劝告也会增加我们的自我效能感。虽然这种方法常常十分有效，并且是极为常用的方法，但依靠这种方法形成的自我效能感却不易持久，一旦面临令人困惑或难于处理的情境时，就会迅速消失。有研究结果表明，缺乏体验基础的言语说服，在形成自我效能感方面的效果是脆弱的，人们对说服者的意见能否接受，往往要以说服者的身份和可信度为转移。此外，如果言语说服与个人的直接经验不一致，也不大可能产生说服效果。

前面提到了无论是直接还是间接的成功经验都可以提升我们的自我效能感，如果受到了连续的失败会如何呢？社会心理学家发现，我们很可能会放弃努力，陷入一种"不可控状态"中，并产生"努力是没有用的"的观点，这种现象被称为习得性无助。如果一个学生一次次参加考试，一次次地考不及格，久而久之，他很可能会对学习失去信心，甚至产生厌学情绪，于是，上课开始不喜欢听讲，经常走神，甚至有时还会捣乱课堂纪律，课后也不再认真复习功课了。

事实上，孩子天生就是积极的，喜欢尝试的：他一睁开眼睛，就尝试着到处看；当他能控制自己的动作时，就开始喜欢到处爬，到处摸……当然，因为是"第一次"，就会出很多错。如果孩子的每一次尝试成人都报以厉声呵斥"不准……"，或大惊小怪地惊呼"危险！不要……"时，他就好像被电击了一样，久而久之，他对自己要做的事情变得不自信，因为他不知道做完之后大人是不是又该大声说"不"了。结果，他也许会如你所愿地变成一个"乖"孩子，哪儿也不碰，什么也不摸，但"我不行"的观念却会深深地根植于他的心中。

当然，在我们的世界里没有绝对的自由，我们追求的自由其实是一种可控的自由，而掌握一定的控制系统确实可以增强我们的健康和幸福，营造适度的自控空间会给生活带来变化。例如，家长不再要求孩子事事听自己的，适当放权，让孩子自己安排自己的学习时间，考虑自己的穿衣搭配，就会发现孩子的自理能力更强了，跟自己的话题也变多了，家长和孩子的距离更近了；又如，部门主管多与员工沟通，听取他们的意见，让他们可以适当地用自己的方式去解决问题，就会发现工作效率提高了，工作氛围也会变得更和谐。

三、自我展示

我们不仅会以自我美化的方式来认知自己，也会同样以受人赞许的方式来向他人展示。因为我们难以离开他人而独自生活，这一点使我们需要不断地调整自己的言行以更适应我们的观众。我们在不同程度上监控自己，对自己的表现加以注意，不断地接近理想自我。这种印象管理策略可以用来解释虚伪谦逊的案例，在这些案例中，人们以贬低自己来恭维对手，或者是当众感谢他人而私下里却把荣誉归于自己。有时，人们还会以自挫行为来实现自我妨碍，为失败提供借口，从而维持自尊。

（一）谦虚策略

在日常生活中，人们似乎很愿意通过贬低自己、夸奖他人来与人相处。如果你对朋友说"我太胖了"，身边的朋友大多会马上安慰你说："你的身材很好啊，不胖的。有好多人比你胖多了呢！"当然，最明显的例子是在运动员们公开称赞对手时所表现出的谦虚。这种谦虚为他们自己的比赛结果找到了最好的台阶。赢了，表明自己很厉害；输了，表明对方很厉害。在一些颁奖庆典上，领奖人的获奖感言通常是："我要感谢我的公司、我的家人、我的朋友和每一个曾经给过我支持的人"，这种慷慨似乎与人们喜欢将成功归于自己的规律相矛盾。有研究表明，这只是一种表面的谦虚而已，在感谢者内心，荣誉还是归于自己的。从社会交往的层面来看，这一策略往往会让我们给别人留下谦虚感恩的印象，从而避免自己的成功遭到别人的嫉妒或怨恨。

（二）自我妨碍策略

有时，人们会通过给自己设置障碍来阻止自己获得成功，这种行为绝不是一种故意破坏自我的行为，相反，这恰恰是为了达到自我保护的目的。自我妨碍策略与归因是有区别的：自我妨碍是个体故意给自己的成功施加阻力，而归因是在成就结果出来后个体对这种结果所做的解释,自我妨碍发生在成就行为之前,是为了给预期可能的失败找到一个合理的借口,不是对实际失败结果的事后合理化。例如,考试成绩差是由于缺少复习时间,这是归因;但如果故意游玩,以便把缺少复习时间作为可能发生的失败的借口,这就是自我妨碍行为。自我妨碍策略有两种:一种是通过行动给自己的成功施加压力,是预先策略,发生在成功或失败前,如故意拖延、考试前不复习而热衷于玩乐、选择不可达到的目标等;另一种则是过分夸大成功中存在的障碍,特别是一些具有状态特质性的事件,如考试焦虑、身体不适、压抑、抑郁等。通常的逻辑是:我并没有真的失败——要不是因为这个我肯定能做好。

(三)印象管理策略

无论是自我认知偏好、虚伪的谦虚,还是自我妨碍,我们的目的都是维持自己认为好的形象,包括外在形象和内在形象。我们总是通过推脱、辩解和道歉等方式来管理和营造自己的形象,以支撑我们的自尊。在熟悉的环境中,这些并不需要特别地注意就可能发生,而在不熟悉的环境中,就需要我们特意去控制自己的行为了。例如,当我们在宴会上想给某个人留下好印象或与异性聊天时,我们都会特别注意自己的形象,甚至还可能特意在镜子前尝试哪种表情更适合拍照。然而,通过印象管理给他人留下好印象是一件十分微妙的事,因为不同文化对谦虚和自我控制的要求并不一致。例如,要是美国人在棒球场上脑袋被球击中了,他会提起诉讼;要是日本人的话,他会说:"真荣幸,这是我的错,我本不应该站在那儿的。"有研究表明,在以自我控制为美德的东方文化中,我们会更多地展现出谦虚和自控;在西方社会中,孩子们的表现与东方孩子们的表现完全不同。

本 章 小 结

1. 自我概念就是一套关于自己的信念体系。从形式维度分,自我概念分为自我认知、自我体验与自我控制;从内容维度分,自我概念可分为物质自我、社会自我与心理自我;从观念存在的维度分,自我概念可分为现实自我和理想自我。

2. 儿童进行自我评价的依据不是个别的人或独特的群体,而是将他们转换成一个抽象的一般化他人,其自我概念是在设想的一般化他人如何看待自己的基础上形成的。

3. 根据心理学家伯恩斯的观点,自我概念具有保持自我一致性、解释经验和决定期望三种功能。

4. 自我图式是有关自我的认知结构,是关于自我的认知概括,来自过去的经验并对个体社会经验中与自我有关的信息加工进行组织和指导。

5. 在自我认知中,有一类是与个体的潜能和未来有关的。这类知识被称为可能的自我。

6. 自我认知的方法主要有自我观察、自我内省、社会比较和他人反馈。

7. 将积极的或满意的结果进行内部归因,将消极的或不满意的结果进行外部归因的现象称为自我认知偏好,也称作利己偏差。

8. 自我体验是在自我认知的基础上产生的内在体验,是自我概念的情感成分,也是主我对客我持有的一种态度。其中,自尊是自我体验最全面、最集中的体现。

9. 自尊是对自我进行的整体积极性评价,这种整体的自尊对个体行为发展有重要影响,具体包括认知、情绪、行为和意志等方面。

10. 一般来说,自尊的发展有三个阶段,包括依赖性自尊、独立性自尊和无条件自尊。

11. 自我控制是指个体对自身心理与行为的主动控制。

12. 心理学家日莫曼提出著名的关于自我意识和自我监控的"WHWW"四维结构,包括Why(为什么)、How(怎么样)、What(是什么)、Where(在哪里)。

13. 自我效能是指个人对自己在特定情境中是否有能力去完成某个行为的期望,它包括结果预期和效能预期两个成分。

14. 自我效能感与成就行为是相互促进的,主要有成功经验、替代性成功经验和言语说服三种方式。

15. 我们不仅会以自我美化的方式来认知自己,也会以受人赞许的方式来向他人展示,包括虚伪的谦虚策略、自我妨碍策略和印象管理策略。

思考与练习

一、名词解释

　　自我概念　自尊　自我效能

二、案例分析

　　珍妮是一个总爱低着头的小女孩,她一直觉得自己长得不漂亮。有一天,她到饰品店买了只绿色的蝴蝶结,随即戴在头上。店主看到后,不停地赞美她戴上蝴蝶结后挺漂亮。珍妮虽不信,但是挺高兴,不由得挺起了胸,昂起了头。由于她急着回到学校让老师和同学们看看,结果在出店门口的时候与人撞了一下,蝴蝶结被撞掉了,但她并不知道。珍妮来到学校,刚走进教室,正好碰上了她的老师,"珍妮,你真美!"老师爱抚地拍拍她的肩说。那一天,她得到了许多人的赞美。她想,一定是蝴蝶结的功劳,当她回到家站在镜子面前时才发现,头上根本就没有蝴蝶结。

　　请问小女孩珍妮为何需要通过蝴蝶结来获得自尊?

三、论述题

　　举例论述自我认知的途径。

第五章

社会认知

学习目标

- 掌握社会认知的定义、特征以及影响社会认知的因素;
- 掌握印象形成过程中常出现的偏差,包括首因效应、近因效应、晕轮效应、宽大效应;
- 了解归因的概念和理论,包括维纳的成就归因模型和凯利的三度归因理论;
- 了解归因偏差的内容。

本章学习资料

> **引例**

雾霾风险感知的影响因素

雾霾已是中国社会发展面临的巨大挑战。根据耶鲁大学世界各国环境绩效指数,2014年在178个国家中,中国空气质量排第176,PM2.5平均暴露水平世界最高。过去三年,随着有关部门对雾霾的重视，各地雾霾的构成、来源、机理已经逐渐被环境科学和气象科学家查明。据"上海大气PM2.5来源解析结果"显示，在上海市PM2.5来源中，外部输入平均约为26%，本地污染排放平均约为74%。在本地排放源中，机动车排放占29.2%，工业生产占28.9%，燃煤占13.5%，扬尘占13.4%，其他占15.0%。在雾霾损害方面，绿色和平组织与北京大学公共卫生学院研究报告《PM2.5的健康危害和经济损失评估研究》表明，上海市在2010年因PM2.5造成的死亡人数为2 980人，占当年总死亡人数的1.6%，对上海市造成的经济损失近23.7亿元人民币。

那么，市民如何看雾霾呢？所谓雾霾感知是指城市居民对雾霾的严重性、危害性、可怕性以及可控性的主观感受与认知。华东理工大学进行了调查，共发放400份问卷，回收有效问卷292份，其中男女各占一半，平均年龄33岁。以下是对该数据的主要分析。

（1）上海市民已经能认识到雾霾的危害性。
（2）近一半被调查者认为雾霾难以控制。
（3）女性和易感人群更加担心雾霾。
（4）小区越挨着马路越担心雾霾危害。
（5）小区环境与卫生越差，越倾向于放大雾霾危害性。
（6）雾霾感知能够相互传染。

根据以上案例，尝试分析影响雾霾风险感知的主要影响因素有哪些。

第一节 | 社会认知概述

社会认知（social cognition）最初被称作社会知觉（social perception），由美国心理学家J.布鲁纳于1947年提出，用以指知觉主体的兴趣、需要、动机、价值观等社会心理因素如何受到社会的影响。随着社会心理学对人际知觉领域研究热潮的兴起，社会知觉概念被等同于人际知觉（interpersonal perception）或个人知觉（person perception），指关于他人或自我所具有的各种属性或特征的整体反映，其结果即形成关于他人或自我的印象。作为知觉的一种特殊形态（即以人为对象的知觉），社会知觉既服从于一般知觉具有的普遍规律性，又具有一般知觉不具有的特点。20世纪60年代后，随着认知心理学的兴起及其对社会心理学的影响，社会知觉或人际知觉被社会认知取代，指个人对他人的心理状态、行为动机和意向作出推测和判断的过程，属于人的思维活动的范畴。由此使社会知觉的内涵与性质更加明确，避免与传统心理学中作为感性认识活动一部分的知觉活动相混淆。

一、社会认知的概念

社会知觉的概念最初是由布鲁纳于1947年在《价值与需要是知觉中有组织的事实》中采用的,用以指出知觉不仅决定于人的本能,也决定于人在社会生活中的目的、需要、态度与价值观,即指明知觉者的社会决定性。

由于人们对社会认知的研究取向不同,有关社会认知的定义和解释也各不相同。下面列举五种比较有代表性的观点:① 社会认知研究包括对所有影响人信息的获得、表征和提取的因素以及这些过程与知觉者的判断之间的关系的思考。② 社会认知通常是指关于人、群体的认知和具有情感、动机态度、情感色彩的认知。③ 社会认知通常是指对人、自我、人际关系、社会群体、角色和规则的认知,以及对这种认知与社会行为之间关系的认识和推论。④ 社会认知研究的对象是那些发生在他人和自己身上的心理事件以及人们对社会关系的思考。⑤ 社会认知是人们根据环境中的社会信息形成的对他人或社会群体、社会角色及自身经历作出推论。

综合上述定义,社会认知具有两个基本特征:其一,社会认知是人对社会性事件的认知加工;其二,人的社会认知对其社会行为起一定的调节作用。所以,可以认为社会认知是指人对社会性客体之间的关系,如人、人际关系、社会群体、自我、社会角色、社会规范等的认知,以及对这种认知与人的社会行为之间的关系的理解和推断。社会心理学所感兴趣的是作为知觉主体的个人对他人、群体的人际关系的社会认知,以及与此相伴随的自我省察的过程。由于社会心理学对社会认知的研究着眼于对人及人与人关系的知觉感受,因此,不少社会心理学文献称之为社会知觉或人际知觉。社会认知指的是个体通过人际交往,根据认知对象的外在特征,推测与判断其内在属性的过程。

社会知觉与普通心理学的知觉的含义有所不同。后者是指个体对直接作用于自己的客观刺激物整体属性的反映,不包括想象、判断等过程;前者则包括整个认知过程,既有对人外部特征的知觉,又有对人格特征的了解以及对其行为原因的判断与解释。社会知觉是一种基本的社会心理活动,人的社会动机、社会态度、社会化过程、社会行为的发生都是以社会知觉为基础的。

二、社会认知的特征

作为一种特殊的社会心理过程,社会认知具有如下三个基本特性。

(1) 互动性。在社会认知的过程中,知觉者和被知觉者处于对等的主体地位,不仅被知觉者影响知觉者,而且知觉者也会影响被知觉者,从而使社会知觉过程的发生不是单向的,而是双向的。

(2) 间接性。社会认知不仅是知觉者对他人外部属性的直接反映,更主要的是,通过对他人直接可感的外部特征(如行为表现等)的观察,达到对他人内部人格特征的间接把握或反映。例如,在选择朋友的时候,人们往往通过某人的行为来判断某人的性格,进而判断是否作为选择的对象。

（3）整体性。人们在社会认知的过程中,自觉或不自觉地贯彻了完形原则（或格式塔原则）,即个人倾向于把有关认知客体的各方面特征材料加以规则化,形成完整的印象。这种倾向在判断一个人的时候表现得尤为突出。当我们看到一个人似乎既是好的又是坏的,既是诚实的又是虚伪的,既是热情的又是冷酷的时候,便觉得不可思议,认为自己还没有完全认识这个人。对自相矛盾的现象,人们总是感到很难理解。

三、社会认知的基本内容

由社会认知的内涵及特征可知,社会认知是一个由表及里、由点到面的动态过程。认知者最初只能获得有关认知对象外部特征的信息,形成对其初步的、浅层次的了解。在此基础上,认知者开始对认知对象的内在属性作出判断。社会认知的基本内容包括以下两个方面。

（1）个人知觉,即对他人的知觉。它不但包括对他人外部特征的知觉,如外表、语言、表情等直接能看到、听到的特征的知觉；而且还包括对他人性格的知觉,性格除了包括情绪反应的特征外,更主要的还包括意志反应的特征。个人知觉的具体内容将在后文作详细介绍。

（2）对人际关系的认知,这种认知包括认知者对自己与他人关系的认知和他人与他人关系的认知。实际上,对他人的认知包含选择自己对他人的关系形式,如对某些人反感、疏远和对某些人喜欢、亲近。这种选择直接影响认知者的交往动机。

四、影响社会认知的因素

（一）认知偏见

实　　验

布鲁纳的"硬币"实验。实验对象是30名10岁儿童,材料是一套1、5、10、25、50分的硬币和一套与硬币大小、形状相同的硬纸片。把两套材料先后投射在屏幕上,让儿童依次观看,然后让被试画出刚才看到的硬币与圆形纸片。照理这两套材料的大小、形状是一样的,理应画出同样大小形状的两套材料。但是它们的社会意义不同,被试画出来的图形大小和实际看到的刺激物不完全相同。圆纸图形与实际的硬纸图形的大小比较一致,硬币圆形大小却远比他们看到的真正硬币更大。

在认知过程中,个体的某些偏见时时影响认知的准确性,使认知发生偏差。这种偏差是知觉过程的特征,这种带有规律性的现象在许多情况下是难以克服的。在认知偏见中,对象对认知者的价值及其社会意义的大小会受到以下五种理论的影响。

1. 光环作用

光环作用也叫晕轮效应,指的是如果一个人被赋予了一个肯定或有价值的特征,他就可能被赋予其他许多积极的特征,就像一个发光的物体对周围有照明作用一样。例如,你一旦认为某个人很可爱,你可能会认为她单纯、热情、聪明;又如,一个漂亮的人会被认为聪明、热情、有爱心等。其实质是把各种相互独立、没有必然联系的特性予以叠加,统统赋予认知的对象。与晕轮效应相对应的是负晕轮效应(negative-halo effect),也叫扫帚星效应,是指如果一个人被赋予了一个否定的、消极的特征,他就可能被赋予其他许多消极的特征。例如,自私的人通常被认为不诚实、懒惰、刻薄等。

2. 正性偏差

正性偏差是指认知者表达的积极肯定的估价往往多于消极否定的估价,这种倾向又叫宽大效应。例如,在一项研究中,学生将他们学校90%以上的教授都评价为"喜欢",而不管他们在这些教授的课上是否有过不愉快的经历。

对正性偏差有很多解释。其中一种解释来源于"快乐原则"——当人们被美好的事物(如愉快的经历、漂亮的人、好的天气等)所萦绕的时候,人们倾向于对大部分事物作出高于"一般"水平的评价。有一种特殊的正性偏差,只发生在人们对他人作出评价的时候,这种偏差被称为个体正性偏差。由于人们对他人比对非人化的客体产生更多的相似感,因此,会将对自己的宽容评价推广到其他人身上。个人正性偏差在评价他人的时候经常发生,但是在评价非人格化的事物时不适用。

3. 负性效应

人们在社会认知的过程中,往往会更多地关注负性信息,受其影响也更大,也即在相同的情况下,负性因素比正性因素更能影响人们的社会认知,这就是负性效应。负性信息的影响作用部分依赖于认知者所作判断的性质。负性效应对道德判断有很强的影响力。例如,人们通常会从某人的不诚实表现中推断出他的道德水平不高。正性偏差存在于能力判断中,因为只有高能力的人才能有高水平的能力表现,此时,负性信息的影响不大,因为即使是高能力的人有时也可能因为机遇、缺乏动机或暂时的障碍等因素而失败。

4. 相似假定作用

相似假定作用指的是在认知活动中,人们有一种强烈的倾向,即假定对方与自己有相同之处。初次接触一个陌生人,当我们了解到对方的年龄、民族、国籍以及职业等与自己相同时,最容易作出这种假定。在社会生活中,背景相同的人并不一定有相似的个性和行为反应特征,但人们却往往根据一些外部的社会特征,判断自己和他人之间的相似程度。如果没有新的信息资料,人们就很可能用这种假定的结论代替实际的认知结果。

5. 刻板印象

刻板印象是指把人或者事脸谱化,人们对某个群体形成的一种概括而固定的看法。刻板印象一旦形成,就具有非常高的稳定性,很难被改变。即使碰到相反的事实出现,人们也倾向于坚持它,而去否定或"修改"事实。刻板印象具有一定的积极作用。首先,刻板印象包含一定的真实成分。它或多或少地反映了认知对象的若干状况。其次,刻板印象可以将所要认知的对象进行分类,简化人们的认识过程,起到执简驭繁的作用。最后,刻板印象能帮助人们更有效地了解和应对周围的环境。我们常常要与一些陌生人打交道,在这种情况下,利用刻板印象指导我们对对方表现出适当的言论和行动,有时还是颇有作用的。

刻板印象的消极方面表现在它会使认识僵化,这势必要阻碍人们接受新事物,阻碍人们开阔视野。另外,持有刻板印象的人在判断他人时,把群体所具有的特征都附加到他身上,也常导致过度概括的错误。若对某人产生了好的印象,就容易把他的一切个性特点都认知为好,反之,则往往把他的任何个性特点都认为不好。

日常生活中我们常有以下看法。

中年知识分子:责任感、刻苦、勤奋、俭朴。

山东人:直爽、能吃苦。

东北人:豪爽、仗义。

上海人:精明、细腻。

美国普林斯顿大学曾做过一项调查,大学生对有关国民及民族的看法颇为一致。

英国人:绅士风度、聪明、爱传统、守旧。

日本人:聪明、勤劳、进取心、机灵、狡猾。

法国人:爱好艺术、轻率、热情、开朗。

美国人:民主、天真、乐观、友善、热情。

(二) 情境因素

人们的社会认知会受到情境因素的影响。影响社会认知的情境效应有两类：一类为对比效应，是指一种偏离情境的认知偏差。俗话说，"红花还需绿叶衬"，这在一定程度上就反映了对比效应。再如，一个人在相貌出众的一群人中会显得长相更普通；另一类为同化效应，是指与情境水平相同的一种认知偏差。例如，同时展示一张相貌出众的人的照片和一张相貌一般的人的照片，人们对相貌一般的人作出的评价比没有展示那张相貌出众的人的照片时要高。

(三) 认知者因素

1. 原有经验

原有经验在认知系统中是以图式的形式存在的，可以看出图式直接影响我们的社会认知过程。个体在一定的基础上，形成某些概括对象特征的标准、原型，从而使认知判断更加简洁、明了。如果我们没有关于"聪明""大方"的原型，我们无法很快地将对象认定为聪明、大方的人。对于同一座建筑物，建筑师可能更多地着眼于它的构造、轮廓，木匠则可能更注重于它的木料的质地和工程质量的优劣。不少学者认为，人们之所以能够理解对象的意义，是因为对关于该对象的经验已形成了观念，这种观念参与了认知过程。巴克称之为概念应用。例如，一个学生的学习成绩好，人们可能判断他"有出息"；一个学生根据他在大学的化学成绩，可能认为自己是当医生的料。在这里，原先形成的概念帮助他作出了判断。

2. 价值观念

个人如何评判社会事物在自己心目中的意义或重要性，直接受其价值观念的影响。事件的价值则能增强个人对该事件的敏感性。奥尔波特等人做过一个实验，目的是检测各个背景不同的被试对理论、经济、艺术、宗教、社会和政治的兴趣。实验者将与这些部门有关的词汇呈现于被试面前，让他们识别。测验结果发现，不同的被试对这些词汇作出反应的敏感程度不同；背景不同的被试由于对词汇价值的看法不同，识别能力也呈现出很大差异。

3. 情绪

从20世纪80年代中期开始，社会认知心理学开始探讨心情、情绪、目标、动机在认知中的作用，这方面的研究主要集中在情感对社会判断和认知策略的影响。斯瓦兹和克劳（1996）指出，人在作出判断时，人的情感本身也是一种信息来源。特别是，有时人会通过询问自己"我对它的感受如何？"来简化判断的任务，一些评价判断实际上就是人对目标的情感反应（如喜欢感）。一个人目前的情感可能确实是由当前的目标对象引起的。

(四) 认知对象的因素

认知对象的因素有以下两个方面。

1. 魅力

构成个体魅力的因素既可以是外表特征和行为反应方式,也可以是内在的性格特点。说一个人有魅力,意味着他具有一系列积极的属性,如容貌美、有能力、正直、聪明、友好等。在实际的认知过程中,个人往往只需具备其中的一两个特性就可能被认为有吸引力,如前面所谈到的光环作用。美貌通常最快被人认知,且直接形成为人的魅力,从而往往首先导致光环作用。

2. 身份角色

认知对象的身份角色也是影响社会知觉的一个因素。在一个社会里,我们对各种角色一般会抱有共同的角色期望,因此,如果我们知道某人在社会关系中占有什么地位或具有什么角色,我们会根据对该角色行为的预期,判断他可能具有什么样的人格特质。例如,对方被介绍为大学教授,我们会将社会赋予教授的角色期望归在这个人身上,推想他应该是学有专长、行为端庄的人,与他交谈时不由自主地变得拘谨、严肃。

在美女和女巫之间的选择

年轻的亚瑟国王被邻国的伏兵抓获。邻国的君主被亚瑟的年轻和乐观所打动,没有杀他。并承诺只要亚瑟可以回答一个非常难的问题,他就可以给亚瑟自由。亚瑟有一年的时间来思考这个问题。如果一年的时间还不能给他答案,亚瑟就会被处死。

这个问题是:女人真正想要的是什么?这个问题连最有见识的人都困惑难解,何况对于年轻的亚瑟,这是一个无法回答的问题。但总比死亡要好得多,亚瑟接受了国王的命题——在一年的最后一天给他答案。

亚瑟回到自己的国家,开始向每个人征求答案,但没有人可以给他一个满意的回答。人们告诉他去请教一个老女巫,只有她才能知道答案。但她昂贵的收费在全国是出名的。

最后一天到了,亚瑟别无选择,只好去找女巫。女巫答应回答他的问题,但他必须首先接受她的交换条件:和亚瑟王最高贵的圆桌武士之一,他最亲近的朋友——加温结婚。亚瑟王惊骇极了,看看女巫:驼背,丑陋不堪,只有一个牙齿,身上发出臭水沟般难闻的气味,而且经常制造出猥亵的声音。他从没有见过如此不和谐的怪物,他拒绝了,他不能强迫他的朋友娶这样的女人而让自己背负沉重的精神包袱。

加温知道这个消息后,对亚瑟说:"我同意和女巫结婚,没有比拯救亚瑟的生命和保存圆桌更重要的事了。"女巫回答了亚瑟的问题:女人真正想要的是主宰自己的命运。女巫说出了一个伟大的真理,亚瑟的生命被解救了。于是,邻国的君主放了亚瑟王并给了他永远的自由。

加温和女巫的婚礼是怎样的呢?亚瑟王在无法解脱的极度痛苦中哭泣。加温一如既往的谦和，而女巫却在庆典上表现出她最坏的行为：她用手抓东西吃、打嗝、放屁，让所有的人感到恶心、不舒服。

新婚的夜晚来临了：加温依然坚强地面对可怕的夜晚，走进新房。一个他从没见过的美丽的少女半躺在婚床上！加温惊呆了，问她到底是怎么回事。美女回答说，她在一天的时间里一半是可怕的一面，另一半是美少女的一面。那么加温想要她在白天或夜晚是哪一面呢？多么残酷的问题呀！加温开始思考：在白天向朋友们展现一个美丽的女人，而在夜晚，在他自己的屋子里，面对的是一个又老又丑如幽灵般的女巫呢？还是选择白天拥有一个丑陋的女巫妻子，但在晚上与一个美丽的女人共同度过每一个亲密的时刻？

如果你是加温，会怎样选择呢？加温没有作出任何选择，只是对他的妻子说："既然女人最想要的是主宰自己的命运，那么就由你自己决定吧。"于是，女巫选择在白天和夜晚都是美丽的女人。

假如你没有作出像加温一样的选择，那么你是否可以扪心自问，有时我们是不是很自私？以自己的喜好去安排别人的生活，却没有想过人家是不是愿意。而当你尊重别人、理解别人时，往往得到更多。如果我们多一些爱心，多一点关怀给人，我们是不是也会得到更多的回报？从社会认知的理论，我们可以尝试理解、阐释这个小故事。

第二节 | 印象形成

对他人印象形成的过程也叫作印象形成，它是指个体把他人若干有意义的人格特征进行概括、综合，形成一个具有结论意义的特性的过程。印象形成是个人知觉的一种结果。从本义上说，印象组织了人们关于对象各方面特性的认知成果，它所反映的是对象的总体特征。但是在很多情况下，人们并不是等到把握了对象的全部特性之后才形成对他的印象，甚至只需看过一个人的照片，或者同他说几句话，就可以下许多断言。这种情况是由社会认知本身的特点所导致的。

一、印象形成的一般规则

印象的形成有两个一般规则。

（一）一致性

在判断一个人的时候，人们趋向于能够找出一个顺理成章的解释，尤其是在估价某个人的时候。一个人不会被看成既是好的又是坏的，既是诚实的又是虚伪的，既是热情的又是冷酷的。甚至当关于某人的信息资料自相矛盾时，人们也极力消除或减小这种冲突，把对方看成是多种特性一致的人。当然，对他人的认知并不总能达成一致性的印象，也有这样的时候，关于某人各方面的信息资料十分矛盾，使得大多数人无法按照一致性的原则加以把握。然而，人们不会彻底放弃一致性原则，依然有着把他人各种特性协调组织起来的强烈愿望。

（二）中心性

奥斯古德等人在一项实验中发现，被试用于描述印象的形容词涉及三个基本范围，即评价（好—坏）、力量（强—弱）和活动（积极—消极）。也就是说，人们基本上是从评价、力量、活动三种角度来描述对一个人的印象。这一发现揭示了印象的内涵。他们还指出，在印象的三个方面中，评价是最主要的，能够影响有关力量和活动特性的描述。一旦人们判断出一个人的好坏时，对此人的印象也就基本上确定了。

印象评定以评价为主要向度的现象，揭示了构成印象的各种信息的比重并不相同。有些特性的信息常常更有分量，并能改变整个印象，这些特性被称为中心特性。

在另一项实验中，阿希给被试有关某个人的描述，所用的形容词包括聪明、灵巧、勤奋、热情、果断、注重实际和谨慎；又给另一些被试一张表，将形容词作了一点变动，如把"热情"换成"冷淡"。然后，让两组被试分别谈谈自己的印象。结果发现，两组被试所得出的印象很不相同。例如，后一组被试中只有大约10%的人相信表中所形容的人会是宽宏大量的或风趣的，大多数被试认为这个人斤斤计较、毫无同情心、势利；前一组的被试中则有90%的人把他描绘成慷慨大方，77%的人认为他是风趣的。阿希指出，热情和冷淡这两种特性是"中心"，这两个词的互相替换导致被试的印象出现显著差别。相比之下，如果用"礼貌"和"粗鲁"代替"热情"和"冷淡"，它们各自所产生的结果却没有很大差别。因此，阿希断定礼貌和粗鲁不是中心特性。

近年来的一些研究表明，中心特性的作用比阿希所说的要复杂。威西纳等人指出，一个具体的特性是否是中心特性，首先取决于描述一个人的其他信息，其次取决于他人作出的判断。换言之，如果关于其他特性的信息很多，"热情"和"冷淡"的具体作用就可能被削弱。同样，当要求一个人对运动技巧作出判断时，"热情"和"冷淡"可能就没有什么特殊的影响了。然而，尽管有这样或那样的限制，我们仍然可以说中心特性对大多数印象的形成有着重要影响。

二、印象形成的过程

对于印象形成的过程，安德森等人从20世纪60年代就开始了系统研究，并提出了三个信息加工处理模式。

（一）平均模式

平均模式是指人们以特性的平均价值来形成对别人的印象。例如，如果我们仅仅觉得对方是真诚的和机智的，我们就可能对他有个较好的印象，因为这两个特性的社会合意度高，有较高的价值；"随便"和"健忘"是较为缺少吸引力的特性，它们的价值较小，当把它们考虑进去时，就会减少特性的平均价值，使我们对那个人的印象不再那么好。假设"真诚"和"机智"各为3，"随便"和"健忘"各为1，上述的计算结果是：

第一种情况 = (3 + 3) ÷ 2 = 3

第二种情况 = (3 + 3 + 1 + 1) ÷ 4 = 2

显然，在第二种情况下，形成的印象就较为逊色。

（二）增加模式

增加模式是指人们形成印象并不以特性的平均价值，而是以特性价值的总和为依据。仍以前面的例子来说明，计算的结果是：

第一种情况 = 3 + 3 = 6

第二种情况 = 3 + 3 + 1 + 1 = 8

也就是说，如果我们认知了对方的上述4个特性，而不是仅仅了解到其中的两种，我们对他的印象会更好。这一解释与平均模式的结论正好形成鲜明的对比。

哪一种模式更为正确呢？安德森通过一系列实验，得出了支持平均模式的有力证据。他还考虑到，在影响我们的印象方面，一些特性往往比其他特性更为重要。由此，安德森曾经设想了一个加权平均模式。按照这种模式，人们除了看重影响力很大的极化特性之外，还通过平均所有特性去形成一种综合印象。或者说，人们对他人身上的极化特性会采取增加模式作出评价，而又依据平均模式去综合对方的所有特性。安德森将两种模式结合起来，能够比较有效地说明印象形成过程中的复杂情况。

（三）加权平均模式

安德森在分析前两个模式的基础上发现，在影响我们的印象方面，一些特性往往比其他特性更为重要。由此，他提出了加权平均模式。加权平均是把权重计算在内的平均方法。举一个加权平均的例子：学校计算期末成绩，期中考试占30%，期末考试占50%，作业占20%，假如某人期中考试得了84，期末92，作业分91，则其算术平均数就是：(84 + 92 + 91)/3 = 89。加权后的处理结果就是 $84 \times 30\% + 92 \times 50\% + 91 \times 20\% = 89.4$，加权平均数 $= (x_1 f_1 + x_2 f_2 + \cdots x_k f_k)/\eta$，其中，$f_1 + f_2 + \cdots f_k = \eta$，$f_1, f_2, \cdots f_k$ 叫作权。安德森把加权平均用到社会心理学上，按照这种模式，人们形成印象的方式是将所有特性加以平均，但对较重要的特性给予较大的权重。或者说，人们对他人身上的极化特性会采取增加模式作出评价，而又依据平均模式去综合对方的所有特性。这一模式在一定程度上可看作前两种模式的结合，它能解释的范围更广，尤其能够比较有效地说明印象形成过程中的复杂情况。

第三节 | 归　　因

归因（attribution）是指人们从可能导致行为发生的各种因素中，认定行为的原因并判断其性质的过程。作为社会认知的重要组成部分，归因一直是社会心理学研究的一个热点，自海德1958年率先展开对归因的研究开始，到目前为止已经涌现出大量的研究，并形成了各种针对归因的理论化解释。

一、归因的理论

（一）对他人的归因理论

对他人的归因理论主要有以下三种代表学说。

1. 海德的素朴心理学

海德是归因理论的创始人，他对人们为何归因和如何归因进行了研究。他认为，现实生活中的人们有对周围的环境作出一致性的理解、解释的需要和控制环境的需要。人们为了满足这两种需要，必须能够预测他人的行为。每个人（不只是心理学家）都试图解释行为并发现因果联系。这种"研究"的结果，就是海德分析的素朴心理学。

海德区分了导致行为发生的两种因素：一是行为者的内在因素，包括能力、动机、努力程度等；二是来自外界的因素，如环境、他人和任务的难易程度等。他认为行为观察者在对因果关系进行素朴分析时，试图评估这些因素的作用。如果把某项行为归因于行为者的内在状态，观察者将由此推测出行为者的许多特点。即使这种推测不总是很准确的，它也有助于观察者预测行为者在类似情况下如何行为的可能性。但是，如果某项行为被归因于外在力量，观察者就会推断说该行为是由外力引起的，以后能否再度发生则难以确定，因此，海德认为对行为的预测与对行为的归因是相互联系的。

2. 琼斯和戴维斯的对应推理理论

在现实生活中，并不是每一项个人的行为表现都反映其个人品质。例如，你的新室友微笑着向你的父母打招呼，这一行为就不太可能解释他的个人品质，因为大多数大学生都懂得要对同学的父母有礼貌。那么，在什么情况下，我们能够推断出某人的行为反映了他的特质？如性格、态度或其他内部状况；在什么情况下，我们能判断他仅仅是在对外部环境作出回应呢？这是两种不同的归因——倾向性归因和情境性归因。琼斯和戴维斯的对应推理理论说明了人们对他人的行为作倾向性归因的过程。

假如一个人经常上班迟到且早退，如果我们断定这是由他的懒惰、缺乏工作责任心所致，我们作的归因就是对应推理。对应推理是人们对行为进行归因的一种方式，是人们将一个人的行为与其特有的内在属性（如动机、品质、态度、能力等）建立对应关系的过程。

3. 凯利的三度归因理论

凯利的理论又被称作多线索分析理论或共变归因理论，是凯利在吸收海德的共变原则的基础上提出的。他认为，人们多是在不确定条件下进行归因，人们从多种事件中积累信息，并利用共变原则来解决不确定性问题。

凯利指出，人们在试图解释某人的行为时，可能用到三种形式的归因：归因于行为者；归因于客观刺激物（行为者对之作出反应的事件或他人）；归因于行为者所处的情境或关系（时间或形态）。例如，某人连续几次看了张艺谋导演的《英雄》这一影片，如果我们对他的行为进行归因，就会有三种解释：① 他喜欢这部影片；② 电影很有趣；③ 这几天他闲着没事。三种解释都可能是正确的，问题是确定哪一种解释是正确的。凯利指出，为了做到这一点，人们使用了三种基本信息，即区别性信息、一致性信息和一贯性信息。

上述三类信息的使用情况决定了我们对行为归因的可靠程度。通过这些信息的组合，我们就可以断定引发某种具体行为的原因究竟是来自行为者本身，还是来自客观刺激物或情境。

实　验

试验者给被试一个假设的事件——玛丽昨晚观看表演。当一位喜剧演员登场的时候，玛丽笑得前仰后合。试验者变化区别性、一致性、一贯性信息，然后测定被试所进行的归属。结果如表5.1所示。

表5.1　不同信息呈现与归因类别

序号	提供的信息资料			归　因
	一致性	区别性	一贯性	
1	高——每个人都发笑	高——她对别的小丑没笑过	高——她总是对小丑发笑	刺激物（外因）小丑（61%）
2	低——别人很少发笑	低——她对所有的小丑都发笑	高——她总是对小丑发笑	行为者（内因）玛丽（86%）
3	低——别人很少发笑	高——她对所有的小丑都发笑	低——她以前几乎没对小丑发笑过	环境（外因）72%

由表5.1可见,在第一种情况下,在场的每一个人都笑了,玛丽也常对这位小丑演员笑,但未对其他小丑演员笑。因此,那个小丑扮演者一定是很滑稽的演员。在被试中,有61%的人把玛丽的笑归因于该小丑演员,即作了外在原因的归属。在第二种情况中,玛丽经常对这位小丑演员的表演发笑,同时也对任何其他小丑演员发笑,而在场的其他观众并没有笑。由此可把玛丽看作一个爱笑的人,即可进行内归因,有86%的被试作了如此的判断。在第三种情况中,玛丽过去几乎未曾为这位小丑演员的表演笑过,也不对其他的演员发笑,在场的其他观众也都没有笑。因此,可能是该情境中的什么特别情况引起玛丽发笑了。有72%的被试将玛丽的笑归因于情境因素,即进行外因的归属。

为了保证归因的精确性,应像上面的实验一样,将三方面的信息(区别性信息、一致性信息、一贯性信息)综合起来进行分析考察。然而,在日常生活中,我们经常无法充分掌握各类信息。例如,我们可能不曾在从前的某些场合观察过这个人,或者我们可能不知道在同样的情形下其他人会怎样做。凯利认为,在这种情况下,我们有关因果关系的现成观念(因果图式)起了作用。也就是说,通过以往的观察,我们对因果关系形成了一定的图式,这些图式现在被用来解释他人的行为。

4. 维纳的归因理论

维纳在海德的归因理论和阿特金森的成就动机理论的基础上于1972年提出了自己的归因理论。他同意海德提出的理论,即把原因分为内在的和外在的两种。但他还提出了另一种理论视角,把原因区分为暂时的和稳定的两个方面。依照这两种尺度,维纳对成功行为的决定因素作了分类(如表5.2所示)。例如,当一个大学生未能通过大学英语六级时,他可以归因为自己能力不够,也可能认为是考题太难,当然,也可能是自己平时不够努力,或者是这次考试运气不好。

表5.2 维纳的归因模型

	内在的	外在的
稳定的	能力	任务难度
暂时的	努力	机遇

(二)自我归因理论

根据边姆的自我知觉理论和杜瓦尔、威克伦德的客观的自我意识理论,人们通过意识到自己的行为甚至控制自己的行为而对其自己及自己的意向作出归因。

对自己态度的归因实际上是通过观察在不同压力环境下自己的行为而了解自己的态度，并非经过对内在感受的内省。斯朗克和科威于1975年设计的一项对宗教行为描述的试验证明了这一理论。参加试验的学生被随机分为A组和B组。对于上教堂、看宗教报纸、向牧师问个人问题等宗教行为，问A组学生是否偶尔从事这些活动，由于许多学生有过这些宗教活动，因此，这组学生说他们有不少宗教活动；而问B组是否经常从事这些活动，由于大多数学生并不经常如此，因此，这组学生报告的宗教行为较少。由于这两组学生是随机的，可以假设他们的宗教行为没有差别。但是由于问题的启动词不同，A组学生描述自己参加了不少宗教活动，B组学生描述自己参加了较少的宗教活动。最后问学生"你的宗教信仰有多虔诚？"结果显示，A组学生比B组学生对宗教更虔诚。

二、归因偏差

上述的归因理论，特别是凯利的模式，基本上都假定归因是一种合理的有逻辑的过程。但有些社会心理学学者指出，人们在许多情况下对行为原因的解释是武断的、不合实际的偏见。近年来，社会心理学学者已经不再重视个人归因是否有逻辑及正确与否，而重视个体所做的归因。因为不管归因是否正确，个体接下来的行为常常是以此为基础的，下面介绍三种主要的归因偏差及其中的文化观。

（一）基本归因偏差

基本归因偏差主要是对观察者而言的，指人们更喜欢对他人的行为进行内在的、个人特性方面归因，并且即使存在明显的情境因素的情况下仍偏好于个人特性推断的一种偏见。例如，打上课铃10分钟后，一位同学才气喘吁吁地推门而入，人们经常会暗地里责备他："上课还迟到，也不上点儿心！"而很少想："是不是路上出了什么事情呀？"

有的社会心理学家发现，这种错误的发生原因在于：第一，我们有这样一种社会规范，即人们应该对自己行为的后果负责，故而轻视外在因素的作用，重视内部因素的作用；第二，在一个环境中，行为者比环境中的其他因素更为突出，使得我们往往只注意行为者，而忽视了背景因素和社会关系。

（二）自利性归因偏差

当你对他人的行为进行归因时，应努力避免基本归因偏差；但是，当你对自己的行为进行归因时，也要小心，不要犯自利性归因偏差的错误。自利性归因偏差有时也被称作利己主义归因偏差、自我强化归因偏差、自我防御归因偏差等，指的是人们倾向于把自己的积极行为结果（成功）归因于个人因素，而把自己的消极行为结果（失败）归因于环境因素。因为人们总是愿意获得成功，正是这种倾向导致了自利性归因偏差。试想，如果你在一次考试中取得第一名的成绩，你是认为"最近我学习很用功""这才是我的真实水平"，还是认为"这次考试内容比较容易""其他同学发挥失常"呢？如果你在一次考试中成绩不理想，你是认为"这次考试太难了""考试题目出得有些偏""有些同学作弊了"，还是认为"我这部分知识掌握得确实不牢固""我最近学习不太上心"呢？

如果我们把成功看作加强自我的权威或保护自尊的手段，就会对自己的失败行为作歪曲的解释。我们往往把成功的原因归于自己的内在因素，如能力、努力工作或好品格等。与此相反，对自己的败绩往往从外在环境中寻找原因为自己开脱。这种自我服务的偏差在行为者确信自己行为原因无人确知的情况下最容易发生。与此相对应的一种偏差是自我消损，行为者把消极的行为结果完全归因于自己的一种归因方式。

（三）忽视一致性信息

尽管凯利的三度归因理论认为人们在归因时需要区别性信息、一致性信息和一贯性信息三类信息。但在现实生活中，一致性信息经常被忽视。人们往往只注意行为者本人的种种表现，却不大注意行为者周围的其他人如何行动。

综合上面三种归因偏差，我们可以发现：① 一些归因偏差是由我们的"认知捷径"（从大量信息中迅速找到一条能得到良好解释的方式）引起的。倾向于关注显著的刺激物以及将行为归于内因就是加快、简化归因过程的方式。② 另一些归因偏差来自我们对自身需要和动机的满足。我们不但需要对世界形成一致的理解，还需要在这一过程中体验到良好的感觉，例如，自利性归因偏差能增强我们的自尊，使我们感觉到我们对生活有良好的控制力。总之，我们的归因偏差来源于对认知和动机的共同需要。

三、影响归因的因素

（一）观察者与行为者的关系

研究者发现了观察者与行为者的关系的两个因素——利害相关和人身涉及会影响归因。当行为者的行为影响了观察者本身，这行为就与观察者有了利害关系，利害关系会影响观察者对该行为的归因判断；当行为者的行为有利于或有害于观察者时，与不产生任何利害结果时相比，观察者更倾向于作个人归因的判断。

（二）扩大效应

扩大效应是指行为者的行为结果越是不利于行为者自身，人们越倾向于对行为者的行为作内因的归属。例如，一位大学生毕业后放弃了条件优越、待遇优厚的外企工作，毅然只身到贫困地区支教，人们多会认为他心怀国家发展，思想境界高尚，也就是归为他的人格品质因素。

（三）折扣原则

观察者对行为者的归因判断可能考虑了几个假设的原因，原先想到的原因会因其他看起来似真原因的出现而被推翻或打折扣，这就是归因中的折扣原则。在一项实验中，各让一半的被试分别说服两个人献血给红十字会，这两个人实际上是由一个人扮演的。这个人对各一半的被试分别扮演两个不同的角色，一个是地位高的大学教授，另一个是地位低的普通大学生，这"两"个人都答应献血了，但是被试认为那位"大学生"之所以答应献血是由于被他们说服的原因（外因归属），而那位"大学教授"却是自动献血的（内因归属）。这项研究表明，低地位使内在归因的判断打了折扣，高地位使外在归因的判断打了折扣。

（四）观察者对行为者的初始预期

观察者对行为者的初始预期也会影响归因。当行为者做出与观察者预期不同的行为时，观察者倾向于作与行为对应的内在归因判断。影响归因判断的预期形式可分为两种。

一种为类别基础的预期。我们经常根据目标人物所归属的团体而假设他会表现与团体其他成员类似的行为。例如，社会对女性的角色通常限定在"女主内"，认为女性在家中操持家务是理所当然的事，所以，如果某个女性在家中操持家务，我们不大会想到她操持家务的原因。但是，如果另一位女性整天以企业为家，忙于工作，我们会将此行为归于她个人的特殊人格属性或动机。

另一种影响归因判断的预期形式为规范预期与利己预期。一个人的行为表现违反了社会认可的规范，或其行为的结果越不利于其他人，越容易使观察者对他的行为作对应于行为的内在归因判断。例如，上课前同学们全体起立，向老师说"老师好"，做老师的不会因此而认为学生的内心是尊重他的。因为起立问"老师好"是依照规范要求而表现出来的。但是，如果一位老师身染重病，他的学生每天下课都到他家中照料他，像这种要花费个人时间为他人所不愿为的事情，反映了学生的一片真情，故其行为可归结为内因。

四、归因的影响

归因对行为及其结果作出了解释，但是归因的影响不仅仅限于此。它会影响人们的心理适应、情绪和动机。另外，人们通过归因形成对未来行为的期望和信念等，进一步影响人们接下来的行为。

（一）归因与心理适应

研究发现，个体对成就与人际关系成败的归因与抑郁症有密切关系：抑郁症患者倾向于将负面事件归因于内在、稳定、一般的因素，而将正面事件归因于外在、不稳定而且特殊化的因素。杨国枢还发现，中国人喜欢将某种期望人际关系的缺失归因于"无缘",不仅可以避免个人羞耻感和自贬的不快情绪,而且可以维持和谐的人际关系。

(二) 归因与情绪

归因理论会影响与自我价值有关的情绪情感。积极的行为结果一般会产生正性情绪,如果归因为内部因素,就会强化这种情绪,产生自信、自尊;如果归因为外部因素,就会弱化这种情绪,进而感到不太自信。相反,消极的行为结果会产生负性情感,如果归因为内部因素,就会强化这种情绪,产生自卑、自责;如果归因为外部因素,就会弱化这种情绪,进而不太自卑、不太自责。

(三) 归因与成就动机

维纳认为,个体对先前活动结果原因稳定性的知觉会影响其成就动机,其影响途径有两个:一是通过影响个体对随后活动结果的预期,进而影响他从事进一步活动的动机。例如,一个人在某项活动中遇到挫折之后,他若将其归因于自己在该项活动上的能力不足或该项活动难度过大,他将会预期自己以后在类似的活动上还会失败,这将削弱或终止他继续从事该活动的动机。二是通过影响人们的情绪和情感而作用于人们的成就动机。同样是上例,一个人在某项活动中遇到挫折之后,他若将其归因于自己在该项活动上的能力不足或该项活动难度过大,他就会产生焦虑、恐惧等情感反应,这将在一定程度上削弱或终止他继续从事该活动的动机。

本 章 小 结

1. 社会认知是社会心理学研究的一个重要领域,它是指人对社会性客体及其相互关系(如人、人际关系、社会群体、自我、社会角色、社会规范等)的认知,以及对这种认知与人的社会行为之间的关系的理解和推断。

2. 社会认知是一个由表及里、由点到面的动态过程。它的基本内容包括个人知觉和对人际关系的认知两个方面。有很多因素影响社会认知,如认知偏差、认知者因素、认知情景因素和认知对象方面的特征。其中,认知偏差反映社会认知的一个特性,有很强的规律性,也很难克服。

3. 在个人知觉的过程中,人们一般通过语言和非语言渠道获得认知线索,其中,社会心理学关注非语言线索。

4. 归因是指人们从可能导致行为发生的各种因素中,认定行为的原因并判断其性质的过程。

5. 人们在归因过程中并不总是正确的,会发生各种偏差,如基本归因偏差、自利性归因偏差等。影响归因的因素主要有观察者与行为者的关系、扩大效应、折扣原则等。归因不仅仅对行为及结果作出了解释,还会影响人们的心理适应、情绪和动机。

思考与练习

一、名词解释

社会认知　刻板印象　晕轮效应　归因

二、案例分析题

事实一：对1953—1975年美国全部盖洛普民意测验的分析发现，在被测验的535例人次和组次中，有76%的被测者是从好的方面来评价他人的。

事实二：希芬鲍尔通过放映喜剧或令人讨厌的录像来赋予被试一定的情绪，然后再令被试判断照片上的面部表情。被试往往会根据自己当时的情绪状态来判断他人照片上的面部表情。

根据社会心理学的相关知识，上述事实说明在社会认知的过程中存在什么现象？两个事实分别代表了此现象中的哪两种效应？这种现象还包括其他哪几种效应？这种认知现象会对我们的人际认知产生什么影响？

三、论述题

联系实际论述社会认知的影响因素。

第六章

社会动机与行为

学习目标

- 掌握社会动机的概念,了解社会动机过程与功能的理论;
- 掌握几种重要的社会动机以及影响因素;
- 掌握利他行为的概念,了解利他行为的相关理论;
- 运用利他行为的理论模型解释亲社会现象,培育、引导公众的利他行为;
- 掌握侵犯行为的概念,正确认识侵犯行为的各种影响因素,掌握有效的预防和控制侵犯行为的方法。

本章学习资料

> **引例**

现代的"愚公移山"——沙漠变绿洲

为了有效地治理沙漠化,我国政府开展了多项治沙工程,包括:三北防护林工程、退耕还林、退牧还草等工程。三北防护林工程是我国最大的一个治沙工程，也是世界上最大的治沙工程。治沙工程的背后涌现了一批又一批的"治沙人"，这些"治沙人"用智慧、劳动和持之以恒的精神因地制宜地种树治沙，使得一片片沙海变为绿洲。

防治风沙并不是随即见效的事情，它是一种投资大、见效慢的持久性行为。"治沙人"中有一位被称为"现代愚公"的陕西老汉。他带领四代人近四十年如一日坚持治沙造林，使得4.5万亩荒漠变为绿洲，为一方的生态环境作出了巨大贡献。

这位陕西老汉叫郭成旺，居住在陕西省榆林市靖边县东坑镇毛团村，毛团村处于毛乌素沙漠的边上，每当狂风大作时，郭成旺所居住的地方就饱受沙尘暴的袭扰，苦不堪言，无法种植农作物，很难解决生计问题。

1985年春，在统一了全家人的意见之后，郭成旺便将自己全部的积蓄拿了出来，还向亲朋好友借了4 000元，购买种树防沙所需的5万株树苗，准备种在自己承包的一万亩荒沙之中。刚刚种植的树苗在一场沙尘暴的袭扰之下被连根拔起。村里的人看到后，让郭成旺及时收手，学会止损，但郭成旺婉拒了村里人的好意，第二天带着亲属们来到荒沙地之中，继续种植树苗。

就这样，经过反复种植，郭成旺摸索出经验和方法，最终将树苗种植成功。郭成旺和家人开始大面积种植树苗，在承包的一万亩荒沙地中盖了一座院落，节省往返荒沙地的时间成本。有了第一次种植成功的经验，郭成旺决定趁热打铁，将自己承包的荒沙地的面积增加到4.5万亩，与村委会签订了一份新的承包合同。

如今，郭正旺老人已年过百岁，他的儿子郭喜也70来岁了，作为第三代的郭建军已经50来岁了，作为重孙的郭涛已经大学毕业，种树治沙的任务落到第三代郭建军和第四代重孙郭涛的身上。郭涛是一名大学生，他对于"种树治沙"的事业有着不同的看法和见解，他希望能在父辈的基础上，将这片树林打造成一个公园，成为一个旅游景点，建立起可持续发展的产业。

在政府的支持下，郭成旺一家四代人，和与他们一样的"治沙人"经过38年的努力耕耘，4.5万亩荒漠已然成了一片绿洲，也成了陕西省榆林市靖边县一道靓丽的风景线。这个事迹充满了信仰和人格的力量，也锻造了一个家庭的坚持，让人叹为观止。

人的行为受社会影响，而人的行为对社会也有反作用，这一互动系统称为社会行为。社会行为与个体单独行为相对应，是指人与其社会相关联的行为。从社会心理学的角度，可以将人的社会行为分为三类：以寻求健康的本能驱动的行为；外界影响下的个人的社会行为，如感觉、思维等；个人身上体现的属于群体的社会行为，如从众、社会态度、在群体中实现合作与竞争等。本章将着重讨论社会行为中的利他行为和侵犯行为。由于动机对行为有着促发、维持以及导向的作用，因此，本章将从社会动机和社会行为结合的视角进行探讨。

第一节 | 社会动机概述

> **引例**
>
> **利他行为的社会动机**
>
> 47岁的杨桂武夫妇这些年来一直在大连以拾荒为生,2008年10月底,他们在回家的路上捡到一个男婴。杨桂武把孩子抱回了家。尽管她收入微薄,但仍然买回200多元一罐的奶粉喂养孩子。时间一长,夫妻俩发现,孩子经常感冒,甚至感染肺炎。为了给孩子治病,他们不仅花光了自己的积蓄,还借了一些钱。2009年6月,孩子再次生病住院,并被确诊患有先天性心脏病,如果不做手术,最多只能活三年,可手术费得七八万元。杨桂武一家人陷入了绝望,每天看着孩子,急得欲哭无泪。后来,在社会热心人士的捐助下,孩子手术成功,恢复了健康。

是什么原因促使这对原本生活拮据的夫妇抱回路边婴儿?

周围人的捐钱捐款、医院的无偿手术……这些举动为什么会发生?

要理解社会动机,我们可以分析动机。所谓动机(motivation),是指因某种内在状态促使个体产生某种外显行为活动,并维持已产生的活动朝向某一目标进行的内在历程。因此,动机是引起个体行为活动的直接原因,它揭示了行为活动的内在动因和行为活动的目标方向。例如,我们口渴,想要喝水就是我们直接的动机。但喝什么样的水,在什么地方喝水,用什么方式喝水,就属于社会动机了。有人可能喜欢喝茶,有人喜欢喝咖啡,而有的则只喜欢喝果汁。因此,个体通过在社会生活环境中学习和经验而获得的动机,就称为社会动机。

一、社会动机的功能

社会动机是人的社会行为的直接原因。人的动机过程为:需要→心理紧张→动机→行动→目标→需要满足→紧张解除→新的需要。

社会动机的功能主要有以下三种。

(1)激活功能。动机激发个体行为,是行为的启动因素。

(2)指向功能。个体行为总是指向一定的目标,具有目的性。在达到目标之前,行为不会停止(较稳定地指向某一目标)。

(3) 维持与调节功能。个体行为在达到目标前,动机起维持作用(正常情况);如果行为受阻,可能进行动机置换,转换目标就是动机的调节作用。

例如,在社会性动机中的主要研究主题是亲和动机,它激活了人在心理上对人的需求,如果与他需求的人在一起,亲和动机就获得满足。亲和动机依据不同的对象而有不同的指向,如果针对亲人,就是亲情;如果指向恋人,则是爱情。孤独使人焦虑,亲和动机如果满足,即能缓解焦虑,起到调节的功能。由此可见,社会性动机对个体发挥着一定的功能。

二、社会动机的类型

根据人们活动是发自内心还是受外界刺激,社会性动机可以分为内在动机和外在动机。例如,为了完成工作中某个任务而受到薪资的奖励,这是来自外部刺激的动机;为了取得个人的发展和成就感,这是来自内在的动力,属于内部动机。

内在动机是指人们对活动本身感兴趣,活动能使人们获得满足,是对自己的一种奖励和报酬,无需外力作用的推动。如学习掌握新知识,获得成就感就是学习的内在动机。

外在动机是指人们不是由于对活动本身感兴趣而产生动力,而是由活动以外的刺激诱发而来的推动力。例如,有人为了争取先进工作者而努力工作;有人为了避免批评而完成工作要求等。总之,如果个体认为自己主要是为了获得某个外部目标而参加活动,就是被外在动机所驱使;如果个体认为自己参加活动是为了获得内部目标,就是被内在动机驱使。

内在动机和外在动机之间的关系,可以从图6.1中清楚地看出。

从图6.1中可以看出,若没有外部强化,人们喜欢做自己喜欢的事;若有外部强化,人们会把做的原因归因于外部因素的吸引。内在动机和外在动机对行为的激励作用并不是一个简单相加的关系。当外在动机取代了内在动机时,他可能对自己原来喜欢的活动失去兴趣。这种现象在社会心理学中称为过度变化效应。

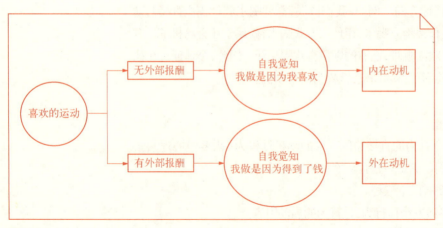

图6.1
社会动机关系图

在求学中经历过考试的人都有过这样的经验,在考试复习中做了充分准备的学生,虽然一心想考出好成绩,但往往事与愿违,这就是因为动机过强反而降低了效率。因此,为了使活动卓有成效,就应避免动机强度过低或过高。在各种活动中都有一个动机最佳水平问题。那么,怎样的水平算作最佳水平呢?

根据研究,每种活动都存在动机的最佳水平,这种最佳水平随活动性质不同而有所不同。在比较简单的工作任务中,工作效率随动机的提高而上升(如在任务简单或比较熟练时);当任务难度增加时,最佳动机水平有逐渐下降的趋势。换句话说,动机强度与活动效率呈现出倒U形曲线的关系(如图6.2所示):即中等强度的动机水平,活动效率最高,动机水平过低或过高,均会导致活动效率下降。

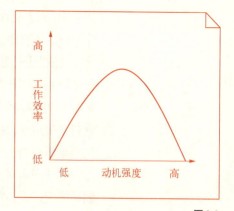

图 6.2
动机强度与活动效率的关系

第二节 | 主要的社会动机

人的社会动机主要是社会实践的结果,个体的社会动机与他所处的环境、社会文化等因素有密切的关系。社会动机的种类很多,本节主要介绍亲和动机、成就动机和权力动机。

一、亲和动机

人是社会性动物,每个人都会寻求得到他所关心和重视的个人和群体的支持、喜爱、接纳。个体具有害怕孤独、希望与他人在一起以及建立协作和友好联系的一种心理倾向。与人结群、交往,希望有人陪伴的内在推动力量,就是亲和动机。

亲和动机是指个体与别人接近的内在动力。亲和即合群,是人际吸引的最低层次。亲和动机在以下几个方面发挥着作用。首先,满足个体某些社会性需要,个体通过与他人建立联系,满足某些社会性的需要。其次,获得信息,亲和使个体获得对其生存与发展有意义的信息。个体在孤单环境中的信息来源很少,会产生不适应和不安全的感觉。亲和使个体获得对其自下而上与发展有意义的信息。再次,亲和减轻心理压力,高兴时,与他人在一起可以共享快乐;痛苦时,与他人在一起可以排解忧愁。最后,亲和使个体避免窘境,例如,在明显需要亲和行为的情境中,无人做伴往往使他人对个体有某种负面的评价。在这种情况下,亲和可使个体避免窘境。

在演艺圈,圈内的人满足了归属感的心理需要,获得对演艺事业发展的信息,如片商邀约等。当出现一些媒体负面新闻时,圈子内部人紧密地联结在一起,在某种程度上减轻了当事者的心理压力,如刘嘉玲的"胁迫拍裸照"事件后,演艺圈就曾发起抗议,并支持刘嘉玲。当演艺明星走红地毯时,也往往有圈内人相伴,避免形单影只的窘境。

哪些因素对亲和有影响呢?在什么情况下个体更有亲和的需求呢?以下主要从情境因素、情结因素和出生顺序因素进行讨论。

(1)情境因素。群体在面临外界压力的情境下,就会产生亲和的需要。压力越大,群体成员的亲和动机越强。悲惨情境也能加强人们的亲和动机。对社会隔离(剥夺)者(如单独关押的犯人、遇难船只的幸存者、探险家等)的研究表明,他们由于较长时间的独处,缺乏亲和,往往产生某些心理和精神障碍的症状。

(2)情结因素。从亲和产生的心理背景看,亲和与人的情绪状态有密切的关系。恐惧是现实危险引起的情绪体验,情绪越强烈,亲和倾向越明显。焦虑是非现实危险引起的情绪体验,高焦虑者的亲和倾向较低,因为在焦虑状况下,与他人在一起不但不能减少焦虑,反而可能增加焦虑。

(3)出生顺序因素。这是影响亲和的另一个重要因素。根据西方心理学家沙赫特的研究,长子、长女恐惧时的合群倾向要比他们的弟妹们更明显,在同一家庭中,这种合群倾向按出生顺序递减。这可能是因为在多子女家庭中,双亲对第一个孩子的关心照料更多,使孩子对父母的依赖性较大的缘故。

二、成就动机

我国数学家陈景润(图6.3)在"十年动乱"期间被送进"专政队",被当作"反面典型"遭受批判,受尽谩骂、嘲讽和打击。在这样恶劣的环境里,他以顽强的毅力专心研究哥德巴赫猜想,终于提出了震动国内外数学界的"陈氏定理",为摘下"数学皇冠上的明珠"——哥德巴赫猜想作出了突出贡献。

是什么样的内在动力支撑他在逆境中依旧执着追求并完成世界级的数学难题呢?那就是成就动机。

成就动机是指个人在设定的目标下追求学业或事业成就的内在动力。成就动机是人类独有的,也是一种基本的社会动机。成就需要是指个人想要尽快地而且尽可能地把事情做好的一种欲望或倾向。

图6.3
陈景润

成就动机不仅对个体的发展起着一定的作用，对整个社会的发展都很重要。个体的发展有赖于一定水平的成就动机。高成就动机会使个体敢冒风险，勇于进取，最终取得较高水平的成就。经济的快速成长，社会的高度发展，人口、资源、技术等要素不可或缺，但全社会较高水平的成就动机也非常关键。

抱负水平与成就动机有密切联系，个体抱负水平的高低取决于其成就动机的强弱。

抱负水平是个体从事某种实际工作前，对自己可能达到的成就目标的主观估计。抱负水平代表个体的一种主观愿望，它与个体的实际成就可能会有差距。抱负水平与个体以往的成败经验也有关系，成功的经验可提高抱负水平，失败的经验则降低个体的抱负水平。

影响成就动机的因素可分为两个层面：在宏观层面上，有社会文化因素；在微观层面上，有个人的成长经历、教育程度、个性特征等。父母的独立训练是使子女具有高度成就动机的必要条件之一。具体而言，包括以下三点：① 目标的吸引力。目标的吸引力越大，个体主观能动性发挥的程度越大，成就动机就越高；② 风险与成败的主观概率。很有把握的事与无获胜机会的事均不会激发高的成就动机。很有把握的事情往往风险小，对个体缺乏挑战性；无获胜机会的事情，个体成功的主观概率低，不能满足个体的成就需要。在这两种情况下，目标的价值都较小，成就动机的激励作用也小；③ 个体施展自己才干的机会。个体为实现目标，施展自己才干的机会越多，其成就动机就越强。

例如，在陈景润的例子上，我们首先看到的目标是摘下"数学皇冠上的明珠"——哥德巴赫猜想，一个有吸引力和挑战性的目标。另外，陈景润前期的积累使他对成功有着信念和一定的自我把握。作为青年数学家，哥德巴赫猜想的攻克无疑也是个体施展才华、为国争光的机会。

按照个人的成就目标和评价标准主要由他人或所属团体决定还是由个体自己决定的，可以将成就动机分为社会取向成就动机和个人取向成就动机。

社会取向成就动机就是一种个人想要超越某种外在决定的目标或优秀标准的动态心理倾向，该目标或优秀标准的选择主要取决于社会（父母、师长、家庭、团体）。如想光宗耀祖、为父母争气、为中华崛起而读书等。

个人取向成就动机是一种个人想要超越某种内在决定的目标或优秀标准的动态心理倾向，该目标或优秀标准的选择主要取决于个人自己。如为了实现自己的梦想、为了遵循个人的兴趣等。

个人取向成就动机过高，人在组织中往往表现不出色。组织需要妥协、顺应，将自我成就需要与组织目标结合起来——社会取向。在工作目标需个别设定的环境中，个人取向成就动机的人会比较出色。

三、权力动机

权力需求是一种获得名誉、地位以及对他人施加影响的欲望。根据个人的公开陈述以及传记作家的研究判断,美国前总统杜鲁门和肯尼迪在权力需求上尤其高,这样的总统也更可能将国家置于战争冲突中。

权力动机是个体希望影响和控制他人的心理倾向。按照麦克利兰的说法,个体都有影响或控制他人且不受他人控制的需要,满足这类需要的心理倾向具有动力性质,这就是权力欲或权力动机。

权力需要是权力动机产生的心理背景。不同的人对权力的渴望程度是不一样的。温特认为存在两种权力动机:积极的权力动机和消极的权力动机。前者常常表现为竭力去谋求领导职位或在组织社会中的权力;后者则通常表现为害怕失去权力,为自己的声望忧虑。个体可能通过酗酒、斗殴和展示已有的权力等行为来满足这方面的需求。

首先,权力动机是社会控制的需求。个体对他人和周围环境的控制水平越高,个体的优势越大,而社会生活中的优势地位会使个体具有安全感,能让他们取得更多生存和发展的资源。

其次,权力动机是对无能的恐惧。无能会让人处于不利地位,会引起自卑感,自卑感又会促使个体设法去获得补偿,而对补偿的诉求往往走向偏执,导致个体对极端权力和地位的追求。这就是为什么一些出身很卑微且比较自卑的人,在获得机会后,疯狂地追求权力、地位和影响力的原因。在官本位的社会中,很多人谋求权力是希望能够支配更多的社会资源,并将自己的自尊、自信寄托在所谓的领导岗位上。

第三节 | 利他行为

> **引例**
>
> **方舱医院的志愿者**
>
> 2020年年初,付俊的母亲感染了新冠肺炎,住在武汉火神山方舱医院。那段时间,在舱内治疗并照顾他母亲的医护人员来自上海医疗队。2022年上半年,上海发生了较大规模的疫情,付俊决定要去上海! 2022年4月24日,他拿着核酸检测报告和两位老乡一起前往上海。在武汉,付俊是一名设计师;但在上海的方舱医院,他的角色发生了转换,成为了舱内400多名患者的护理员,更承担了舱内36名特殊患者的照看工作。这些工作量已经非常大,而那些特殊患者的护理更是

付俊工作的重中之重。在疫情的阴霾下,他和其他志愿者共同架起的彩虹桥抚慰每一个患者脆弱的心灵。

一、利他行为概述

新闻上报道了很多拾金不昧的事迹,同时也有一些报道当一个人拾到巨款后据为己有的例子,究竟是什么原因,同样面对巨款,不同的人会有不同的反应和行为?

利他行为是自愿采取的帮助他人的行为,且预期不会得到任何形式的回报,除非觉得自己也许做了一件好事。依据此定义,一种行为是否是利他的,依赖助人者的意图。例如,一个陌生人冒着生命危险将一个伤者从即将爆炸的大楼里拖出来,然后没有留下自己的姓名消失在深夜里,不给伤者任何回报的机会,也不会告诉任何其他人,这种行为就是利他行为。

我们从利他行为的定义中,可以看出利他行为应该具有如下三个特征:第一,以帮助他人为目标;第二,不期望有物质或精神的奖励,如荣誉或奖品;第三,自愿的,利他者可能会有所损失。然而,助人行为的动机往往很少如此单纯。通常的助人行为既包含利他的因素,也含有利己的因素。当一个慈善家大量捐款帮助穷人的时候,他可能也会期望在社会上获得声誉的回报。

上海社会福利院里住着一些残疾孩子,一些慈善组织的志愿者每周不管是刮风还是下雨都会来陪伴并帮助他们做康复训练,究竟是什么激励这些志愿者排除个人困难义务帮助这些残疾儿童?以下三个理论可以简单地说明利他行为的基本动机。

1. 进化心理学的观点

社会生物学家认为,利他行为并非人类所特有,动物也有利他行为。利他是一种本能反应,以保证那些与我们基因相似者的福利。

2. 社会交换理论观点

社会规范论认为,人类道德中的一个普遍准则是交互性规范。社会对个体行为有这样的期待:人应该帮助那些曾帮助过自己的人。利他是一种社会交换,其收益是自我价值的提高和焦虑的减少。交互性规范是社会交换的基本原则。

3. 移情-利他主义假说

在某些条件下,对受害者移情感觉和怜悯可以促成无私的奉献。

二、利他行为的相关理论

关于利他行为的产生,有很多种说法。有些心理学家认为,在进化过程中产生了人们天生就愿意帮助人的行为；有些心理学家则称，帮助他人是一种社会化行为；有的心理学家认为，我们看到了周围人的利他行为，促使我们复制这种行为为榜样。本书将讨论以下三个利他行为的理论。

（一）社会交换理论

根据社会交换理论，人们所做的很多事源于报酬最大化和成本最小化的动机。商人陈光标高调捐款每每引起媒体和大众的关注。催生利他行为的报偿有外部的，也有内部的。商人捐款能提高企业的形象，甚至能作为免费的企业宣传广告，让人搭顺风车能获得称赞和友谊，这些回报都是来自外部的。付出是为了收获，因此，我们会热心帮助那些对我们有吸引力的人，帮助那些我们渴望得到赞许的人。

利他行为对自我价值感有积极作用，这为那么多人做了好事之后更会做好事提供了一种解释。一项针对85对夫妇为时一个月的研究发现，给予对方情感支持对自己也会有积极的作用，会使自己产生积极的心境。例如，参加志愿活动同样有益于成年人的精神状态乃至健康状态，由于公益活动对人们身心健康的积极作用，所以，参与者做了好事后还会继续坚持下去。

（二）社会规范理论

很多时候，帮助别人并不是因为我们有意识地去算计那样的行为符合自身利益，而是社会规范告诉我们应该这样做。如捡到钱包应该归还、帮助新来的邻居等。规范就是社会期望。它们规定了我们生活中适宜的行为和应尽的义务。研究利他行为的研究者确认了两种驱动利他主义的社会规范：互惠规范和社会责任规范。

社会学家阿尔文·古尔德纳认为，一个普遍的道德准则就是互惠规范——对于那些曾帮助过我们的人，我们应当施以帮助，而不是伤害。这个规范是普遍的。我们对他人"投资"，期待获得红利。由于认为人们会报答恩惠，因此，邮寄调查问卷和发出请求时，通常会附赠小礼物等。在所有的这些交往中，接受而没有回报，就违背了互惠规范。社会网络中的互惠性帮助我们解释了"社会资本"的含义——支持性的联系、信息交流、信任与合作行为——这些保证了一个团队的正常运作。

互惠规范提醒我们要保持社会关系中的予取平衡。对于一些依赖性很强且又无力回报的人，如孩子、非常贫穷的人、残疾人，一些被认为是不能够全部回报其所受恩惠的人，另一个社会规范引发了我们的利他行为。社会责任规范是指人们应该帮助那些需要帮助的人，而不要考虑以后的交换。例如，这个规范驱使人们为一个拄着拐杖的人捡起掉落的书本。实验表明，即使帮助者不为人知，或他们不能期待任何回报，他们仍会帮助那些有需要的人，社会规范使他们有选择地只帮助那些有需要的，但不是由于自己的疏忽才产生这种需要的人。如果他们是环境的受害者,如遇到自然灾害等,他们就会得到全力的援助。如果他们的困境是自找的,如懒惰、不道德、缺乏远见等,社会规范就会让他们自食其果。例如,杂货店老板一般更愿意给一个想买牛奶的妇女一些零钱,而不是给想买小甜饼的妇女。

(三) 进化理论

根据进化心理学,生命的本质就是使基因存活下来。我们的基因驱使我们采用某些能使其存活机会最大的方式。这里要提到两个概念:亲缘保护和互惠。血缘选择理论为我们理解亲社会行为提供了另外一种视角。从进化论的角度来看,一切生物(包括人类)最主要的目标就是把我们的基因传给下一代。研究发现,总体来说,人们更愿意帮助那些在血缘上与自己比较紧密的人。在伯恩斯坦等人所做的一系列研究中,主试询问被试在紧急事件中他更愿意帮助哪些人。结果正如预期:被试更愿意帮助那些很近的亲属,而不是血缘关系疏远的亲戚或是没有血缘关系的人。当多伦多猛龙队的卡洛斯·罗杰斯要结束自己的职业生涯,是为了捐献一个肾脏给他的妹妹时,人们为他无私的爱而喝彩。

互惠基因的利己性同样预示着互惠行为。生物学家罗伯特·特里弗斯认为,一个有机体帮助其他个体,是因为它期待获得回报性的帮助。付出者希望日后成为获得者,不做出互惠行为会受到惩罚。互惠在那些小的、与外界隔离的群体中能最好地起作用,在这样的群体中,人们能经常看到被自己帮助过的人。互惠行为在偏远的乡村就比大城市中发生得更多。在小的学校、城镇、工作团队、宿舍中,人们更易于形成互相关心的共同信念。与在小城镇和农村环境中生活的人们相比,那些居住在大城市的人更不愿意转达一个电话留言、处理寄错了的信件、配合来调查的访谈者、帮助走失儿童和做一些小的善事。

社会交换、社会规范和进化理论对利他主义的解释具有一定的相似性。每一个理论都引出两种亲社会行为:投桃报李的互惠交换和无条件的帮助。它们分别在三个互为补充的层次上进行了论证。

三、利他行为的影响因素

人格特征、个体心境、文化、性别、魅力和人品等能在一定程度上解释为什么人们愿意帮助他人。为了更完整地理解人们为什么互助,为了更全面地了解人类为什么互助,我们还需要考虑人们对自身所处社会环境的觉察。大致从利他行为的外部影响因素和内部影响因素来讨论。

(一) 利他行为的外部影响因素

1. 旁观者效应

旁观者效应是指个体在面对紧急事件时,单个人与同他人在一起时的反应不一样,他人在场可能会抑制利他行为的发生。原因在于他人在场造成了责任分散,为了给处在困境中的个体提供帮助,个体必须感到自己有责任采取行动。责任分散就是当目击者数量增加时,每个旁观者助人的责任感减少的现象。容易造成等待别人去施助或相互推诿,个体不清楚自己到底是否应该采取行动。

在一个经典的实验中,人们在各自的房间里坐着,与在其他房间的学生一起通过内部通信系统参与关于校园生活的集体讨论,其他学生中的一个突然癫痫发作,大声呼救,然后气哽,最后沉默。在这个研究中事实上只有一个被试,其他"被试"(包括"癫痫"发作的病人)都是预先录制的声音。实验目的是看真实的被试是否尝试通过寻找癫痫发作者或呼唤实验者来帮助他,结果发现,目击这一紧急事件的旁观者越多,他们中的每个人帮助受害者的可能性越小,这就是旁观者效应。

2. 榜样的示范作用

旁观者在场会使想提供帮助的个体犹豫、彷徨,榜样却会引发他人的利他行为。例如,雷锋为人民服务的榜样在某种程度上对别人的利他行为起着示范作用。研究表明,成人的榜样行为会增加儿童的助人行为,而且可以增加儿童对规范和正确行为的认知理解。研究者做过实验,发现通过榜样的学习,儿童的分享行为增加了。罗斯通的实验表明,7—11岁的儿童观看一个成人的捐赠行为后,会表现得很慷慨,主动捐赠自己获得的奖品,这说明榜样对儿童利他行为的积极影响。榜样激发了儿童效仿的需要,儿童把榜样在具体情境中体现的助人原则、规范与自己的行为相对照,从而增强了学习者与榜样的相似性,有助于儿童利他行为的发展。

3. 情景的模糊性

一项实验中,一个清洁工扛着梯子,拿着一个水桶经过被试房间的窗口,不久,被试听到重物撞击地面的声音,所有被试都跑去看,发现工人躺在地上,抱着脚踝,呻吟不止,但只有29%的被试去帮助这个工人。在另外一个设计情景中,工人叫喊着要他人去帮助他,结果有81%的被试帮助他。很显然,这个工人要求人们帮助他,这就减少了情景的模糊性。情景的模糊性会影响个体利他行为的发生,个体在不能明确发生了什么事情以及是否需要提供助人行为时,往往会退缩。任何增加情景模糊性的因素,都会抑制旁观者采取有效的利他行为。

另外,很多外部因素和利他行为有关,如物理环境——舒适的天气和环境比恶劣的天气会产生更多的助人行为;噪声强弱——在噪声处于正常水平时比噪声过大时更容易发生利他行为等。

(二)利他行为的内部影响因素

1. 认知因素的影响

韦纳指出,面对失去能力需要帮助的人,人们往往是通过认知归因作出决定的。在现实生活中,个体在做出某种利他行为时,首先必须对有关信息进行认知加工。利他行为的发生不仅仅涉及知觉、推理、问题解决和行为策略等一系列基本认知过程,而且与个体认知能力尤其是社会认知能力的发展有着直接关系。

2. 个体心境的影响

心情好,做好事。安德曼曾经做过一项实验,让一组被试阅读描述"兴高采烈"心境的文章,另外一组被试阅读描述"抑郁"心境的文章。结果发现,前一组被试更可能做出助人行为。在积极的心境下,个体更可能回忆起积极的思想、情感和经验,这些正性情绪增加了人们助人的意愿。当人们在好心情中时,他们会在很多方面乐于助人。好心情导致助人行为增加的原因是什么呢?首先,好心情使我们看到生活的光明面,我们更倾向于注意他人美好的一面;其次,帮助他人是延续我们好心情的好方法;最后,好心情提升自我关注,使得人们更会遵循社会价值观与理想来行事,这个因素使得我们更可能根据我们的价值观与理想行事。

一个研究发现,经常上教堂做礼拜的人,在忏悔前比忏悔后更愿意向慈善机构捐钱,可以假定这是因为向一位牧师忏悔,减少了他们的负罪感。有一种坏心情会导致助人行为的增加,那就是感到内疚。人们常常根据善行抵偿恶行这种想法来行事。当他们做了某些使他们产生负罪感的事情时,会通过帮助其他人来获取心理平衡,以此减轻他们的负罪感。难过的感受会激发人们从事能使他们感觉更好的活动。从助人有益这方面来说,它能使我们摆脱忧郁。

3. 个体人格特征的影响

在日常生活中,有些个体很容易做出助人行为。例如,特雷莎修女成立临终关怀医院,帮助那些穷人走完最后的人生路。社会心理学家进行了很多研究,斯陶布的研究发现,助人者有如下特点:具有强烈的社会动机;相信自己对事情有影响力;有适合于情景需要的特殊能力;同情、理解他人,有责任感。斯陶布认为,利他人格是与亲社会行为相关的性格变量的综合体。另外,早期乐于助人的儿童,成年后也乐于助人。总体来说,有两种个性特点与利他行为有关,即赞同的需要和公正世界的假设。如第二次世界大战期间冒死救助犹太人的基督教徒和反战人士。

4. 性别

有学者认为在需要帮助时,女性得到帮助的机会远大于男性。其主要原因是社会存在着帮助弱者的传统规范,在社会传统观念里,女性属于弱者,更有理由获得帮助;另有学者认为,对女性的帮助大多数是男性提供,这种帮助带有不自觉的或潜意识的性吸引。这表现在富有魅力的漂亮女性在各种情境中更容易得到帮助。

5. 魅力和人品

人品好、有魅力的人,更容易得到帮助。有研究发现,有气质的女性与庸俗的女性相比，从男性那里获得帮助的机会更多。人们倾向于帮助那些看上去正派、质朴的人，而不愿帮助那些让人厌恶、感觉不正经的人。

6. 年龄

一般说来，老人和孩子得到帮助的机会较多，这不仅是因为他们在体质和独立能力等方面是弱势群体，还在于人类社会具有尊老爱幼的共同规范，社会鼓励和赞许人们对老人和儿童进行帮助的行为。例如，在公交车上，人们一般都会给老人、小孩、孕妇以及残疾的乘客让座。

四、利他行为的培养

利他行为是一种积极、高尚的社会行为，也是社会再三提倡和鼓励的。那么，有哪些具体的方法可以促进利他行为的发生呢？利他行为的培养可以从以下四个方面来展开。

（一）培养利他情感倾向

培养利他情感倾向主要从培养移情能力和提升利他动机两个方面来探讨。

1. 培养移情能力

移情是指对他人情绪的理解而唤起自己的与此相一致的情绪状态并产生共鸣的过程。移情包括两个方面：一是识别和感受他人的情绪、情感状态；二是能在更高级的意义上接受他人的情绪、情感。大量的研究表明，移情增加了利他行为，是利他行为的重要促动因素。

移情训练是培养移情能力的一种比较有效的方法。寇彧等人（2003）的研究结果表明，通过每周三次（每次15分钟）、共10周的移情训练，儿童普遍增加了利他行为。艾森伯格认为，移情对亲社会行为的影响是按照"移情—同情—亲社会行为"这一模式产生的，有效的移情是对他人产生同情心的基础，而同情心又是对困境中他人实施亲社会行为的重要条件。因此，移情训练的直接目标是通过移情训练培养儿童的同情心。移情的产生主要有直接联想、模仿、代表性联想、角色扮演等方式。

2. 提升利他动机

过度的外在理由，会使人将行动归因于外在理由而不是内部动机。但如果提升人们的内在利他动机，则能使人们最大限度地通过实施这种利他行为而使自己获得满足和快乐。人们越相信自己帮助别人是出于高尚的利他动机，以后在遇到别人需要帮助时，做出利他行为的可能性就越大。

（二）培养社会责任感

社会责任感是个体产生利他行为的基础，是激发实现道德行为的内在动机。人们的利他行为往往与其社会责任感有密切的关系，可以通过增强社会责任感来培养人们的利他行为。社会心理学家认为，在每一个人的成长和发展过程中，要有意识地加强社会责任感的培养。例如,社会对救灾群众的捐助、对失学儿童的帮助等既是显示爱心的社会援助,又体现了社会责任感。社会责任感的形成并非一朝一夕,也不是靠强制命令能奏效的。这种教育和培养需要家庭、学校、社会三方面的共同努力。

(三) 树立利他行为的榜样

观察社会利他行为能增加旁观者的类似行为。社会心理学家的研究表明,提供利他行为榜样可通过社会的宣传和教育者本身的行为示范来进行。传播媒介的宣传功能是多方位的,特别是媒体人物的利他示范作用对人的影响比较大。政府、媒体等作为教育的主体,对社会舆论起引导作用,不仅要大力宣传和表彰见义勇为、勇于奉献的利他行为,还要营造良好的社会风气,促进社会利他行为的产生与发展。

有研究表明,利他行为的电视榜样所起的作用远大于反面教材作用。儿童通过看电视中的利他行为榜样,利他主义行为会明显上升。因此,研究者认为道德价值教育和利他行为有必然的联系,在家庭和学校教育中都应该进行利他教育。

(四) 强化利他行为

根据行为主义心理学的相关理论,强化某种行为会使这种行为重复出现,如果对人们表现出来的利他行为及时给予强化,可以使这种利他行为不断再现。对利他行为予以肯定和奖励,这是一种正强化,可以使之逐渐被巩固下来,并且内化于自己的态度体系中,在以后的类似情境中就会自觉地做出利他行为。由政府建立的见义勇为基金会就是一个好的例子。因此,政府要在法律、规章制度中充分体现对利他主义行为的支持,利他主义行为施助者在实施行为后要有回报,要具有光荣感,获得心理上的愉悦。相反,对那些见危不救的冷漠行为给予批评和谴责,不仅使当事者产生愧疚感,反思自己的行为,也是对旁观者的一种警示,从而可以减少袖手旁观的现象。

第四节 侵犯行为

暴力和毁灭性冲突在全世界范围内并不少见。回顾20世纪,250多场战争夺去了1.1亿人的生命。造成世界范围内大规模人口死亡的原因除世界大战以外,种族屠杀也扮演了重要角色。难道我们真像希腊神话中的米诺陶思一样是半人半兽吗?究竟侵犯行为是怎样一种行为呢?

关于人类的侵犯行为，社会心理学家主要有三种观点：人类有基于生物本能的侵犯性驱力；侵犯行为是对挫折的自然反应；侵犯行为是习得的。

一、侵犯概述

大部分人把捍卫自己的权利、工作格外卖力、野心勃勃的人或者真正聪明干练的人称为具有侵犯性。在英文单词中，aggressive 的意思就是"侵略的""有进取心的"，那么，什么样的行为是侵犯行为呢？

课 程 活 动

虽然似乎大家都懂得侵犯是什么，但对于如何准确地定义侵犯，人们的意见又很难达成一致。现在请你思考一下，以下这些事件或者行为属于侵犯行为吗？

A. 你在电视上看到了有关美国"9·11"事件的报道。
B. 你在观看球赛的时候，看到双方球员发生了肢体上的冲突。
C. 你为一件小事和朋友发生了争吵，你们彼此之间开始用脏话骂对方。
D. 你在拥挤的公交车上被人踩了一脚，但是对方没有向你道歉。

现在请判断一下以上的事件是否属于侵犯行为。究竟什么是侵犯行为？如何给它下定义？

侵犯行为的首要特点在于，侵犯者有伤害他人身心健康的意图并付诸行动。侵犯行为是以伤害另一生命的身体或者心理为目的的行为，即对他人的敌视、伤害或破坏性行为，包括身体、心理或言语等方面。例如，两个学生斗殴，哥哥和弟弟因争夺玩具而打架，爸爸出手教训儿子，孩子谩骂父母和他人等。侵犯行为有指向对象，在知情情况下通常有避免伤害的动机。例如，有人试图自杀而故意撞上正在行驶的火车或汽车，我们不能认为司机有侵犯行为。

侵犯行为有不同类型的分类，根据侵犯的目的和侵犯的行为方式不同，可以将侵犯行为进行不同的划分。

（1）依据意图或目的分类。根据侵犯的目的不同，可以将侵犯行为分为敌意型侵犯和工具型侵犯。例如，打架斗殴属于敌意型侵犯。敌意型侵犯一般由痛苦或不安引起，是情绪性行为，其目的是伤害别人，将给他人造成痛苦视为最终目标。工具型侵犯并不直接由某种情绪引起，而是把伤害他人作为一种手段，目的是通过侵犯获得所希望的奖励或有价值的东西，如抢劫财物。

（2）根据侵犯行为的方式分类。根据侵犯行为的方式不同，可以将侵犯行为划分为言语侵犯和动作侵犯。言语侵犯是指使用语言、表情对别人进行侵犯，如讽刺、诽谤、谩骂。动作侵犯是指使用身体特殊部位（如手、脚）以及利用武器对他人进行侵犯，如在打架中用脚踢对方的行为。

二、侵犯行为的理论

侵犯行为的理论可以分为两类：从生物学视角来说，我们生来就具有侵犯的倾向；从社会学视角来说，侵犯是我们从周围他人那里学来的社会行为。也有学者从本能论、习性学论、生物学论、挫折-侵犯理论、行为学习论的角度来理解侵犯行为。

（一）本能论

弗洛伊德曾经提出，侵犯行为是避免痛苦或寻求快乐的行为受到挫折时的本能反应。弗洛伊德强调侵犯行为是本能的、是不可能根除的，根除侵犯行为对个体来说是有害的。如果死亡本能的力量不能向外表达，它就会转向内部来进行自我毁灭。

弗洛伊德将侵犯本能归结为人的死亡本能，这与他对死亡本能的定义是有矛盾的，因为侵犯本能是机体在进化过程中经过漫长的生存竞争发展而来的，其目的是保存自身和占取优势，而不是为了使机体更快地走向死亡。因此，侵犯本能应该是生存本能的派生本能。现在很多精神分析家对弗洛伊德的观点采取折中态度，他们虽然认为侵犯行为是一种本能的内驱力，但不同意侵犯行为是直接导致自我死亡的本能的观点。

（二）习性学论

根据习性学理论，侵犯是具有生物保护意义的生物本能的体现，动物通过侵犯来保护食物、生存的领地；同时也助于物种的优化，通过优胜劣汰，使更强壮的与最适应生存的个体保存下来，使物种能代代相传。而且，同类的侵犯不一定以毁灭为结局，而是以失败者的让步为目的。动物的争斗如此，人类的战争亦然。

洛伦茨认为，侵犯也是人类生活不可避免的组成部分。人类之所以在每个时代都有大规模的战争发生，是人的侵犯本能定期发泄的结果。他认为，现代社会已经使人难于在日常生活中实施侵犯，而战争就成了发泄侵犯冲动的重要途径。因此，人类要想避免战争，就需要多进行一些冒险性的体育活动或游戏来消耗侵犯本能。洛伦茨曾预言，人口拥挤将会使侵犯事件增加，人口剧增会有爆发战争的危险性。

（三）生物学论

侵犯行为可能还与生物学因素有关。通过刺激动物大脑的特定部位，可以产生侵犯行为，这说明可能存在"侵犯中心"，可以控制侵犯行为，海马（边缘系统的一部分）在侵犯行为中起着重要作用。有研究者发现，杏仁核与人类以及低等动物的侵犯行为相关联。当该区域受到电击时,温和的机体变得暴躁;当该区域的神经活动被抑制时,暴躁的机体变得温和。也有研究者认为,大脑皮层也起着重要作用。当皮层受损时,人们会表现出更激烈的侵犯行为。

此外,体内各种生物化学物质含量的失调也可能引起侵犯行为。男性的睾丸激素可能是侵犯行为的另一个来源。在动物世界中,雄性比雌性显露出典型的、更高水平的侵犯行为。因暴力犯罪被判刑的人和那些早年曾参与犯罪活动的人也显示出比较高的睾丸激素水平。虽然目前尚不清楚睾丸激素水平是否会引起侵犯行为,但参与侵犯的行为能够提高个人的睾丸激素水平,这可能是因为卷入激烈危险的行为带来的持续高水平的生理唤醒。

(四) 挫折-侵犯理论

挫折-侵犯理论是第一个为解释侵犯行为而提出的理论。它避开侵犯本能的争论,从外部寻找产生侵犯行为的原因。

米勒等人修正了上述观点,认为挫折不是侵犯的唯一原因,但挫折是引起侵犯行为的主要原因;挫折并不总是导致侵犯,侵犯不一定是挫折的自动化反应,除侵犯行为外,受到挫折后人们还有其他的行为反应,从挫折到侵犯,中间可能还存在其他影响要素。

(五) 行为学习论

根据行为学习论,决定人类侵犯行为的主要机制是过去的学习经验。新生婴儿相当真实地表现其侵犯情绪,每当他受到任何细微的挫折或得不到想要的东西时,便号啕大哭,并挥动手臂胡乱击打。随着成长,个体逐渐学会控制自己的侵犯冲动:在某些情境下表现出侵犯行为,在某些情境下则压抑愤怒情绪的冲动。

(六) 强化作用

产生这种学习过程的一个主要机制就是强化作用。当某种行为发生后得到了奖赏,个体很可能会再次表现该行为;但如果是受到了惩罚,这种行为就会减少或不再表现出来。儿童学习抑制侵犯行为的过程,就像他学会上课要专心听讲一样,当他知道打其他小朋友、用石头打破别人家的窗户玻璃或偷偷跑去网吧上网是会受到惩罚的,就不会再做这些事情。

(七) 模仿

模仿也是人类习得行为的重要机制。儿童常常模仿大人的言谈举止,如学会对他人吼叫、谩骂等。在某些情况下,侵犯行为不仅是被允许的,甚至是很有必要的,如遭受歹徒袭击时做出正当防卫的反抗。儿童的侵犯行为是逐渐被塑造出来的,其反应方式取决于他所观察到的其他人的举动。

班杜拉曾经进行过一项实验,以了解儿童侵犯行为的模仿学习历程。实验表明,儿童通过观察他人所表现的侵犯行为而习得了这种侵犯行为。

三、影响侵犯行为的因素

侵犯行为的影响因素可以从个人因素和情境因素两个方面探讨。

（一）个人因素

个人因素涉及个人的性格类型、敌意归因偏差和性别三个方面。

(1) 性格类型。A 型人格的特点是有强烈的竞争意识，有时间紧迫感，遇事容易生气，侵犯性比较强，常常充满失落感和懊丧情绪，总是迫使自己处于紧张状态。没有这些特点的人泛称 B 型人格，B 型人格的特点是竞争性不是很强，行事从容，不容易发怒。研究发现，A 型人格的人比 B 型人格的人更具有侵犯性，对极其微小的烦恼都会表现出对抗、暴怒、粗鲁、乖戾、批评和不合作。这种侵犯的首要目的不是为了伤害别人，而是为了实现某种目标。A 型人格的人常以侵犯他人作为达到某种目的的手段，也更容易进行仇视性侵犯。

(2) 敌意归因偏差。当我们的归因出现偏差的时候，通常不会把他人的动机归因为善意的，而是作出恶意的归因，继而可能作出报复性的侵犯行为。例如，你在图书馆前漫步，一个冒失的家伙撞倒了你，情境不明确，信息不清晰，这时，你可能会作出敌意性归因偏差，将对方的动机或意图视为有敌意的，接着，你将出现报复性侵犯行为。

(3) 性别。米勒的研究表明，男性比女性更具有侵犯性，男性的侵犯多为身体侵犯，而女性的侵犯多为言语侵犯和其他间接的侵犯行为。男女侵犯方式上的差异，在 8 岁时就已经出现（儿童时期的间接侵犯形态有说谎、冷漠、报复等形式），然后差异逐年增加，直到 15 岁左右，并延续至成人期。

（二）情境因素

情境因素涉及温度、酒精、唤醒水平、社会角色与团体的影响四个方面。

(1) 温度。安德森指出，在特定的温度范围内，暴力事件的发生与温度呈线性关系。在摄氏 38—41 度，随着气温的升高，人们的暴力倾向增强，但是超过 41 度之后，由于人们外出的机会下降，暴力行为产生的机会也较少。

(2) 酒精。布什曼和古斯塔法森用实验研究证明了过量饮酒的人易于被激怒，从而表现出高的侵犯倾向。一些研究者认为，酒精之所以使人变得好斗，是因为酒精给侵犯行为提供了直接的生化刺激，使得喝酒的人的激情增加，"喝酒壮胆"就是这个意思。大多数的研究人员认为，酒精降低了人们对侵犯行为的控制，霍尔和斯蒂勒等人称之为"去抑制"。

(3) 唤醒水平。个体的总体情绪唤起水平会直接影响到他的侵犯行为。在施瓦特和辛格的著名实验中，发现个体可以通过不同的方式体验到机体的唤醒状态。情绪二因素论把情绪体验分为生理唤醒以及个体对这种唤醒状态的认知性标定。个人的情绪唤醒水平会直接影响到他的侵犯行为。

(4) 社会角色与团体。津巴运用模拟研究法做了一个经典的监狱模拟实验。

该实验证明了社会同一性（社会身份）同侵犯行为的关系。当一种社会同一性与侵犯行为之间存在某种合理性时，人们侵犯冲动的释放也会变得更容易。许多研究表明，团体的相互作用可以导致人们侵犯行为的增加，团体的极化也会使人更倾向于选择同团体相一致的侵犯行为。

四、侵犯行为的控制方法

侵犯行为是会严重危害社会秩序、社会生活和社会发展的反社会行为。社会学家和社会心理学家都十分重视对侵犯行为的控制和预防，他们从不同的侧面出发，提出了各种减少与控制侵犯行为的策略和方法。

（1）宣泄负性情绪。从理论上来说，精神宣泄可以采取很多种方式。当前，随着人类社会的进步和发展以及竞争的加剧，个体心理压力加重，宣泄也显得非常重要。在上海的很多学校里会设置一个安放有一些貌似橡皮人的房间，学生们只要有情绪，就可以进去拳打脚踢一番，宣泄完后就扬长而去。宣泄对于减轻或消除负性情绪，进而抑制侵犯行为具有积极的意义。但是，它对消除和控制侵犯行为的作用十分有限，一些非理性的宣泄并不能够真正解决问题，甚至可能造成对自己或他人的伤害，或者使痛苦进一步加重。

（2）惩罚。老师惩罚学生抄作业、父母惩罚孩子的顽劣行为等，都算作惩罚。惩罚是在发生不良行为之后施以令人厌恶的刺激，是控制侵犯等不良行为最常用的手段。惩罚对减少侵犯是有效的，但是，只有在一定条件下才有效。要使惩罚能够发挥作用，必须满足三个条件：① 惩罚必须在侵犯行为发生之后尽可能快地实施；② 惩罚必须要有足够的强度，以起到惩前毖后、杀一儆百的作用；③ 惩罚必须具有一贯性和连续性，即发生侵犯行为就必须进行惩罚。

（3）加强道德修养。道德水平是成熟个性的核心标志。个人的道德发展水平越高，就越倾向于体察他人的感受；个人的道德发展水平越低，就越倾向于忽视他人的感受。因此，个人道德水平的提高，会减少侵犯行为的发生。教育实践证明，青少年良好的道德品质要从小培养，越早越好。品行端正的人，大多从小受到良好的教育；而那些品德不良的人，都与从小缺少良好的家庭教育有关。培养少年儿童高尚的道德品质和良好的行为习惯，有利于消除和控制侵犯行为。

（4）社会交往技能训练。发生侵犯行为的一个重要原因就是缺乏基本的社会交往技能，而这些技能有助于人们避免对抗性事件和侵犯行为的发生。因此，对缺乏社会交往技能且具有高侵犯倾向性的人进行社会交往技能训练，使其掌握人际交往的方法和技能，提高他们的人际沟通能力，必将减少侵犯行为的发生。

（5）限制暴力影视。研究表明，经常观看暴力影视作品，会增加人们反社会的侵犯行为和犯罪活动。充斥影视作品中的大量暴力性行为会产生学习效应，使人们形成侵犯行为。因此，经常观看武打、枪战等暴力性场面非常强烈的影视作品的人(尤其是青少年),会表现出更多的侵犯。有研究表明,影视作品所表现的暴力倾向,常常被观众纳入自己的态度体系中。如果影视作品中经常充斥暴力性的镜头,观众就会对社会产生负面的看法,认为社会都是互相侵犯、卑鄙自私的。因此,控制充斥大量暴力场面的影视作品的传播,对控制侵犯行为、减少和防止青少年犯罪具有重要的意义。

本 章 小 结

1. 社会动机是指个体在社会生活环境中,通过学习和经验而获得的动机。
2. 社会动机的功能包括激活功能、指向功能、维持与调节功能。
3. 亲和动机是指个体与别人接近的内在动力。
4. 成就动机是指个人在设定的目标下追求学业或事业成就的内在动力。
5. 权力动机是指个体希望影响和控制他人的心理倾向。
6. 利他行为指的是自愿采取的帮助他人的行为,且预期不会得到任何形式的回报,除非觉得自己也许做了一件好事。
7. 利他行为应该具有如下三个特征:第一,以帮助他人为目标;第二,不期望有物质或精神的奖励,如荣誉或奖品;第三,自愿的,利他者可能会有所损失。
8. 旁观者效应是指个体在面对紧急事件时,单个人与同他人在一起时的反应不一样,他人在场会抑制利他行为的发生。
9. 根据利他行为的社会交换理论,我们所做的很多事源于最大化我们的报酬和最小化我们的成本的动机。
10. 利他行为的研究者确认了两种驱动利他主义的社会规范:互惠规范和社会责任规范。
11. 亲缘保护基因使得我们愿意关心与我们有亲缘关系的人。
12. 影响利他行为的因素分为内部因素和外部因素。内部因素包括认知因素、个人心境影响、个人人格特征、性别、年龄、魅力和人品等;外部因素包括旁观者效应、榜样的示范作用、情景的模糊性等。
13. 培养利他行为的手段和方法包括培养利他情感倾向、培养社会责任感、树立利他行为的榜样。
14. 侵犯行为是以伤害另一生命的身体或者心理为目的的行为,即对他人的敌视、伤害或破坏性行为,包括身体、心理或言语等方面。
15. 根据侵犯的目的不同,可以将侵犯行为分为敌意型侵犯和工具型侵犯。根据侵犯行为的方式不同,可以将侵犯行为分为言语侵犯和动作侵犯。

思考与练习

一、名词解释

利他行为　侵犯行为　旁观者效应　成就动机　社会动机

二、案例题

每年的"感动中国人物"评选牵动了亿万人民的心，弘扬和传递了真、善、美的正能量。2014年度"感动中国人物"中有一位获奖者叫方俊明。

【简历】荣誉迟到28年而一生不悔的湖北见义勇为好市民

【获奖名片】克明俊德

【推选委员评价】

推荐他是因为他饱受委屈。

余秋雨：不被理解的高尚行为。

【颁奖词】纵身一跃，却被命运撞得头破血流。在轮椅上度过青春，但你却固执地相信善良，丝毫不悔。今天你不能起身，但我们知道，你早已站立在所有人的面前。

是什么样的动机和行为让他选择了毫不犹豫地见义勇为？试用本章学习的内容加以分析和阐释。

三、论述题

如何培养孩子适当的成就动机？

第七章

社会态度

学习目标

- 掌握社会态度的定义、特点及功能；
- 了解测量社会态度的常用方法及特点，包括自陈量表法、投射法和实验法；
- 掌握社会态度的主要理论，包括学习论、诱因论和认知协调论；
- 理解态度与行为的关系以及产生影响的条件。

本章学习资料

小 测 验

在开始阅读本章之前，请先花几分钟时间完成以下问题，请在相应的选项上划"√"。

1. 如果周末有时间，你会倾向于看：

　　（1）进口大片　　　　　　（2）国产影片　　　　　　（3）无所谓

2. 如果条件允许,你是否会选择再生养一个孩子?
   (1) 肯定会　　　　　(2) 可能会　　　　　(3) 说不清
   (4) 可能不会　　　　(5) 肯定不会
3. 如果能领到5倍的加班工资,你是否愿意在春节期间选择加班?
   (1) 非常愿意　　　　(2) 比较愿意　　　　(3) 说不清
   (4) 不太愿意　　　　(5) 很不愿意
4. 如果你发现自己的朋友是同性恋者,你会:
   (1) 和他绝交　　　　(2) 逐渐疏远他　　　(3) 无所谓
5. 关于高考不分文理科的最新改革方案,你是否赞同?
   (1) 赞同　　　　　　(2) 不赞同　　　　　(3) 无所谓

你会发现,不同的人对相同的事物可能持有不同的态度(选择不同的选项),有的人会十分鲜明地表示肯定会与同性恋的朋友绝交(清晰、强烈的态度),有的人则对高考制度改革持无所谓的观点(中性态度)。通过以上5个问题,我们可以部分地了解你关于电影、生育、加班、同性恋和高考改革制度的态度。关于什么是态度,你或许有了直观的感觉,但到底什么是态度呢?当然,你还可能会想,仅仅凭一个问题怎么能完全反映自己对同性恋的态度?那么,怎样才能科学地测量人们的态度呢?又或者,你自己并不赞同同性恋,但却不能在别人面前表达出这种态度,那么,人们的态度与行为之间的关系又是什么?通过本章的学习,你将逐渐解开这些问题。

第一节 | 社会态度的界定

引例

海因茨偷药

海因茨和妻子过着甜蜜恩爱的生活,非常不幸的是,妻子得了一种很严重的疾病。只有一家药店卖这种药,价格非常昂贵,而海因茨的生活非常贫困,根本就支付不起。为了挽救挚爱的妻子,海因茨到那位药商的门口,哀求道:"先生,您就发发慈悲,把这药只按成本卖给我,好吗?我的妻子眼看就没救了!"

药商很不耐烦,问道:"按成本价卖给你?你知不知道你在说什么?要是那样,我还做药干什么?"

海因茨继续恳求道:"要不这样,我把手头上的钱全给您,请您先把药卖给我,治我妻子的病。剩余的欠款我随后还您,您看行吗?"

> 狠心的药商一口回绝了他。
> 海因茨悲伤绝望地走了，但是他不甘心自己的妻子就此与世长辞，于是，他在夜深人静时，偷走了那种药物给妻子治病。

你认为海因茨应该偷药吗？偷药用来拯救一个人的生命有错吗？他在这种情形下偷药应该受到惩罚吗？有人认为海因茨不应该偷药，因为偷东西是不对的；有人认为海因茨应该偷，因为这样可以救他妻子；有人认为他应该受到惩罚；也有人认为海因茨不应受到惩罚；还有人认为药商应该受惩罚。那么，你的态度是什么呢？

这就是著名心理学家柯尔伯格假想出的道德两难故事"海因茨偷药"。柯尔伯格认为，无论人们赞成还是反对海因茨偷药，他们给出的理由才是真正体现其道德发展水平的关键。

一、社会态度的定义

社会态度（social attitude）简称态度，是我们日常生活中最常用的词汇之一。我们经常听到这样的观点：态度决定一切！态度决定高度！态度决定命运！似乎我们都能理解这些观点的含义，但给态度下定义却不是那么容易的事。在现代社会心理学的研究中，态度是指个体对特定社会客体的一种喜欢或不喜欢的评价性反应，且能够在个体的信念、情感和倾向性行为中表现出来，在运用领域包括群体态度、政治态度等。

美国心理学家斯彭斯于1862年就注意到这一社会现象。他认为，态度是一种先有之见。1885年，丹麦社会心理学家朗格通过实验证实了社会态度的存在，他在关于情绪的实验中发现，被试者有思想准备和无思想准备，对刺激物的反应（态度）不一样。但一直到1909年，美国社会学家托马斯和兹纳尼茨基在《波兰农民在欧洲和美国》一书中首次使用态度这个概念。之后，态度逐渐进入社会心理学的视野，并成为重要的研究内容。

目前，态度仍是社会心理学中定义最多的一个概念，不同的学者有不同的定义，其中有三种代表性的概念：

（1）奥尔波特认为，态度是一种心理和神经的准备状态，它通过经验组织起来，影响着个体对情境的反应。他的定义强调经验在态度形成中的作用。

（2）克瑞奇认为，态度是个体对自己所生活世界中某些现象的动机过程、情感过程、知觉过程的持久组织。他的定义忽略了过去经验，强调当下的主观经验，把人当成会思考并主动将事物加以建构的个体，反映了认知派的理论主张。

（3）弗里德曼认为，态度是个体对某一特定事物、观念或他人稳固的、由认知、情感和行为倾向三个成分组成的心理倾向。他的定义强调态度的组成及特性。

1995年，瓜纳诺德等将废品回收作为环境调查的主题，验证居民环境态度对环境行为的影响因素，提出A-B-C模型[①]。该模型不仅考虑了心理因素，更重要的是强调了外在因素对环境行为带来的影响。行为（behavior）是个体的环境态度（attitude）与社会结构、环境制度及外部经济等外在条件（external conditions）共同作用的结果，如图7.1所示。

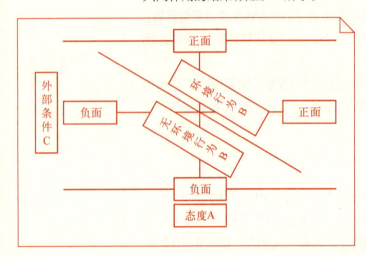

图7.1 环境行为的A-B-C模型

垃圾回收实证研究验证了斯华兹[②]的规范行动模型，环境行为受到内部影响和外部影响的共同作用。外部影响包括社会组织、经济动力；内部影响包括一般环境态度、特殊环境态度、信仰、信息和环境意愿。该模型预示了行为（B）与态度（A）之间的关系。态度从极端负面的地位跨越到正面的位置，态度的跨度可以影响人们的行动。同时，行动也会受到外在条件（C）的影响，如物理、经济、法律、社会等条件影响。当外在环境提供有利条件时，或者个体或组织具有积极的环境态度时，环境行为被激发；当外在条件不利，同时个体的环境态度处于消极状态，负面环境行为被激发；当外在条件比较中立时，环境态度对环境行为的影响较大。该模型也预测了教育或者信息获取对于态度的改变，以及规制和激励项目对条件的改变。两种条件变量交互的作用明显强于单独态度和条件对行为的作用。

A-B-C模型的呈现有以下三个方面的优势：首先，吸收了外部条件的作用，提高了模型的效力；其次，明晰了态度与行为之间的关系，该关系受到外在条件的影响；最后，该模型将态度与行为的理论模型与公共政策的创新实践联系起来，有助于寻求有效的方式改变外部条件、提升便捷度、为态度引导和行为生成过程中融入有利环境条件、去除环境实施的障碍，推进环境行为理论的发展。

从态度的A-B-C模型中可以看出，有时态度可能直接表现为某种情感，如"不喜欢住在城市""讨厌势利的人""喜欢小孩子"等；有时态度也会表现为某种认知

---

① Guag

② Guagnano, G., Stern, P. C., Dietz, T., 1995, Influences on Attitude-Behavior Relationships: A Natural Experiment with Curbside Recycling, *Environment & Behavior*, Vol.27(5):699–718.
Schwartz, S. H.,1977, Normative influences on altruism. In: Berkowitz L, editor. Advances in Experimental Social Psychology, New York: Academic Press. pp. 221–279.

观点，如"颜色鲜艳的服装使人显得不稳重""进口奶粉的质量比国产奶粉好""网上信息可信度很低"等；有时态度也会反映在人们的行为中，例如，有人从不购买彩票，有人经常邀请别人到自己家拜访，有人则不放过某部电视剧的每一集。

从社会心理学来看，认知因素是态度的基础，其他两种因素是在对态度对象的了解、判断的基础上发展起来的；情感因素对态度起着调节和支持作用；行为倾向则制约着行为的方向性。一般情况下，这三个要素是协调一致的。例如，如果一个人认为女性就应该以家庭为重，他就可能不支持妻子加班，也不会主动做家务事。又如，有人相信甜食容易让人长胖，他可能会认为奶油冰激凌吃起来太腻，也可能不愿意去特色餐厅吃饭。态度三要素中的任何一个要素发生变化，都会引发另外两个要素的相应变化。例如，如果我们认为自己的工作很有意义，就会在工作中有成就感、快乐感，也愿意投入更多的时间和精力工作；反之，当我们出现职业倦怠感时，就会讨厌工作，不愿意主动承担工作任务，也会尽可能地减少自己的工作时间。当然，态度的这三个要素彼此之间并不总是高度相关（见本章第四节），判断一个人的态度需要同时考虑三个要素。

二、社会态度的特点

态度是一个抽象的概念，我们不能直接问别人："你的态度是什么？"，而总是需要问他对某个人、某件事或某种观点的态度。因此，态度的第一个特点是对象性，即态度总针对其对象而言，态度的对象决定了态度的具体内容或指向，如关于电视消费的态度、关于中国传统文化的态度、关于女性工作的态度、关于经济改革政策的态度、关于保护东北森林资源的态度等。

当确定了态度的内容后，我们总会对这些内容持有一些具体的评价性观点，包括赞成、反对或是中立。这就是态度的第二个特点——方向性。这意味着态度具有赞成或反对的方向特点，并具有程度上的差异，能反映出态度的强度。例如，关于加班的态度，有人赞同加班，有人反对加班；关于网络监管政策，有人表示赞同，有人则表示反对。同时，在赞同的程度上，有人表示强烈赞同，有人则表示比较赞同。需要注意的是，在态度的方向上，存在既不反对又不赞成的心理倾向，称为中性态度。这种中性态度，有时可能是为了掩盖赞同或反对的真实态度，有时是因为存在心理矛盾，也可能是因为不了解要评价的事物。例如，当被问及关于意大利经典歌剧《卡门》的态度时，你可能为讨好歌剧迷女朋友而假装喜欢，也可能因喜欢某些片段又讨厌另一些片段而不知如何表态，还有可能因为不了解这部剧而无法回答。

在日常生活中，你可能经常发现，一个喜欢吃辣的人，在每次点菜时都会想要点四川菜，甚至在他移民国外后，也依然对有辣味的食物情有独钟。从中可以看到态度的第三个特点——稳定性。换句话说，态度是一种对事物比较持久的而不是偶然的倾向，在一定的时期内态度保持着相对稳定的倾向。

最后，态度具有内在性。由于态度是个体内在的心理状态，往往不能为别人所直接观察到，但可以从个体的行为或与行为有关的语言行为表现中间接地推断出来。这一特点使得态度的测量成为相对困难的事（具体参见本章第二节）。

三、社会态度的功能

吸烟危害身体健康

2013年，世界卫生组织公布，全世界约有11亿名吸烟者，其中，70%以上的烟民分布在发展中国家。全球约有47%的男性和12%的女性吸烟，每天还有8万—10万名年轻人成为长期烟民，到2025年，全球吸烟人数将达到16亿人。目前，我国有烟民3.2亿名，比美国的人口总数还多。同时，世界卫生组织也发现，在工业发达的国家中有四分之一的肺部癌症者，吸烟者占90%；死于支气管炎的，吸烟的占75%；死于心肌梗死的，吸烟的占25%。吸烟不但给本人带来危害，而且还殃及子女，有学者对5 200个孕妇进行调查分析，结果发现其丈夫每天吸烟的数量与胎儿产前的死亡率和先天畸形儿的出生率成正比。在我国，每年有100多万人死于与吸烟相关的疾病，约10万人死于二手烟暴露导致的相关疾病。

我们不禁要问，为何吸烟的这些严重危害后果都无法改变烟民对吸烟的态度呢？这与态度本身的心理功能有着直接的关系。心理学家卡茨和奥斯卡姆普等认为，态度有四种基本功能。

（一）工具性功能

由于我们都离不开他人生活，其中，总有一些人或群体对我们来说是很重要的，如父母、老师、老板、朋友等。为了获得他们的认同、赞许和奖励，我们需要保持与他们相同的态度，否则，我们就会受到惩罚（如被疏离或被排斥）。例如，有不少学生正是为了获得同伴的赞许而尝试吸烟的。当然，一个学生也可能会为获得某个喜欢的老师的赞许而喜欢上他所教授的数学课。

（二）自我防御功能

根据精神分析的原则，人们可能通过态度来应对情绪冲突和保护自尊。态度作为一种自卫机制，能让人在受到贬抑时用来保护自己。例如，我们常听到一种说法："在北京人眼里，全国人民都是外地人；在上海人眼里，外地人都是乡下人；在浙江人眼里，外地人都是穷人。"这种说法反映的正是有些人通过贬低外来移民而保护自己优越感的一种防御方式。

(三) 认知功能

积极的态度有助于我们积极了解对象的知识,从而使世界变得有意义。例如,我们可能会因为喜欢家里的宠物狗,而更愿意去了解有关狗的知识,也很容易记住相关知识。反之,对我们不喜欢的事物,我们也会表现出容易遗忘的倾向。

(四) 价值表现功能

在特定情况下,态度还常常体现出个体的主要价值观和自我概念。例如,有人购买名牌,是为了标榜自己的消费价值观和个体品位;有人到敬老院献爱心,是为了表达自己的社会责任感;有人从不购买毛皮制品,是为了体现自己的环保主义理念。

第二节 | 社会态度的测量

小 测 验

下面有6个与农民工交往的问题,请根据自己的真实想法,在相应的选项上打"√"。

您愿意与农民工	非常愿意	比较愿意	无所谓	不太愿意	很不愿意
(1) 一起工作吗?	1	2	3	4	5
(2) 共同聊天吗?	1	2	3	4	5
(3) 做邻居吗?	1	2	3	4	5
(4) 做亲密朋友吗?	1	2	3	4	5
(5) 同你的子女结婚吗?	1	2	3	4	5
(6) 一起参与社区管理吗?	1	2	3	4	5

请将表格中的数字相加,你会得到6—30分之间的一个分数,分值越大,表示你与农民工群体的社会距离越远,表明你对这个群体的偏见越强,而你也越可能对他们表现出歧视性行为。通过这个简单的量表,我们可以间接地了解你与某人群的社会距离。也可以通过大规模的问卷调查,得到两个群体之间的社会距离,如本地居民与农民工之间的社会距离。

自20世纪30年代以来,态度一直被认为可以通过人与人之间的比较,采用外显的客观测量进行研究,且随着李克特量表、语意差异量表等方法的相继产生而被广泛地运用于各类研究对象。但这种客观的测量研究必须以被试有能力、有意愿如实、准确地表达自己的态度为前提。实际上,这一前提显然无法得到保证,外显的客观测量难以真正反映被试的真实情况。

正是认识到外显客观测量的这种局限,20世纪80年代以来,一种内隐社会认知的研究范式逐渐出现并得到广泛的应用。1998年,格林沃德等人顺应内隐社会认知研究发展的需要,提出了一种基于反应时的内隐联想测验(Implicit Association Test, IAT)实验范式,并通过测量两类词(概念词和属性词)之间的评价性联系对个体的内隐态度进行了间接测量,且将内隐态度定义为"过去经验和已有态度积淀下来的一种无意识痕迹潜在地影响个体对社会客体对象的情感倾向、认识和行为反应"。

在他们看来,社会认知研究中所呈现的刺激多具有复杂的社会意义,必然会引起被试心理的复杂反应,这些刺激可能与内在需要或内隐态度相一致,也可能与之相矛盾。刺激所含的社会意义不同,被试的加工过程的复杂程度就会不同,反应时间的长短也就不同。在快速反应的条件下,被试对刺激的反应形式是很难有意识控制的,此时所获得的社会认知结果可以被认为是内隐的。

一、自陈量表法

正如刚才你所完成的简单量表一样,自陈量表法是最为简便的方法,因而成为最常用的态度测量方法。由于态度是一种无法直接观察的内在心理状态,我们只能采用间接的方法来推测人们的态度。推测的依据既包括人们关于某事物的想法、情感、行为倾向的自我陈述,也包括直接的实际行为。同时,我们还可以测量态度的方向(肯定、否定还是中性)和强度(如肯定/否定的程度有多强)。常用的自陈量表法包括瑟斯顿量表法、李克特量表法和语义分析法。

(一)瑟斯顿量表法

这是一个早期的态度量表,是美国芝加哥大学瑟斯顿教授及其同事蔡夫于1929年提出的。具体操作步骤是:先搜集一系列有关所研究态度的陈述或项目,然后,邀请一些评判者将这些陈述按从最不赞同到最赞同的方向分为若干类。经过淘汰、筛选,形成一套约20条意义明确的陈述,沿着由最不赞同到最赞同的连续体分布开来。要求参加态度测量的人在这些陈述中标注他所同意的陈述,所标注的陈述的平均量表值就是他在这一问题上的态度分数。瑟斯顿量表法的贡献在于首先提出了在赞同或不赞同的维度上测量态度。这个做法如今仍是多数量表的基本特点。由于这个方法复杂、费时和不方便,今天已很少使用了。

小 测 验

你好！这是一项有关战争的态度调查，你对战争有何看法？请你在符合自己看法的题目序号上打"√"。你的答案没有对错与好坏之分，我们会对你的回答完全保密，请你真实作答。

序号	项　目	分值
1	在特定的情况下，为了维持正义，战争是必要的	7.4
4	任何战争都是没道理的	0.2
6	战争通常是维护国家荣誉的唯一手段	8.6
9	战争徒劳无功，甚至导致自我毁灭	1.4
14	国际纠纷不应以战争方式解决	3.8
18	无战争即无进步	9.8

由于题目的得分并不出现在问卷上，而且呈现的顺序是随机排列的，因此，被测者自己并不清楚各个选项的分值。如果被测者只选择了一个选项，该题的分数就是他对战争的态度得分。例如，如果被测者赞同"无战争即无进步"，就表示他对战争的态度分值为9.8分，代表他强烈地支持战争；如果他选择的是"任何战争都是没道理的"，则表示他对战争的态度得分为0.2分，代表他强烈地反对战争。如果选择项目数为奇数，则取中间项分值；如果选择项目数为偶数，则取平均值。

（二）李克特量表法

李克特量表法是由美国社会心理学家李克特于1932年在原有的总加量表基础上改进而成的。该量表由一组陈述组成，每一陈述有"非常同意""同意""不一定""不同意""非常不同意"五种回答，分别记为5分、4分、3分、2分、1分，每个被调查者的态度总分就是他对各道题的回答所得分数的加总，这一总分可说明他的态度强弱或他在这一量表上的不同状态。本节开始的社会距离量表采用的就是此方法。也有人采用7点量表，即从强烈赞同—强烈反对之间由1—7来标定。

（三）语义分析法

语义分析法是由美国心理学家奥斯古德与其同事创立的。该方法以纸笔形式进行，要求被试在若干个七点等级的语义量表上对某一事物或概念（如汽车、邻居）进行评价，以了解该事物或概念在各个被评维度上的意义和强度。等级序

拓展阅读

CGSS2017主观幸福感量表如下：

关于主观幸福感的表述，你对以下观点的同意程度如何？

	非常不同意	不同意	有点不同意	有点同意	同意	非常同意
1. 社会给人们提供的出路会越来越多	1	2	3	4	5	6
2. 随着年龄增长，我从生活中悟出了许多道理，这使我变得更坚强、更有能力	1	2	3	4	5	6
3. 我设立的生活目标多数能够给我鼓劲，而不是泄气	1	2	3	4	5	6
4. 我经常感到自己只是在混日子	1	2	3	4	5	6
5. 我不清楚自己一生所做的事情有什么意义	1	2	3	4	5	6
6. 我经常感到自己身体某些部位特别不舒服	1	2	3	4	5	6
7. 与周围的人相比，我很知足	1	2	3	4	5	6
8. 我对家里的收入感到满意	1	2	3	4	5	6
9. 我常因一些小事而烦恼	1	2	3	4	5	6
10. 我很为自己的健康状况感到苦恼	1	2	3	4	5	6
11. 我常常感到自己很难与他人建立友谊	1	2	3	4	5	6
12. 我比较喜欢自己的个性	1	2	3	4	5	6
13. 我感到似乎大多数人都比我朋友多	1	2	3	4	5	6
14. 和家人在一起，我感到特别愉快	1	2	3	4	5	6
15. 我的运气比别人差	1	2	3	4	5	6
16. 我对社会的发展感到很有信心	1	2	3	4	5	6
17. 与周围人相比，我感到自己挺吃亏	1	2	3	4	5	6
18. 碰到不开心的事情时，很长时间内我都打不起精神来	1	2	3	4	5	6
19. 我感到高兴的是，这些年自己的看法变得越来越成熟	1	2	3	4	5	6
20. 我有时感到很难与家人（包括父母、爱人、孩子等）沟通	1	2	3	4	5	6
21. 我对我周围的自然环境感到满意	1	2	3	4	5	6

列的两个端点通常是意义相反的形容词,如诚实与不诚实、强与弱、重要与不重要等。

小 测 验

下面列出有关母亲的评价描述,你对自己母亲的评价符合哪一个等级?请在相应的分值上打"√"。

1	好	7 6 5 4 3 2 1	坏
2	漂亮	7 6 5 4 3 2 1	丑陋
3	聪明	7 6 5 4 3 2 1	愚蠢
4	强大	7 6 5 4 3 2 1	弱小
5	迅速	7 6 5 4 3 2 1	缓慢
6	积极	7 6 5 4 3 2 1	消极
7	敏锐	7 6 5 4 3 2 1	迟钝

将各个维度上的得分直接相加,就可以得到你对母亲的总体态度得分。分值越大,表示你对母亲的态度越积极;反之,则越消极。

二、投射法

自陈量表法使用的前提是假定被测者意识到并愿意表达他的态度。对于某些敏感问题,人们可能并不愿意表达自己的态度,投射法则很好地解决了这一问题。所谓投射,就是让人们的真实态度在不知不觉的情况下显现出来。常用的投射法包括主题统觉测验和作业投射法。

(一)主题统觉测验

这是由美国心理学家默里于1935年为性格研究而编制的一种测量工具(简称TAT)。具体方法是:用30张比较模糊的人物图片,有些是分别用于男人、女人、男孩的和女孩的,有些是共用的。测验时,让被测验者根据图片内容按一定的要求讲一个故事。被测验者在讲故事时会将自己的思想感情投射到图画中的主人公身上。

请你根据图7.2自由地编故事,你的故事必须有四个方面的内容:你看到了

图 7.2
主题统觉测验图片

什么？促使图片上的故事发生的原因是什么？以后会有什么结果？画中人的体验是什么？

（二）作业投射法

作业投射法是指事先准备好几个有关某一事物的句子或故事，让被测者把句子或故事写完，从中反映出他们的态度，因此，这一方法又称为造句测验（SCT）。

三、实验法

从测量的准确性来看，尽管自陈量表法的可操作性最大，但做假的可能性也最大；投射法的操作性相对较小，但做假的可能性也较小。实验法也一样，尽管人们的反应更加

小　测　验

请尝试将以下句子补充完整：
假如我有一百万元，我会_____。
假如我只有一年的寿命，我会_____。
假如我的眼睛快失明了，我会_____。

通过你补充的句子，我们可以初步了解你的生活态度。例如，一位大一新生这样写："假如我有一百万元，我会去周游世界"，代表着他对了解世界的渴望；一位妻子这样写："假如我只有一年的寿命，我会先把我的孩子安排好"，代表着孩子在母亲心目中的位置；一位白领这样写："假如我的眼睛快失明了，我会辞去工作，去看看那些我曾经忽视了的风景"，代表着她对工作的态度与对生活的反思。

真实，但操作的成本更高。然而，实验法也有其局限，因为大规模测量的成本太高。常用于测量态度的实验法包括情境法、行为观察法和生理反应法。

（一）情境法

情境法的具体做法是：事先设置好一种情境，根据观察被测者在此情境中表现出的行为倾向，判断他在类似情境中的态度。例如，为了测量员工的工作态度，

招聘者会安排应聘者围坐在一起,让他们决定某项有争议的政策(如加班要不要付高薪),以观察他们的言论,推测他们在未来工作中对加班的态度。这一方法在职业招聘中使用得最为广泛。

(二)行为观察法

行为观察法类似于自然实验法,是指在社会自然情境中观察被试的行动反应,从而推论其社会态度。例如,测量者可以假扮募捐者,测量大学生对社会公益的态度。这一方法在当今社会中经常被用于招聘员工。例如,公司老板可能假扮应聘者与真正的应聘者聊天,以了解应聘者的真实工作态度。

(三)生理反应法

生理反应法是通过测量人们在持有不同态度时的生理指标来推断他的态度,如皮肤电反应和肌电图等。例如,可以通过测量人们是否会花更多时间将积极词汇与黑人面孔联系(和相同词汇与白人面孔联系起来的时间作对比),用以测量真实的种族态度。

需要指出的是,除了测量方法本身会影响态度测量的准确性外,实施测量者的特征、被试者的特征、测量的情境特征等因素都可能影响态度测量的效果。社会心理学家发现,有些人对任何事物都倾向于作肯定的反应,另一些人则倾向于作否定的回答,还有一些人总喜欢不作明确回答。例如,许多中国人都倾向于中庸的答案。

第三节 | 社会态度的理论

小 测 验

请问下面哪些因素会促使你购买某一款新手机?

(1)购物后现场抽奖	(2)买一赠一	(3)发放优惠券
(4)赠送样品	(5)免费试用	(6)特价销售
(7)明星代言	(8)节日送礼	(9)包装精美
(10)式样新颖	(11)售后服务	(12)知名品牌
(13)购买便捷	(14)朋友推荐	(15)曾经使用过相似的手机

当今社会中，最不遗余力地寻找改变人们态度的策略的人是商人。为了促销自己的产品，他们总能充分地运用各种态度改变的原理。那么，上面提到的促销方式背后隐藏了哪些态度形成或改变的原理呢？

一、学习论

学习论认为，获得态度与形成其他习惯的方式相同，是学习得来的。人们在学习关于不同态度对象的信息和事实的同时，也在学习与这些事实相关联的情感和价值观。例如，一名儿童通过学习知道狗是一种动物，多数狗是友好的，多数狗是好宠物，最后，儿童会喜欢上狗。可见，儿童通过学习获得了与态度对象相关联的认知和情感。他学习的过程和机制与其他习惯是相同的。因此，学习的三个主要机制（联想、强化和模仿）也是态度形成的主要机制，态度的学习论包括经典条件反射理论、强化理论和社会学习理论。其中，经典条件反射理论重视联想或联结，强化理论重视强化，社会学习理论重视模仿。

（一）经典条件反射理论

该理论认为，条件反射式的学习是态度形成的基础。人们在满足需要的过程中，可以形成特殊的态度。对能满足需要并引起快感的客体一般会形成肯定的态度，而对妨碍需要满足的事物就容易形成否定的态度。心理学家曾做过这样一个实验：将互不相识的儿童分成3人小组，每组分配玩一种有趣的游戏，有的小组儿童获得奖品，另外的小组不发奖品，然后要求每个儿童提出共度假期的名单。结果发现，得奖组儿童选择同组儿童做玩伴者较多，无奖组儿童选择同组儿童做玩伴者则较少。实验说明，得奖的快感促使同组儿童彼此间产生了肯定态度。

（二）强化理论

该理论认为，人们做出某一行为是因为该行为伴随着某种愉快的事情；人们避免做出某一行为，是因为该行为伴随着某种不愉快的后果。例如，运动增进了身体健康，这是一种正强化，从而加强了对运动的积极态度。学生学会了不在课堂与老师对抗，是因为每次对抗都会带来不愉快的后果。有研究者曾做过一项有趣的实验：被试者是60名四、五年级的小学生，在彼此熟悉的基础上经过社交测量，其中，有个别儿童喜爱单独活动，被认为是"孤独者"。实验者先让全体学生学习一些作为配对用的形容词，然后要求学生把一些积极的形容词如"友好的""幸福的"跟一半"孤独者"的名字相匹配（实验组），而另一半"孤独者"（对照组）的名字则要求配以中性形容词。在实验后，对学生游戏中的行为进行观察，结果发现，许多学生愿意接近实验组的学生，而不愿接近对照组的"孤独者"。实验表明，学生对"孤独者"的态度是可以通过言语性条件反射的建立而改变的。

（三）社会学习理论

对没有直接经验和亲身感受的事物的态度，我们可以在观察别人情绪反应的基础上产生,这称为替代性的学习。儿童许多待人接物的态度,就是通过观察模仿权威性的社会范例(如父母、教师、同伴等)习得的。有人认为,通过概念形成的程序获得某种态度也是可能的,因为当人们对某客体进行归类和评价时,就形成了对该客体的态度。当然,并非所有人的行为我们都会模仿。那些信誉高而又富有经验的人,更容易让我们模仿(所谓的名人效应);同时,和我们有相似经历的人,也更容易改变我们的态度(所谓现身说法效应)。

二、诱因论

与学习论把人视为被动的反应者所不同的是,诱因论更加关注人的主动性与理性,重视当前各种诱因之间的平衡,强调采取某种态度后的得失。诱因论认为,人们倾向于采取可能给我们带来最大收益的态度。这种收益既可能来自对未来的预期,也可能来自系统性的或表面性的认知思考。前者指预期价值理论,后者指认知反应理论。

(一)预期价值理论

该理论认为,每件事都是有利弊得失的,个体将会采用纯收益更大的态度。个体会主动对诱因周密计算,在得失权衡与比较后决定采用何种态度,即态度是肯定因素(得)与否定因素(失)的代数和。个体选择何种态度取决于这种态度能使其获得什么、失去什么以及总收益如何。但是,个体并非永远是理智计算的决策者,而且个体对这种精确的计算过程也未必意识到。换句话说,态度改变是"两害相权取其轻,两利相权取其重",是平衡利弊的结果。假定你决定买一辆车,考虑买赛车还是买家用车,在比较的时候,你认为几乎可以肯定(高预期)赛车是更有趣的(高正价值);但也有某种可能(低预期)是赛车修理时花钱多,然而你有个哥哥会修车,你认为花钱不会太多(低负价值)。如果肯定的高正价值超过了不肯定的低负价值,你就会决定买赛车。

(二)认知反应理论

认知反应理论考虑的是造成我们反驳或被动接受说服性沟通的条件,设计这些沟通技术的目的就是用来改变我们的态度。这一理论认为,人们在对信息作反应的时候,总产生一些积极的或消极的解释性思想,这些思想被称为认知反应。认知反应决定着人们是否接受信息所持的态度以及是否改变自己的态度。假定有人发表言论,主张减少政府对低收入者的补贴。你听后感到,低收入者很难自立,需要有人帮助,政府应当给予补贴。这种消极的认知反应可能使你对这个言论持反对态度。如果你听后认为,政府负担太重了,每个个体都应当自立。这种积极的认知反应可能使你赞成这个言论。可见,认知反应理论的要点在于,人是自动的信息加工者,他对信息产生自己的认知反应,这种认知反应左右着自己所采取的态度。认知反应理论很容易用来解释信息的反作用。当个体对信息产生的认知反应支持外来信息时,可预期态度的变化;当个体对外来信息产生的认知反应与外来信息相反时,则可能出现反作用。

三、认知协调论

认知协调论主张我们倾向于在不同态度间以及态度与行为之间寻求一致性。如果一个人的几个信念或价值观彼此不相符、不一致,他则力求使它们达到相符一致;如果一个人遇到与其原有认知不一致的新认知,他会努力去减少这种不一致性。认知协调论主要包括认知平衡理论和认知失调理论。

(一)认知平衡理论

人们倾向于通过调节彼此对某事件的态度来维持认知平衡。在人们的态度系统中,不同情感因素之间或评价因素之间都会有不一致的压力,如果出现不平衡,则需向平衡转化。这一理论强调,人与人之间平衡的关系是和谐的。平衡意味着你与你喜欢的人意见一致,而与不喜欢的人意见不一致,如果你反对所喜欢的人的意见,或赞同不喜欢的人的意见,都会出现不平衡。以小强对英语老师和对咖啡的态度为例。当小强喜欢英语老师,而两个人都喜欢或不喜欢喝咖啡,系统是平衡的;当小强并不喜欢英语老师,并且两人对咖啡的态度不一致时,系统也是平衡的;只有当小强与英语老师之间彼此喜欢,但他们对咖啡的态度不一致时,才会产生不平衡。不平衡状态会产生一种压力,使人改变态度,以达到平衡状态。例如,小强可以设想他实际上不喜欢英语老师;或者他自己实际上也不喜欢喝咖啡;再或者曲解现实,认为英语老师实际上不喜欢喝咖啡。无论选择哪一个,都可以达到平衡。这种选择依赖于容易程度,即最少用力原则。

(二)认知失调理论

该理论由费斯廷格于1957年提出,他认为,当两种认知或认知与行为不协调时,为了保持一致,态度将发生变化。失调是指心理上的不舒适,它使人致力于缓解这种失调。为了缓解失调,必须用协调的因素代替失调的因素。认知因素的这种重新安排可以有不同的方式。它可能造成行为变化,也可能只限于认知水平上。例如,吸烟有害健康这种认知应当伴随着不吸烟是适宜的行为,所以,如果某人吸烟,他将体验到失调,为了缓解失调,他应当戒烟。但认知失调理论并不认为人总是按理性行事,而认为人会用各种方法把自己的行为合理化,以恢复平衡。例如,有的人会说:"如果我戒烟,体重会增加,而体重增加易发心脏病。"实际上,人们所做的是建立关于吸烟的协调认知,以淡化失调体验。

然而,认知失调理论遇到自我知觉理论的挑战。因为,认知失调的许多例子也可以从自我知觉理论得到解释:人们一般是从行为推断态度的,态度改变是行为改变的直接后果。因此,行为也会影响人们对态度的理解(详见本章第四节)。

案 例

居民垃圾分类态度与行为的反差

　　随着经济的发展和城市化进程的加快,城市生活垃圾污染问题越来越严重。中国作为最大的发展中国家之一,城市的生活垃圾总量逐年上升。如何解决日益增多的城市生活垃圾?部分学者认为生活垃圾源头分类是搞好城市生活垃圾管理的必由之路,是实现垃圾减量化、资源化和无害化的最好选择,有利于减轻垃圾后期处理工作,具有经济、社会和环境效益并存的优点。2012年,北京林业大学课题组成员在北京市开展小区居民垃圾分类调查。调查选取了开展垃圾分类工作时间较长且达标小区较多的海淀、石景山、东城和西城四个区。在调查中,课题组成员询问了居民对垃圾源头分类的态度和行为,结果显示,小区居民对垃圾源头分类的意识和态度还是比较高的,但是居民实施垃圾源头分类行为较少,不同层次的居民存在较大的差异,居民的性别、年龄、受教育程度等因素对其认知度有显著影响。

　　对于垃圾分类,各级地方政府都采取了相关的政策引导,但是垃圾分类的实施在公众层面存在态度和行为之间的巨大反差。尝试运用认知失调理论分析垃圾分类的态度与行为之间的差异,并分析改变垃圾分类态度的方法。

第四节 | 社会态度与行为

引 例

态度与行为关系的社会心理学实验

　　1934年,美国社会心理学家拉皮尔偕同一对年轻的中国留学生夫妇在美国西海岸旅行一万多英里。当时,大部分地区的美国人并没什么机会接触到中国人。而且,当时的美国普遍存在着对黑人与对亚洲人的种族歧视,特别是在很少有东方人居住的地方更是如此,所以,他们在出发前预计到会遇到许多困难。他们在美国旅行的过程中住宿了66家旅社,在184家餐馆用饭,受到很好的接待,其中的大多数旅社和餐馆甚至以"比平常更关心"的方式予以款待,只有一次遭到拒绝服务。这种情况使拉皮尔感到非常意外,为此促使他作深入调查。六个月后,他向上述光顾过的250家餐厅、旅馆分别寄去了两种问卷。问卷中都有如下问题:"你是否愿意在你们的商店中接待中国人?"为了避免对方因接待过华人而心生怀疑,以致作出不真实的回答,又给其中的一半餐馆、旅馆寄第二种掩护性问卷,除上述问题外又插入一些是否愿意接待德国人、法国人、日本人等的问题。

同时，他给许多未光顾过的餐馆、旅馆也寄发了问卷，以此作为控制组。

　　结果，在光顾过的250家餐馆、旅馆中收回了128份答卷，其中，回答"不愿接待"的旅馆有43家，餐馆有75家（占总数的93.4%）；答"不确定，视情况再说"的旅馆有3家，餐馆有6家；答"愿意接待"的只有1家旅馆。问卷结果与美国人的日常态度非常接近，即普遍对华人表示歧视。但与实际行为却有很大差异。而控制组的问卷反馈与实验组的差别很微小，光顾过和未光顾过的两组被调查者的回答差异也很不显著，这表明他们的真实态度与实际的接待行为并无相关或不一致性。然而，另有许多研究却证实，态度与行为之间有较高的一致性。那么，态度会如何影响行为？何种情况下行为又会反过来影响态度呢？

一、态度影响行为

尽管我们能够列举很多态度与行为不一致的案例，但我们也能够列举很多态度预测行为的案例。社会心理学家们通过研究发现，某些态度的特征会增强态度对行为的预测性。

（一）重要的态度

对我们而言，有些议题非常重要，关于这些议题的态度也因此变得非常重要，不会轻易改变。这时，关于这些议题的态度便能有效地激发一致性的行为，反之，当我们看到态度与行为不一致时，经常是因为这些议题本身不够重要。例如，如果一个人认为教育非常重要，他就会坚持重视教育的态度，从而在子女教育上投入更多的时间、精力或资金。你可以看到，在我们周围，那些为了孩子获得更优质教育而不惜重金购买学区房的家长比比皆是。当然，如果个体为表现某种态度所付出的代价高于行为目标的价值，态度和行为的一致性就比较低。例如，1978年，密歇根州将对合法饮酒年龄从18岁提高21岁的提案进行投票。可以预测21岁以下的学生与21岁以上的学生相比，前者在这个议题上牵涉的利害关系更大，他们对反对提案的态度和行为（自愿打电话给投票者）之间的关系也紧密得多。重要的态度经常反映我们最基本的价值、自身的利益或对重要的个体或群体的认同，因此，这些态度常常不为说辞所动，并且显示出与行为的较强关联。

（二）稳定的态度

与不稳定的态度相比，稳定的态度当然更有预测性。例如，相对于电视机的品牌来说，我们关于人的态度更为稳定，对后者的态度会比对前者的态度有更高的预测性。例如，你可能会轻易地决定购买不同品牌的电视，却很难与外地人成为真正的朋友。当人们的态度不稳定时，他们当前的态度比几个月前或几年前的态度更可能预测行为。例如，如果在大一时测量一名大学生对不同职业的评价，而在大四时测量他的职业规划，不一定能发现职业评价与职业规划之间有紧密联系。因此，当态度与行为在同一时段被测量时，它们的一致性最高。这是因为态度会因时间而发生变化，而且人和情境本身也发生了变化。例如，一位女性在20岁时表示不想要孩子，她30岁时却可能很想要孩子。时间间隔越长，态度的变化可能越大。

（三）突出的态度

多数情况下，与某个行为相关的态度可能有很多个。例如，今天早上闹钟响起，你快速完成起床，准备早饭。快速起床这一行为可能是源于赴约守时的做人态度，也可能是来自有必要好好吃早餐的态度，还可能与你希望养成早睡早起的生活态度有关。那么，是哪一个态度更可能影响你的行为呢？研究发现，突出的态度更可能影响人们的行为，即那些能被意识到的明显的态度更可能预测人们的行为。如果快速起床并未在一段时间里持续，今天早起的行为更可能源于"赴约守时"的态度；反之，"赴约守时"的态度可能比早睡早起的态度更为突出，也就更能预测你自己的行为。

（四）易提取的态度

在记忆中更易提取的态度对行为的影响更大。决定态度是否在记忆中可以被提取的关键因素是重复和表达态度的频率。例如，当"老人摔倒后是否要扶"成为热门话题时，网络上、电视节目中和朋友聊天中这个话题被不断重复，你关于这个话题的态度也会被不断重复，你的态度会变得越来越明确，越来越容易被提取，这将直接影响你的助人行为。同时，当你不断地表达自己关于此话题的态度时，你会自动地解释自己为何持有此态度，这一过程会加强你原来的态度，你原来的态度更加极端。换句话说，最初你的态度还比较模糊（某些情况下还是可以扶的），后来的态度则变得十分强烈而确定了（老人摔倒后，坚决不能扶）。

（五）基于直接经验的态度

与我们只是从别人口中听说或者从书上看到相比，如果我们有关于态度对象的直接经验，我们的态度与行为的一致性更高。有研究者在康奈尔大学面临严重房屋短缺期间发现了这一效应。许多大一学生必须在秋季的前几周住在临时住所，通常是宿舍休息室的小屋。与立即被分配到长期住所的学生不同，他们亲身体验到了短缺。研究者测量了学生对这种危机的态度，以及他们对采取相关行动的积极性（如在请愿书上签字、散发请愿书、参加危机研究小组）。结果表明，亲身体验过危机的学生的态度与行为之间存在高度相关；而在只有"二手"经验（只是听朋友说过或在学生报纸上读到过）的学生中，态度与行为完全不相关。

（六）与行为匹配的态度

当态度的范围与行为相称时，两者的联系会更加紧密。如果在态度体系中没有彼此矛盾的或冲突的态度存在，态度又很具体，态度与行为的一致性就高。一般来说，态度对象越具体，态度对行为的预测性就越好；反之，普遍态度对具体行为的预测性则较差。例如，在本节开始的实验中，拉皮尔询问的是老板们对中国人的一般感受，如果询问的是他们对特定夫妻的态度，那得出的关联性就会更大。因此，对于"身体健康"这样一个笼统概念的态度并不能预测具体的锻炼行为和饮食习惯。人们是否会慢跑则更可能依赖于他们对待慢跑的态度。对于废品回收的态度而不是对环境问题的总体态度能更好地预测个体在废品回收中的参与行为。相应地，尽管人们对于宗教的总体态度很难预测他下个周末是否会去教堂（因为影响他去教堂的因素有很多），但却可以很好地预测他在较长一段时间内的宗教行为。

最后需要强调的是，人们的行为既受到自己态度的影响，也受来自情境的影响。当情境压力很大时，情境比态度更能决定行为；当情境压力小时，态度的影响则较强。例如，在拉皮尔的研究中，店主一般不会拒绝衣着体面的人的住店要求，尽管对他们的种族群体可能存有否定的态度（偏见）。

二、行为影响态度

一般情况下，态度决定行为，行为是态度的外部表现。然而，态度与行为之间的关系也可能沿着相反的方向起作用，即行为影响态度。让我们先来看看你会如何解释以下的实验？

实　验

（1）萨拉被催眠了，催眠师要求她当一本书掉到地上时要脱掉自己的鞋子。催眠结束后，一本书掉到了地上，萨拉安静地脱掉了自己的鞋子。当被问为何脱鞋时，她说："嗯……我的脚很热也很累！已经有一整天了。"

（2）乔治大脑中控制头部运动的区域暂时被植入了电极。当神经外科医生遥控刺激电极时，他总是会转头。乔治自己并不知道这是电极刺激的结果，而为自己的转头行为作出了合理解释："我在找拖鞋。""我听到了一种声音。""我闲不住，我想看看床下有什么东西。"

（3）当因外科手术将大脑两个半球分离后，卡罗尔严重的癫痫症状有所改善。现在，在她的左半视野中迅速地闪过一幅裸女的图片，而这幅图片只会进入无言语功能的大脑右半球。这时，她腼腆地笑了。当问及为何而笑时，她的回答却是"哦，那是个滑稽的机器"。相反，当另一个脑裂病人的右半视野被迅速地闪过"微笑"一词时，他勉强笑了。他的解释是："这个实验很有趣"。

在以上实验中，你很直接地看到态度如何因行为而改变。社会心理学家发现，当我们做了某件事后，我们往往会夸大这件事情的重要性，特别是当我们为这件事负责时。同时,行为也影响我们的道德态度:我们倾向于将自己的行为解释是正确的、合理的。我们不仅仅坚持自己所相信的,我们也相信我们所坚持的东西。那么,行为会通过哪些途径促使我们改变自己的态度呢?社会心理学家发现,角色扮演、语言表达和登门槛效应是三种很有效的方式。

(一) 角色扮演

"角色"一词来源于戏剧,正如戏剧中一样,它要求我们按照脚本来表现行为。当我们扮演一种新角色时,刚开始我们或许觉得有些虚假,但很快我们就会适应这一角色。当你第一天上大学时,你对周围的一切都比较敏感,你会小心地尝试适应,因为你不想表现出幼稚的行为,不希望别人再把你当作中学生。此时的你,会特别注意自己的言行。但过不了多久,你就会发现,你已经不需要费任何力气就能适应大学生这一角色了,你最初的小心翼翼也已变得如鱼得水了。

斯坦福大学心理学教授津巴多曾设计了一个关于模拟监狱的实验,就很好地展现了角色扮演对人们态度的改变过程。他用抛硬币的方式将大学生志愿者安排成不同的角色,一半志愿者做狱警,他给他们分发制服、警棍和哨子,并且要求他们按狱警的方式来行为;另一半志愿者则扮演犯人,他们穿着囚犯的衣服,并被关进单身牢房。在经过一天愉快的角色扮演后,所有人都开始进入情境。"狱警"开始用负面词汇贬损"囚犯",并且有人开始制造残酷的污辱性的规定。于是,"囚犯"开始冷漠、造反,甚至崩溃。研究者报告说:"人们越来越分不清现实与幻觉,扮演的角色与自己的身份……这个创造出来的监狱……正在同化我们,使我们成为它的傀儡"。由于在志愿者身上表现出越来越明显的角色本身的病理学症状,实验者不得不在第六天放弃了这个本来计划两周的实验。社会角色规定的行为显然改变了角色扮演者的态度。

(二) 语言表达

社会心理学家发现,人们倾向于用语言来取悦自己的听众,他们经常会根据听众的特点来调整说话的内容。当然,他们起初并不相信自己所说的话,也会为自己的欺骗感到不安。为此,他们开始相信自己所说的话(前提是他们没有收取广告费或被人胁迫)。例如,许多刚做传销的人,他们自己可能也不相信传销真的会帮助他们致富,但随着他们对身边的老乡、同学、同事甚至亲人不断地重复其传销理念后,他们最后也会变得深信不疑了。

有研究者用实验向人们清晰地展现了语言如何变成信念的过程。实验者让一些大学生阅读有关某个人的人格描述,然后让他对另外一个人总结他看到的描述。当听众喜欢所描述的人时,学生总会有更积极的评价。说过好话后,学生自己也会更喜欢这个被描述的人。让学生回忆自己读过的内容时,他们会记得比实际更多的积极描述。因此,我们倾向于根据自己的听众来调整我们的讲话内容,并在说过以后相信这些歪曲的信息。

(三) 登门槛效应

我们都有这样的体会：有时，在答应了别人一个小小的要求后，会很难拒绝他们后面的较高要求，甚至发誓再也不答应这个人的请求了。社会心理学家发现，对一个小行为的承诺可能让人们更愿意做一件更大的事，这就是登门槛效应。这有点类似于中国的成语"得寸进尺"。

有研究者曾在加利福尼亚做过一个社会实验：他们假扮成安全驾驶的志愿者，请求人们在院子前面安装巨大的、印刷粗糙的"安全驾驶"标志。结果只有17%的人答应了。然后，研究者请其他人先帮一个小忙：请他们在窗口安装一个只有3英寸的标志。结果几乎所有的人都答应了。两周后，76%的人同意在他们的院子前安装巨大的粗糙标志。

行为为何会影响态度？研究者们提出了三种理论来解释这一现象。

(1) 自我展示理论。自我展示理论认为，人们适当地调整自己的态度，以使其看起来与行为一致，尤其是那些为了给他人留下好印象而控制自己行为的人。日常生活中，我们经常可以看到，人们确实会因他人的想法而调整自己的态度，有时也会真的引发真实态度的改变。在第四章中我们可以清楚地看到，给别人留下好印象对我们有多么重要。为了保持这种好印象，我们有时会假装出某种态度。例如，许多名人为了保持自己的好形象，总是愿意出现在公益场景中，也总会表达出对公益的积极态度。

(2) 认知失调理论。认知失调理论认为，为了减少自己内心的不平衡，我们说服自己某些行为是合理的。该理论强调的是，当我们的行为与态度相反或者很难作决定时，我们会感到紧张。为了降低这种紧张情绪，我们会通过一系列的心理活动将自己的行为合理化。尤其是，当我们的不当行为的外在理由越少时，我们越觉得自己对其负有责任，从而会产生越多的不平衡，态度也会改变越多。我们不会为1元而参与一项无聊的实验，而是主观赋予其意义，同时，我们或许会认为20元是我们参与一项无聊实验的理由。

(3) 自我知觉理论。自我知觉理论假定我们的行为可以提示自我。当我们的态度不是很确定时，我们会通过观察自己的行为及其环境来推断出自己的态度。该理论最有意思的推论是过度合理化效应：给人们报酬让他们做自己喜欢的事，能将他们的这种乐趣转化为苦差事，因为他们会将自己的行为归因于报酬，而不是乐趣。

有个故事充分体现了过度合理化效应：一位老人独自一人住在某一条街上，每天下午都有一群吵闹的男孩在这儿玩耍。这种喧嚣惹烦了他，于是，他把这些男孩叫到了家门前。他告诉男孩们他喜欢听他们那令人愉悦的声音，而且许诺如果他们明天再来的话，他将给每人50美分。第二天下午，这群孩子又跑来了，并且玩得比以往更加放肆。这位老人又给了他们钱，并许诺下次来还有报酬。第三天，他们又来了，大肆庆祝，这个老人又给了他们钱，这次是25美分。第四天，孩子们仅得到了15美分，老人解释说他那干瘪的钱包已经快被掏光了。"求求你们，尽管这样，你们明天还能以10美分的价格来玩吗？"这些孩子失望地告诉老人，他们不会再来了。他们说，这样得不偿失，因为在他房子前玩整整一个下午才只有10美分。

在这个故事中，这位老人巧妙地利用了过度合理化效应，将男孩们对玩耍本身的兴趣转移到对金钱的兴趣上，男孩们一旦失去了金钱的报酬（兴趣），他们的行为也就会终止，从而实现了老人最初的目的。

本 章 小 结

1. 社会态度是指个体对特定客体、议题或人物的一贯的、稳定的心理准备状态，包括情感、行为倾向和认知三个基本要素，即态度的ABC模型。

2. 社会态度具有对象性、方向性、稳定性和内在性的特点。

3. 社会态度的功能包括工具性功能、自我防御功能、认知功能和价值表现功能。

4. 社会态度的常用测量方法包括自陈量表法、投射法和实验法三类，其中，自陈量表法操作最为简单，但准确性最差；投射法和实验法的真实性较高，但不利于大规模测量。

5. 常用的自陈量表法包括瑟斯顿量表法、李克特量表法和语义分析法；常用的投射法包括主题统觉测验和作业投射法；常用于测量态度的实验法包括情境法、行为观察法和生理反应法。

6. 除了测量方法本身会影响态度测量的准确性外，实施测量者的特征、被试者的特征、测量的情境特征等因素都可能会影响态度测量的效果。

7. 态度的学习论包括经典条件反射理论、强化理论和社会学习理论。其中，经典条件反射理论重视联想或联结，强化理论重视强化，社会学习理论重视模仿。

8. 诱因论关注人的主动性与理性，重视当前各种诱因之间的平衡，强调采取某种态度后的得失，人们倾向于采取可能带来最大收益的态度，包括预期价值理论和认知反应理论。

9. 认知平衡理论提出，人们倾向于通过调节彼此对某事件的态度来维持认知平衡。在人们的态度系统中，不同情感因素之间或评价因素之间都会有不一致的压力，如果出现不平衡，则须向平衡转化的原则是"最少用力原则"。

10. 认知失调论由费斯廷格于1957年提出，他认为当两种认知或认知与行为不协调时，为了保持一致，态度将发生变化。

11. 某些态度的特征会增强态度对行为的预测性，包括重要的态度、稳定的态度、突出的态度、易提取的态度、基于直接经验的态度和与行为匹配的态度。

12. 人们的行为既受到自己态度的影响，也受到情境的影响。当情境压力很大时，情境比态度更能决定行为；当情境压力较小时，态度的影响则较强。

13. 角色扮演、语言表达和登门槛效应是通过行为改变态度的三个有效方式。

14. 对一个小行为的承诺可能让人们更愿意做一件更大的事，这就是登门槛效应。

15. 自我展示理论认为，人们有时会适当地调整自己的态度，以使其看起来与行为一致，尤其是那些为了给他人留下好印象而控制自己行为的人。

16. 自我知觉理论认为，人们一般是从行为推断态度的，态度改变是行为改变的直接后果。因此，行为也会影响人们对态度的理解。

思考与练习

一、名词解释

社会态度　中性态度　认知失调理论　登门槛效应

二、案例分析

心理学家曾做过一个实验：先让被试做1小时枯燥无味的绕线工作，在其离开工作室时，实验者请他告诉在外面等候参加实验的"被试"（其实是实验助手）绕线工作很有趣，吸引人，为此，说谎的被试得到一笔酬金。然后，实验者再请他填写一张问卷，以了解他对绕线工作的真实态度。结果发现，得报酬多的被试对绕线工作仍持有低的态度评价；得报酬少的被试提高了对绕线工作的评价，变得喜欢这个工作了。

你如何解释这个实验的结果？

三、论述题

论述测量社会态度的常用方法及特点。

第八章

人际关系

学习目标

- 掌握人际关系的概念、人际关系的特点和人际关系的类型；
- 理解影响人际吸引的含义和影响因素；
- 了解亲密关系、友谊的含义，掌握爱情的定义和爱情三角理论；
- 掌握人际沟通的概念、人际沟通的分类、人际沟通的功能。

本章学习资料

引例

"拿燃料"的小飞行员

美国知名主持人林克莱特在一次访谈中问一名小朋友："你长大后想要当什么呀？"

小朋友天真地回答："嗯……我要当飞机的驾驶员！"

林克莱特接着问："如果有一天，你的飞机飞到太平洋上空时所有引擎都熄火了，你会怎么办？"

> 小朋友想了想:"我会先告诉坐在飞机上的人绑好安全带,然后我挂上降落伞跳出去。"
> 当在现场的观众笑得东倒西歪时,林克莱特继续注视这个孩子,想看他是不是自作聪明的家伙。没想到,接着孩子的两行热泪夺眶而出,这才使得林克莱特发觉这孩子的悲悯之情远非笔墨所能形容。
> 于是,林克莱特问他:"为什么要这么做?"
> 小孩的答案透露出一个真挚的想法:"我要去拿燃料,我还要回来!"

人际关系是人们在人际交往过程中所形成的心理关系,它表现为人们对他人的影响与依赖。与他人建立良好的人际关系,是人类社会生活中最为重要的任务之一,众多的心理学研究都试图证明,人际关系在人们的心理生活中起着举足轻重的作用。与他人建立良好的人际关系,不仅可以使我们克服生活中的寂寞,而且人际关系所提供的社会支持对我们的身心健康有着不可替代的影响。许多社会心理学家都认为,一方面,中国人强调人际关系有好的一面,例如,中国人比较强调内团体的利益与和谐;另一方面,这种对人际关系的强调又使得人们在任何事情上都依赖关系,从而使整个社会受到损害。本章将从心理学研究的角度分析人际关系的问题,主要讨论人际吸引、亲密关系以及爱情等问题。

良好的人际关系与有效的人际沟通分不开。然而,在日常生活中,我们常常因为过早地作出"自以为是"的判断而误解了别人,导致人际关系紧张。如果林克莱特没有继续注视孩子,他可能永远不知道孩子最纯真的善良。

第一节 人际关系概述

一、人际关系的概念

把人际关系视为一个社会科学的研究对象,并把"人际关系"一词引入社会科学的是在20世纪。所谓人际关系,指的是人们在共同活动中彼此为满足各种需要而建立的相互间的心理关系。人际关系的形成包含着认知、情感、行为三方面心理因素的作用。其中,认知因素是人际知觉的结果,是个体对人际关系状态的了解;情感因素是指交往双方相互间在感情上的好恶程度及对交往现状的满意程度;行为因素是指具体的人际交往行为。

在这三个因素中,情感因素起主导作用,制约着人际关系的亲疏、深浅及稳定程度,是人际关系的主要特征。广义的人际关系是指人与人之间的各种关系,包括经济关系、政治关系、法律关系、角色关系、文化关系、心理关系等一切方面。社会心理学所研究的人际关系是狭义的人际关系，是指人们在交往过程中所形成的心理关系。

人际沟通是指社会中人与人之间的联系过程，即人与人之间传递信息、沟通思想和交流情感的过程。

人际关系与人际沟通的含义有所不同。人际关系是一个静态的名词。人际沟通是人际关系得以维持和发展的重要手段，作为一种信息沟通方式，它是借由某种符号，将一个观念或信息由一个人传至另一个人的过程。人际关系建立在人际沟通的基础上。人际沟通将在本章第三节论述。

二、人际关系的特点

（一）社会性

人是社会的产物，社会性是人的本质属性，是人际关系的基本特点。随着社会生产力的发展和科学技术的进步，人们的活动范围不断扩大、活动频率逐步增加、活动内容日趋丰富，人际关系的社会属性也不断增强。

（二）复杂性

人际关系的复杂性体现在两个方面：一方面，人际关系是多方面因素联系起来的，而且这些因素均处于不断变化的过程中，人际关系随着年龄、环境、条件的变化，不断发展、变化；另一方面，人际关系还具有高度个性化和以心理活动为基础的特点。因此，在人际交往过程中，由于人们交往的准则和目的不同，交往的结果可出现心理距离的拉近或疏远、情绪状态的积极或消极、交往过程的冲突或和谐、评价态度的满意或不满意等复杂现象。

（三）多重性

所谓多重性，是指人际关系具有多因素和多角色的特点。每个人在社会交往中都扮演着不同的角色：一个人可以在病人面前扮演护士角色，在同事面前扮演朋友角色，在丈夫面前扮演妻子角色，在孩子面前扮演母亲角色等。在扮演各种角色的同时，又会因物质利益或精神因素导致角色的强化或减弱，这种集多角色、多因素于一体的状况，使人际关系具有多重性。

（四）目的性

在人际关系的建立和发展过程中，均具有不同程度的目的性。随着市场经济的推进，人际关系的目的性更为突出。人际交往的背后往往与利益有着一定的相关性，相对超越了物以类聚、人以群分的原有特性。

三、人际关系的模式

美国心理学家费斯克综合了社会学、社会心理学和文化人类学的理论与研究成果，提出了一个相当系统的社会关系模式。他认为，社会互动主要有以下四种模式：

（1）共享。由团体成员共享情感与资源，不分彼此。在家人关系、亲密朋友等关系中往往遵循这种模式。

（2）权威排序。依据年龄、阶层、地位等形成不对等的权威与顺从关系，如长幼关系、上下级关系等。

（3）对等互惠。双方平等，强调对等回报与交易的平衡。

（4）市场定价。双方基于理性，进行得失衡量，考虑成本与收益的比例，商业关系往往如此。

费斯克认为，这四种模式是存在于个人大脑中的关系原型，可以帮助人们理解和建构社会关系，决定与不同对象交往的方式。在社会生活中，人们会根据具体情况，灵活地组合这四种基本模式，建构出复杂的人际关系。费斯克还认为，这四种模式本身具有跨文化的普遍性，也就是说，在不同的文化中都存在这些模式，但是，到底哪种模式占主导，各种模式的应用范围如何，具体的实施细则是什么，则可能因文化而异。

四、人际关系的各种类型

心理学家雷维奇通过利用"雷维奇人际关系测量游戏"对一千对夫妇进行研究，把人际关系归纳为以下八种类型。

（一）主从型

一方处于主导的支配地位，另一方则处于被支配或服从的地位。几乎在所有的人际关系中都有主从型的因素。同时，主从型的人际关系也是最牢固的一种关系。上司与下属的关系就是一种很明显的主从型关系。

（二）合作型

在合作型的人际关系中，两个人有共同的目标，为了达到既定的目标，彼此能默契配合和互相忍让。在双方发生分歧时，也往往能够互相谦让。

（三）竞争型

竞争型的人际关系是一种既令人兴奋又使人筋疲力尽的不安宁的关系。竞争的双方为了达到各自的目标，常常会竭尽全力地去争取胜利。

（四）主从—竞争型

这是一种难以相处的人际关系。双方在相互作用时，有时呈现为主从型的人际关系，有时则呈现为竞争型的人际关系。这种不断变化的关系使双方不得安宁，无所适从。而且在这种混合型的关系中，常常包含主从型和竞争型中最不好的特点。这种关系的结局常常是，在他们忍无可忍时，不得不中断他们的联系。

（五）主从—合作型

这是一种互补和对称的混合型人际关系，较为理想，双方能够和谐共处，即使有些摩擦，也没有多大的危害性，如果在这种关系中合作因素超过主从因素，双方会感到更加融洽。

（六）竞争—合作型

这是相矛盾的混合型人际关系。维持这种关系需要有一定的距离，以避免双方过于频繁地互动。

（七）主从—合作—竞争型

这是混合型人际关系。双方往往陷入困境，生活中的矛盾冲突比其他类型的关系要多。

（八）无规则型

这种关系较为少见，其特点是双方毫无规则，不清楚他们在干什么，只要外界对他们施加一种外力，就会转变成其他类型的人际关系。

尽管雷维奇的八种人际关系类型来自对夫妇关系的测试，但是对于大部分具有经常性的互动者之间的关系来说，具有一定的普遍意义。对于人们选择什么样的人际关系以及如何处理好与他人的关系，也具有一定的指导作用。

五、人际关系的发展过程

勒温格等人认为，人际关系的发展有三个阶段：第一个阶段是单向注意阶段，双方没有互动；第二个阶段是表面接触阶段，双方有初步的、浅层的互动，但是还没有相互卷入，也就是说没有走进彼此的私我领域。一般的泛泛之交就停留在这一阶段；第三个阶段是相互卷入阶段，双方向对方开放自我，分享信息和感情，这是友谊发展的阶段。

阿特曼等人提出了社会渗透理论（social penetration theory）来解释人际关系发展的过程。他们认为人际交往主要有两个维度：一是交往的广度，即交往或交换的范围；二是交往的深度，即交往的亲密水平。人际关系发展的过程由较窄范围内的表层交往，向较广范围内的密切交往发展。人们根据对交换成本和回报的计算来决定是否增加对关系的投入。阿特曼等认为，良好的人际关系的发展一般经过四个阶段，即定向阶段、情感探索阶段、情感交流阶段、稳定交往阶段。

人际关系大致可以分为五个阶段。

（1）彼此陌生，互不相识，甚至均未注意到对方的存在。

（2）单方注意，但从未有过接触。

（3）表面接触，双方开始注意对方，但交往泛泛。

（4）双方交感互动。开始将对方视为知己，愿意与对方分享信息、意见和感情。对别人开放自我的心理历程，被称为自我表露。当人际关系发展到彼此都能自我表露的程度时，就到了友谊阶段。

(5)当人际间的友谊发展到"你中有我,我中有你"的地步时,就进入到亲密关系。同性之间发展为莫逆之交,异性之间发展为爱情。

六、人际关系的三维理论

心理学家舒茨从人际需要的角度研究了人际关系的类型,并提出了人际关系的三维理论,也称为基本人际关系取向(FIRO)理论。舒茨认为,每个人都需要别人,因此,都具有人际关系的需求,在人们的交往中,每个人对别人的需求方式不同,也就是每个人对他人的基本反应倾向有所不同,这种基本的人际反应倾向称为人际反应特质。

舒茨把人际关系的需求分为三类。

(1)包容的需求。表现出愿意与人交往、愿意与别人建立与维持和谐的关系,出于这种动机产生的行为是沟通、融合、参与、随同等。与此动机相反而产生的人际反应特质是排斥、对立、疏远、退缩等。

(2)控制的需求。表现出运用权力或权威建立与维持良好关系的愿望,其行为特征表现为使用权力、权威、威信去影响、支配、控制、领导他人等。与此动机相反而产生的人际反应特质是服从权威、追随他人、模仿他人、受人支配等。

(3)感情的需求。在感情上愿意与他人建立与维持良好的关系,其行为特征是同情、热情、喜爱、亲密等。与此动机相反的人际反应特质是冷淡、疏远、厌恶、憎恨等。

根据以上三类人际反应特质,舒茨把它们分成主动的表现者和被动期待他人的行为者,从而得出六种基本的人际关系倾向(见表8.1)。

表8.1 舒茨的人际关系分类及其行为特点

类型	行为特点
主动包容型	主动与人交往,希望与他人建立并维持相互容纳的和睦关系,待人宽容、忍让,交往、说话大胆,主动参与。
被动包容型	希望与他人交往,缺乏主动,被动期待别人的接纳。
主动控制型	总想支配、控制别人,总想成为社交中心,权力欲、领导欲强烈。
被动控制型	易追随他人,愿意受他人支配,与他人携手。
主动感情型	喜欢并主动与他人建立感情,主动示好、关怀,对人热心,乐于向别人表达自己的感情。
被动感情型	被动期待他人对自己示好、表示亲密,不敢向他人大胆地表露心声和感情。

第二节 | 人际吸引

人际关系中既有吸引，也有排斥，人际吸引是人际关系中的肯定形式。人与人之间越相互吸引，他们之间的亲密程度就越高。很多社会心理学家都对人际吸引有过研究，对互相排斥则没有投入更多的研究。

一、人际吸引的概念

人际吸引在国外社会心理学中又被称为人际魅力。它是在人际交往过程中形成的，以感情因素为主，交往双方相互给予积极、正面评价的倾向；或是指人与人之间在交往中相互形成的积极态度（彼此注意、欣赏、仰慕等）或喜爱的情感，它是形成和发展人际关系的心理条件。人际吸引是指交往双方在情感方面所表现出相互亲近（喜欢）的现象，是一种导致人与人间心理相融的情感。具体表现为人际心理之间距离的缩短和对人的好感，人际吸引程度越大，人际交往就越亲切。根据人际吸引的程度，可以将人际吸引分成三个递进的层次：合群、喜欢和爱情。

（一）合群

合群是指每个个体都有与他人在一起、接近他人的倾向，这种倾向更多的是人的一种天性。人是社会性动物，人们大多数的时间与他人在一起度过。

（二）喜欢

喜欢是人际吸引的另一领域，表现为愿意与某人在一起，并且共处时感到轻松愉快。能否产生喜欢已牵涉一个人以积极方式评价一个人。当给予他人积极和正面评价时，则产生喜欢，这个层次容易形成友谊。友谊是人与人间的一种亲密的心理关系。梁实秋说："友谊即人与人之间的一种良好的关系，包括了解、欣赏、信任、容忍乃至牺牲诸多美德。"友谊可以从三个方面考虑：一是相互认知与理解；二是对对方积极评价和信任尊重；三是行为上的互助与宽容。当然，友谊的亲密程度也是有区别的，有泛泛之交，也有莫逆之交，这取决于三种因素的耦合程度，它表现为一种情感依恋。比友谊更进一步的就是爱情。

（三）爱情

相当强烈的人际吸引，如果发生在男女之间，就进入了人际吸引的另一个领域——爱情。爱情一般专指男女之间的亲昵关系。在本章第三节中将详细讲述。

二、人际吸引的影响因素

（一）熟悉与邻近

熟悉能增加吸引的程度。此外，如果其他条件大体相当，人们会喜欢与自己邻近的人。熟悉性和邻近性均与人们之间的交往频率有关。处于物理空间距离较近的人们，见面机会较多，容易熟悉，产生吸引力，彼此的心理空间就容易接近。常常见面也利于彼此了解，相互喜欢。空间的距离越小，双方越接近，则往往容易成为知己，尤其是在交往的早期阶段更是如此。因为地理上的接近使相互接触的机会增多，相互之间更容易熟悉。在我们的交往对象中，最多的是自己的同学、同事、朋友、同乡、近邻等。

心理学研究表明，在陌生人交往的早期阶段，空间距离接近是增进人际交往的重要条件之一。1950年，美国心理学家费斯汀格在麻省理工学院进行了如下调查：调查的对象是7幢2层住宅楼，每层有五户人家。调查内容是："在这个居住区中，和你经常交往的或是你最亲近的邻居是谁？"结果表明，居住距离越近的人，交往的次数越多，关系也越密切。居住在同一幢楼中的人，与隔壁交往的占41%，与和隔一户的邻居交往的占22%，与隔三户邻居交往的只有10%。多隔几户，实际距离只是稍远了一点点，但亲密程度就不相同了。这正应了我国的一句俗话："远亲不如近邻。"

（二）相似性

相似是指人与人之间在背景（包括年龄、性别、社会地位、经济状况、教育水平、职业、籍贯）、兴趣、态度、价值观、信念、人格等方面具有类似的倾向性。它是人际吸引的重要因素，其中，态度、信念和价值观是最主要的因素。"物以类聚，人以群分"，人们通常喜欢那些在各方面与自己存在某种程度相似的人。例如，在朋友的生日聚会上，当你与一位陌生人交谈之后，发现你们在网络、球赛甚至烟酒等方面的态度存在惊人的相似时，你们是否有一种相见恨晚的感觉？对一个人来说，如果你了解到对方的观点与你的观点越接近，你就越喜欢这个人。

很多研究发现，相似性是产生人际吸引的重要因素。对于为什么相似会导致吸引，有以下三种解释。

第一，人们愿意与那些与自己相似的人交往，即所谓的"物以类聚，人以群分"。相似使人们更加容易相互理解，有共同语言。例如，大学新生中，老乡之间会有几分亲近感；都是来自农村的同学也因为生活背景的相似而多一些共同语言；都爱好足球的同学往往容易成为好朋友。

第二，相似性可以为我们的信仰和态度提供支持，使我们感到自己不是孤立无援的，甚至感到自己的态度和信念是正确的：如果我的想法不对，为什么会有人支持呢？这时，相似者为我们提供了社会证实（social validation）的作用。在生活中，志同道合者往往会成为朋友，知己、知音更可能成为生死之交。另外，对那些在重要问题上与我们意见不合的人，我们可能会对其人格作出负面的推断，认为他们的道德感比较差、比较懦弱、思想没有深度等。

第三，人们以为与自己相似的人会喜欢自己。由于人们倾向于喜欢与自己相似的人，因此，就想当然地认为人同此心，心同此理，觉得他们也会喜欢自己，这样就形成了一个良性循环。

（三）互补性

除相似性之外，互补性也会影响人际之间的互相吸引，例如，性格内向与性格外向的人也会成为好朋友。人们在交往中不仅存在认同心理，而且存在从对方那里获得自己所缺少的东西，这就是人们常说的"红花还要绿叶相扶持"，这句话形象地说明了互补性对人际吸引的影响。人际关系中的互补是指人际交往双方的需要及对对方的期望所形成的相互补充的关系。它是在性格、态度、价值观等方面有差异的人相互吸引的基本条件。当双方在某些方面互补时，彼此的喜欢也会增加。互补可视为相似性的特殊形式。三种互补关系会增加吸引和喜欢：需要的互补、社会角色的互补、人格某些特征的互补（如内向与外向）。当双方的需要、角色及人格特征都呈互补关系时，所产生的吸引力是非常强大的。

上面提到，相似可以产生吸引，互补也可以产生吸引，那么，这两种观点是否矛盾呢？对这个问题有不少讨论与研究。基本观点可以概括为三点。

第一，相似是更加基本的导致人际吸引的因素。一方面，大多数研究都支持相似产生吸引的观点，而互补产生吸引的证据不多；另一方面，相似性涉及更加广泛的范围，包括各个方面的相似都可以促成吸引，但是只有某几个方面的互补才产生人际吸引，有些方面的互补并不会导致吸引。

第二，两者有时是协同的。很多时候，导致吸引的互补是以基本面上的相似为基础的。例如，一个开拓精神比较弱但很细心的人与一个勇于开拓却比较马虎的人一般情况下并不会相互吸引。但是，当他们都想干一番事业，而且目标相同时，他们就可能成为好的搭档。

第三，有研究发现，相似性在关系发展的早期很重要，而互补性在关系发展的后期比较重要。

（四）外貌

容貌、体态、服饰、举止、风度等个人外在因素在人际情感中的作用以及在人际吸引中的作用是非常明显的。阿隆森等人于1969年就"女性的漂亮程度对男性的交往行为的影响"方面进行了实验研究，让公认的漂亮和不漂亮的女性扮成临床心理学研究生对男性被试的个性特点作出肯定或者否定的评估。该研究分为四种情况：漂亮女性的肯定评价、漂亮女性的否定评价、不漂亮女性的肯定评价、不漂亮女性的否定评价。结果表明，在女性不漂亮的条件下，男性被试不太看重评价结果，他们事后对她们的喜欢程度也是中等；但在女性漂亮的条件下，被试非常看重评价的结果，在他们得到肯定评价时，他们对女性评价者的喜欢水平在四种情况中最高；在他们得到漂亮女性的否定评价时，他们对女性评价者的喜欢程度最低。当研究者询问这些男性被试是否愿意继续参与研究时，他们表现出非常愿意再一次与漂亮的女评价者进行交往。可见，人们更加喜欢那些外貌漂亮的人。外貌美能产生光环效应，即人们倾向于认为外貌美的人也具有其他的优秀品质，虽然实际上未必如此。

（五）才能

个人的能力与特长方面如果比较突出，与众不同，其本身就有一种吸引力，使他人对之发生钦佩并欣赏其才能，愿意与他们接触。在一定限度内，一个人的才能与被人喜欢的程度是成正比的，但超出一定的范围时，其才能形成的压力会使人们倾向于逃避或拒绝它。才能一般会增加个体的吸引力。但如果这种才能对别人构成比较大的社会压力时，让人感受到自己的无能和失败，那么，才能就不会对吸引力有帮助。还有研究表明，有才能的人如果犯一些"小错误"，会增加他们的吸引力。

（六）人格品质

人格品质是影响吸引力的比较稳定的因素，也是个体吸引力很重要的因素之一。一般来讲，我们总是愿意与具有优良品质的人进行交往。与这种人交往使我们具有安全感，同时可以得到适当甚至更好的回报。具有良好个性特征的人吸引力是持久、稳定和深刻的。在其他方面相同的情况下，我们更愿意和诚实、正直、乐于助人、友好和善的人进行交往。

人与人之间互相吸引是一个复杂的过程，影响吸引的因素众多，互相重叠，互相矛盾，断断续续，确定其性质并非易事。能否用一种理论、一种模式来概括是很值得探讨的问题，这对社会心理学也提出了重大挑战。

第三节 | 亲 密 关 系

人际吸引是人际关系发展的前提和基础，在人际吸引的基础上，人们之间的关系会从一般性的关系发展成亲密的关系。

一、亲密关系理论

（一）强化情感理论

强化理论由拜恩和克洛拉提出，他们认为，人们交往的结果可以通过反馈来强化下一步的交往能力。强化有正强化与负强化之分，人际环境的不同刺激借助于奖励、惩罚等强化方式可以增强、减弱或消除某种行为产生的频率。如果交往行为带来的结果是奖励，如表扬、称赞、报答等，就会引起对方喜爱，产生愉快的情绪体验。这个行为在一定程度上得到了强化，人们在进一步的交往中就会变得更加积极主动，双方的人际吸引也在不知不觉中得到提升；如果交往行为带来的结果是惩罚，如批评、讽刺、嘲笑、谩骂等，则会产生对对方的厌恶和反感，减弱或失去与对方交往的热情，这种负强化使人们丧失了进一步交往的积极性和主动性，人际吸引就变得无影无踪了。实际上，我们一般都会喜欢给予我们奖励的人，而不喜欢给予我们惩罚的人。

泛泛地说，人的交往既是一种社会交换过程，也包含情感的交流，而情感交流是与自我表露分不开的。所谓自我表露，就是我们常说的敞开心扉，即把有关自我的信息、自己内心的思想和情感暴露给对方。良好的人际关系是在交往双方的自我表露逐渐增加的过程中发展起来的。适当的自我表露可以增加他人对你的喜欢。自我表露本身具有很强的象征性，它给对方一个强有力的信号：你对他（她）相当信任，愿意进一步地交往。而且，对他人的自我表露往往可以引发他人做自我表露，由此可以增进相互理解和相互信任。

当然，自我表露也必须注意分寸，因尺度不同，而有不同结果。一般来说，表露的范围和深度是随着关系的发展而逐步增加的，对于不同的关系对象，在不同的关系发展阶段，自我表露的广度和深度明显不同。过分暴露会把人际关系引入完全不同的方向。在非常亲密的朋友中，自我表露往往十分深入，可以达到所谓无话不说的地步。但需要注意的是，无论关系多么亲密，人们都可能存在不愿意展露的领域，这就是所谓的隐私问题。

一个社会如何对待隐私取决于其文化，每一种文化对隐私都有不同的规范，在一处被视为亲密的地方，在别处则可能被视为侵犯。所以，如何保护隐私和尊重隐私对不同社会都是不同的任务，社会心理学要注重包含在隐私里的文化内容。

（二）社会交换理论

在社会交换理论看来，人际交往是一个社会交换的过程，人们之间的所有活动都是交换，是一种准经济交易：当你与他人交往时，你也许希望获取一定的利益，作为回报，也准备给予他人某种东西，他人也是如此。这种理论假定交换中的个体都是自利的：人们试图使自己的收益最大化，并使自己的成本最小化，从而确保交换结果是一个正的净收益。在这里，交换的东西非常广泛，可以是物质的，也可以是社会性的，包括信息、金钱、地位、情感、服务和物品等。

交换关系中的每个个体常常会评估自己和他人在贡献和收益两方面的相对大小。如果觉得自己的投入获得了大致相等的回报，他们就会认为这种社会关系是公平的。公平性的关系是比较稳定和愉快的关系，当关系中存在不公平时，双方都可能感到不舒服，并产生恢复公平的动机。

（三）公平理论

根据公平理论，人的工作积极性不仅与个人的实际报酬多少有关，而且更为关注与人们对报酬的分配是否感到公平。人们总会自觉或不自觉地将自己付出的劳动代价及其所得到的报酬与他人进行比较,并对公平与否作出判断。根据公平理论,过度受益和过度受损的关系会使双方都感到不安,而且双方都会有在关系中重建公平的动机。相对于过度受益的一方来说,过度受损的个体把不公正视为一个更严重的问题。

根据公平理论,在过度受益和过度受损的关系中,交往双方都会对这种现象感到不满,公平是一个标准,利益不均衡让人不舒服,甚至感到愤怒。人际交往中的过程实际上就是人与人进行比较,作出公平与否的判断,并以此来指导下一步的行为。

二、密切关系

关系是指两个人彼此能互相影响对方,并且互相依赖。根据两个人之间的关系发展阶段,人们把关系分为四种:零接触、知晓、表面接触、共同关系。在共同关系中,当两个人的互赖性很大时,我们把这种关系称为亲密关系。

亲密关系在人类的生活方面占有举足轻重的地位。人类与生俱来就有一种归属感和去爱别人的需要,而当这些需要被满足时,亲密关系就形成了。亲密关系包括几类人群,如吸引我们的人、我们喜欢或爱的人、同我们存在浪漫友情或性关系的人以及我们获得感情支持、与之相伴一生的人。

亲密关系有三个特点:一是有长时间的频繁互动;二是这种关系中包含许多不同种类的活动或事件,共享很多活动及兴趣;三是相互之间的影响力很大。

(一) 友谊

1. 友谊的概念

友谊是人际关系发展到一定程度的产物,是人与人之间的一种美好的亲密情感。它产生于社会生活与交往,既是一种人际关系的体现,更是一种美好的社会性情感。友谊是在气质上互相倾慕、心灵上互相沟通、事业上互相合拍、目标相同、志趣爱好一致基础上形成的一种人类特有的社会关系。

友谊不同于一般的人际关系,具有以下特征:

(1) 人际关系具有绝对性,个人必须与周围其他成员进行交往;

(2) 友谊的基础是理解基础上的信任;

(3) 人际关系交往内容是肤浅的,友谊的内容是深度的;

(4) 人际关系是以理性为基础的,友谊是以情感为纽带的,情感会排斥理性,有时往往出现因为情感而影响理智的情况。

2. 友谊不同于爱情

异性友谊不同于爱情。有日本心理学家曾提出过友谊与爱情区别的三条标准:

(1) 友谊的支柱是理解与情感,而爱情则包含着性关系;

（2）人们在友谊中的地位基本是平等的个体，爱情中个体的地位则会打折扣；

（3）友谊可以是开放的，爱情则往往局限于男女两人之间。

(二) 爱情

爱情是一种特别的密切关系。对许多人来说，爱情是一个美妙、神奇的字眼，代表着许许多多美好的想象。但是，不少感受过爱情喜悦的人，往往也品尝过爱情的苦涩。爱情在诗人和作家的笔下千变万化，在情感和理智中徘徊，社会心理学要对这种情感做科学研究。不少心理学家已经进行了相当深入的探讨，取得了富有启发性的成果。

哈特菲尔德等人区分了友谊式爱情与狂热式爱情。前者是指一种对特定对象的亲密感情，它不一定伴随有激情或生理性冲动。后者是一种对爱人的强烈渴望，伴随有明显的生理冲动，当爱情得到回报时，就充满狂喜与满足；否则，就感到悲伤与失望。有些学者认为，相对而言，美国的配偶更加重视狂热式爱情，中国的配偶则更加重视友谊式爱情。

斯腾伯格提出了爱情的三因素理论（triangular theory of love）。他认为，爱情有三个基本的成分：亲密（intimacy）、激情（passion）与承诺（commitment），分别反映爱情关系中的情感、动机和认知特征（见图8.1）。

亲密是指两个人相处的情况，即是否有相互理解、相互喜欢、紧密依存的感觉，体现爱情的"温暖"。

激情是指关系中令人兴奋激动的部分，是在性的吸引及自尊、统治欲、服从、自我实现等动机的驱动下体现出来的浪漫特征，反映爱情的"热度"。

承诺是指愿意爱对方，并且保持关系、长相厮守的决策。承诺往往是双方对彼此的关系进行冷静审视和理性预期之后的结果，能鼓励关系双方同甘共苦，体现了爱情的"理智"。

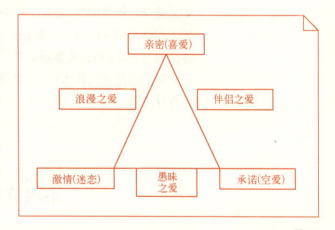

图8.1
斯腾伯格的爱情三因素理论

人类爱情中的亲密、激情和承诺彼此相关，相互影响，共同构成多种多样的爱情形式。斯腾伯格在1997年开发了一个多条目量表来测量爱情关系中的亲密、激情和承诺，并且通过一系列研究证实了该测量工具的结构效度。根据相关理论，爱情具有如下特点。

（1）奉献。奉献是爱情的基本和核心问题。有人认为，爱的本质是一种奉献，是一种给予，而不是一味地占有和索取。衡量一个人对某异性有无爱情以及爱的程度如何，可以通过"是否发自内心地愿意帮助所爱的人做他所期望的任何事情"这一指标来衡量。

（2）专一性，即排他性。爱情是专一的，不是多向，它指向某个特定对象。

（3）持久性。爱情是可以持久的，它有一定的时间考验，因此，短暂的迷恋不是爱情。而爱与不爱并不以时间为标准。

（4）平等性。我们希望把爱的双方关系看成是平等独立的，相互尊重、相互关心、相互信任的。但真正的平等在现实中很难实现。

（5）发展性。爱情双方指向一定的未来，为一定的目标而共同奋斗。爱情是要发展的，很少停留在一个状态永恒不变。人的年龄在增长，阅历在丰富，爱情会从单一的男女关系演变成家庭。爱情如何在这个演变中发展，这给社会心理学提供了广泛的研究课题。

值得一提的是，如果出现干扰恋爱双方爱情关系的外在力量，恋爱的双方情感反而会加强，恋爱关系也因此更加牢固。心理学家德瑞斯考尔等人参考莎士比亚悲剧《罗密欧与朱丽叶》，称这种现象为"罗密欧与朱丽叶效应"。这一情况可解释为，如果选择是自愿的，人们倾向于增加对所选择对象的喜爱程度；如果选择是被强迫的，他们对这种选择会产生高度的抗拒心理，这种心态会促使人们作出相反的选择。家长们对孩子恋爱要有正确的态度，简单、粗暴地干涉反而起相反作用，要慎重对待。从年轻人的角度讲，要明白自己的选择到底是明智的还是意气用事（或说逆反心理）。要慎重对待自己的情感，否则，会造成终身遗憾。

第四节 人际沟通

一、人际沟通的概念

人际沟通（interpersonal communication）是指人与人之间交换意见、传达思想、表达感情和需要的信息交流过程。人际沟通是人类社会交往的最初、也是最重要的形式。英文中的"communication"既可译成沟通，也可译成交流、交往、交际，这些词本质上都涉及信息和行为的交流或交换。人际沟通是人们彼此增进了解的桥梁，是人类人际关系、群体关系乃至社会关系形成的基础。人际沟通包括三方面的内容。

第一，沟通是对信息的传递。沟通传递的信息包括语言信息（如口头语言、书面语言）和非语言信息（如副语言和身体语言信息）。沟通是有关意义的传递，如果信息未能传递到既定对象,则没有沟通可言。

第二,沟通的关键是双方能够准确地理解信息的意义。信息是一种无形的语言,在语言当中,包括双方的各自利益,语言的传递并不能保证双方对信息有共同的、准确的理解,因而必须使接收者感知到的信息与发送者发出的信息完全一致,以达到进行有效沟通的目的。这无疑对双方都是挑战。

日常生活中,因为对语言理解不一,即使是使用同一语言,在同样的语言环境中,交流也并非一帆风顺。通过语言来沟通,并不是人类天生的功能,是需要学习才能够取得的。

第三,沟通是一种双向的、互动的信息传递和反馈过程。沟通的目的不是沟通本身,而在于结果。沟通要产生预期的结果,需要沟通双方积极参与,共同努力。如果信息接收者对发出的信息不作出适时的反馈,则无沟通可言。

二、人际沟通的过程

人际沟通的内容可以从其过程中的不同内容来考察,由信息源、信息、通道、信息接收者、反馈、障碍和背景七个因素组成。

(一) 信息源

在人际沟通的过程中,信息源是掌握信息并试图进行沟通的人。他们是沟通过程的发起者,并对沟通的效果有着直接的影响。他们确定沟通对象,选择沟通目的,开启沟通过程。沟通前,人们一般需要一个准备阶段,个体明确需要沟通的信息,并将它们转化为信息接受者可以接受的形式,如语言、文字、表情等。沟通的准备过程实际上是个体整理思路和对自己的身心状态明确化的过程。

(二) 信息

从沟通意向的角度说,信息是沟通者试图传达给别人的内容,如观念和情感等。在人际沟通中,信息要被他人接受,就必须首先将信息转化为各种不同的可被别人觉察的符号。在各种符号系统中,最重要的是语词。语词既可以是声音符号,也可以是形象(文字)符号。语词具有抽象功能,它们可以代表食物、人、观念和情感等自然存在的一切。

(三) 通道

通道是沟通过程的信息载体,是指在信息沟通过程中所采用的方式。我们的各种感觉器官都可以接收信息。但最大量的信息是通过视听途径获得的。日常生活中所发生的沟通也主要是视听沟通。人际沟通的方式多种多样,不仅包括面对面的沟通,还有以不同媒体(如电视、广播、报纸、电话、网络等)为中介的沟通。

(四) 信息接收者

信息接收者是信息沟通的另一方。信息接收者在接收携带信息的各种特定音形符号之后,必须根据自己已有的经验,将其转译为信息源试图传达的内容,如知觉、观念或情感等。信息接收是一个复杂的过程，包括一系列注意、知觉、转译和储存等心理动作。

（五）反馈

在沟通中，进行信息沟通的每一方在接收信息的同时也在不断地将信息回送给另一方，这种回返过程就称为反馈。反馈的作用是使沟通成为一个交互过程。反馈可以使信息发送者了解到信息接受者接受和理解每一条信息的状态。除了沟通双方的相互反馈以外，反馈还可以发生在每一个沟通者自身，这种反馈就是自我反馈，即沟通者可以从自己发送信息的过程或已发出的信息本身获得反馈。当我们发现自己说的话不够明确或写出的句子难以理解时，我们就可以作出调整。自我反馈也是沟通得以顺利进行并达到最终目的的重要条件。

（六）障碍

受多种因素的影响，人类的沟通经常发生障碍，因此，分析沟通过程必然要分析障碍问题。在人类的沟通过程中，任何一个环节出现问题，都可以对沟通形成障碍。例如，信息源发出的信息不充分或者不明确、信息没有被有效或正确地转换成可以沟通的信号、误用沟通方式、信息接收者误解信息等，都对沟通造成障碍。此外，如果沟通者之间缺乏共同的经验，彼此也难以建立沟通。来自两种完全不同的文化背景的沟通者是很难有效地交流信息的。

（七）背景

背景是沟通过程经常被忽略的一个要素，它是指沟通发生时的情景。背景影响沟通的每一个因素，同时，也是影响整个沟通过程的关键因素。在沟通过程中，许多意义是由背景提供的，甚至于语词的意义也会随背景而改变。例如，当改变腔调，语气肯定时，"真棒"表示由衷的赞赏；带着冷笑的"真棒"，则完全变成刻薄的讥讽或者幸灾乐祸。沟通的背景包括心理背景、物理背景、社会背景和文化背景等。

三、人际沟通的类型

根据不同的分类方法，人际沟通可以分为不同的类型。

（一）语词沟通和非语词沟通

根据沟通借助的媒介不同，可以将人际沟通分为语词沟通和非语词沟通。

语词沟通是以语词符号为媒介，是一种相对准确并且是一种直接、高效的沟通方式。它是最普遍、最准确、最有效的一种沟通方式。它可以突破时间和空间的限制而进行大量的信息交流。一个人如果缺乏语词沟通能力，将给交往带来巨大的障碍，适应环境也变得十分困难。语词沟通又分为口语沟通与书面沟通。口语沟通是指沟通双方借助于口头语言形式实现的沟通，如讨论、洽谈、咨询、演讲等。书面沟通是指借助于书面文字材料实现的信息交流，如书信、通知、文件、报刊等都属于书面沟通方式。

非语词沟通是指借助于非语词符号（如姿势、动作、表情、接触）及非语词的声音和空间距离等实现的沟通。非语词沟通可以分为三种方式：第一种是通过动态无声性的目光、表情动作、手势语言和身体运动等实现沟通。人们可以通过面部表情、手部动作等身体姿态来传达愉快、愤怒、恐惧、攻击等情绪和意图；第二种是通过静态无声性的身体姿势、空间距离及衣着打扮等实现沟通；第三种是通过非语词的声音（副语言，如重音、声调、停顿）来实现。

（二）有意沟通和无意沟通

依据沟通的随意性，可以将人际沟通分为有意沟通和无意沟通。我们能够意识到的、有目的的沟通就是有意沟通，谈话、讲课、写信等都是有意沟通；无意沟通是指没有明确目的的沟通，没有目的的闲聊等就是无意沟通。无意沟通在生活中时时发生，例如，走在大街上，无论来往行人的密度有多大，你也很少与人相碰。因为你与其他人在走路过程中，随时都在调整彼此的位置，你与其他人在保持着信息交流。事实上，出现在我们感觉范围中的任何一个人，都会与我们存在某种信息交流，只是我们没有意识而已。这种沟通的广泛性和普遍性有时甚至超出了我们的想象。

（三）正式沟通和非正式沟通

依据沟通进行的场合可以将人际沟通分为正式沟通和非正式沟通。

正式沟通是指在正式社交情境中进行的信息交流和传递。在正式沟通过程中，如上课、演讲、工作汇报等，我们都会注意表达上的准确性和语法上的规范性。同时，对于非语词性的信息（如衣着、姿势和目光接触等）也会十分注意。人们在正式沟通过程中重视自己的行为举止，以便使自己更符合社会期待，在别人的心目中留下良好的个人形象，从而有利于信息的接受。非正式沟通是指在正式沟通场合之外的信息传递与交流，如小团体闲谈、夫妻居家生活等。非正式沟通的优点是沟通形式不限，直接明了，人们可以畅所欲言，各抒己见。人们的某些真实思想和动机可以轻松地表露，行为举止也更接近于本来面目，信息传递速度快，容易及时了解到正式沟通难以提供的"内幕信息"。

（四）单向沟通和双向沟通

依据沟通的方向，可以将人际沟通分为单向沟通和双向沟通。

单向沟通是指信息的发送者和信息的接受者的位置不变，一方只发送信息，另一方只接受信息而不进行信息的反馈，如作报告、发指示等。这种沟通一般可以用于例行公事、意见明确不需讨论而又急需让对方知道的情况。双向沟通是指信息发送者和接受者之间进行交流，及时反馈信息的双向活动，如讨论、交谈、协商等。其优点是信息的传递有反馈，准确性高，双方能够充分交流，有参与感，调动了双方的积极性，可以促进双方的感情联系，从而使信息更容易被接受或认同，有利于搞好人际关系。但是,这种沟通方式比较花费时间,影响信息传递的速度,有时可能使沟通受到干扰。

(五) 上行沟通、下行沟通与平行沟通

根据信息流动的方向,可以将沟通分为上行沟通、下行沟通与平行沟通。

上行沟通是指组织中地位较低的人向地位较高的人传递信息的过程,即下情上达。只有上行沟通的渠道畅通无阻,领导者才能了解真实情况。下行沟通也称为下沟通,是指组织中地位较高的人主动向地位较低的人传递信息的过程,即上情下达。下行沟通可以统一全体成员的思想意识,步调一致,协调行动。平行沟通是指组织中身份、地位相仿者之间进行的沟通,如组织中各平行部门之间的信息交流。这种沟通可以加强各部门之间的联系、协调与团结,减少部门间的矛盾和冲突,提高工作效率。

四、人际沟通的功能

人际沟通是建立人际交往的基础,是建立人际关系的基础,也是改善和发展人际关系的重要手段。人际沟通的功能主要表现在以下三个方面。

(一) 促进个体心理发展的功能

沟通是人与人之间发生相互联系的最主要形式。据心理学家估计,人们醒着时大约有70%的时间处于各种各样的沟通过程之中,例如,与别人交谈、读书、看报、上课、听广播、看电视等都是在进行沟通。沟通是获得信息的手段,如果人们缺少必要的信息沟通,正常生命活动的维持就会出现困难。

(二) 协调整合的功能

人际沟通的整合功能是指人际沟通具有提高群体凝聚力、协调人际关系的作用。人类为了共同活动的需要,必须通过人际沟通来协调人们在思想、认识、价值观念乃至行为等方面的不同,形成群体凝聚力,促进组织目标的实现。充分而有效的人际沟通还可以促进群体成员相互理解和相互尊重,澄清不同的意见与观点,避免出现各种误会、隔阂、矛盾甚至冲突,从而建立起富有凝聚力和效能的人际关系,保证社会的和谐、稳定。

(三) 促进心理健康的功能

人际沟通可以满足人的心理需求,维持心理平衡。通过彼此沟通,诉说喜怒哀乐,人的情感可以得到释放,心理的平衡可以维持。如果没有人际沟通,等于剥夺了人的情感交流,违背了"人是社会性动物"的准则,自然对人的心理没有好处。

长期羁押在牢房中的囚犯,由于失去了沟通的机会,维持其正常的心理状态就成了大难题。无法维持心理状态的正常化,如何能改造囚犯? 在这个问题上,恰恰是社会心理学家应该有所作为的地方,可以给囚犯改造提供科学的依据。

本 章 小 结

1. 人际关系指的是人们在共同活动中彼此为寻求满足各种需要而建立的相互间的心理关系。人际关系的形成包含认知、情感、行为三方面心理因素的作用。

2. 人际交往类型可以归纳为八种：主从型、合作型、竞争型、主从—竞争型、主从—合作型、竞争—合作型、主从—合作—竞争型、无规则型。由心理学家雷维奇通过利用"雷维奇人际关系测量游戏"方法对一千对夫妇进行研究归纳而成。

3. 在国外社会心理学中，人际吸引又被称为人际魅力。它是在人际交往过程中形成的，以感情因素为主，交往双方相互给予积极、正面评价的倾向。或是指人与人之间在交往中相互形成的积极态度（彼此注意、欣赏、仰慕等）或喜爱的情感，它是形成和发展人际关系的心理条件。

4. 亲密关系理论包括强化—情感理论、社会交换理论、公平理论。

5. 友谊是人际关系发展到一定程度的产物，是人与人之间的一种美好的亲密情感。它产生于社会生活与交往，既是一种人际关系的体现，更是一种美好的社会性情感。

6. 爱情是一种特别的密切关系。对许多人来说，爱情是一个美妙、神奇的字眼，代表着许许多多美好的想象。

7. 人际沟通是指人与人之间交换意见、传达思想、表达感情和需要的信息交流过程。人际沟通是人类社会交往的最初也是最重要的形式。

8. 人际沟通过程主要由信息源、信息、通道、信息接受者、反馈、障碍和背景七个因素组成。

9. 人际沟通的类型包括语词沟通和非语词沟通、有意沟通和无意沟通、正式沟通和非正式沟通、单向沟通和双向沟通以及上行沟通、下行沟通与平行沟通。

思 考 与 练 习

一、名词解释

人际关系　人际沟通　人际吸引

二、案例题

人际交往受挫　大一新生欲退学

在长春市某重点高校读热门专业的大一学生小蕾（化名）几次找到班主任要求退学。"小蕾写得一手好文章，还弹得一手好钢琴。入校不久，她就因文笔出众被校内文学团体破格吸收为会员。"小蕾的班主任说，听说她要退学，大家都很吃惊。小蕾要退学的理由主要是：觉得同学们瞧不起她，总在背后议论她，以至于她感觉"大家都挺虚伪的，一回到寝室，就胸口发闷"，甚至觉得

"活着没意思"。老师们也描述说,当小蕾讲到这一点时,就变得烦躁不安,最后竟然泪流满面。

  人对环境的适应主要是对人际关系的适应。有了良好的人际关系,人才有了支持力量,有了归属感和安全感,心情才能愉快。小蕾由于在适应大学的人际关系环境中遇到了挫折,在人际交往中出现人际关系敏感问题,对同学比较敏感和多疑,心里感到紧张和不安,进而觉得自己与周围的人格格不入,产生心理压力。遂产生退学想法。

  请根据本章所学理论分析小蕾的问题并提出可解决的方案,帮助小蕾解决这一问题。

三、论述题

  联系实际,论述人际吸引的影响因素。

第九章

社会影响

学习目标

- 掌握社会影响、社会促进、社会抑制、社会惰化的定义和关于他人在场的理论解释;
- 理解从众的原因及影响因素、服从权威实验及影响服从的因素;
- 理解暗示的特征及种类、去个性化的含义及其产生的原因;
- 了解影响暗示与模仿的因素。

本章学习资料

> **引例**
>
> **强制垃圾分类的背后**
>
> 在上海垃圾分类的开始实践时,家庭端的动力主要源自避免惩罚。这意味着大家扔垃圾的过程,要有人盯着,扔错了就会受到惩罚,以倒逼大家必须遵守分类的规则,有限的人手和经费预算,

必然要求撤桶并点和定时投放。原来每个楼下有两个桶，现在变成十几个楼共享四个桶，并且只有两个时段可以投放，成本约束倒推出居民丧失扔垃圾的自由。部分媒体梳理了国际上其他实行垃圾分类国家的实践经验，垃圾分得越细，扔垃圾的时间就越受限，这是逼不得已的办法。显然，政府部门对此有清醒的认识，自觉并不可靠，外部的监督最重要，上海市政协常委、人口资源环境建设委主任陆月星提出："定时定点的大方向不能改变，我们要在社会动员中让全体市民对垃圾分类形成特定的意识和习惯。"

除了小区的工作人员和志愿者对居民的监督和投放垃圾的限制，小区之间的垃圾清运也对小区进行了限制，上海市提出小区垃圾"不分类、不清运"，拒不改正的移送城管处罚。这意味着少数家庭不分类，如果小区监督不到位，小区整体将会被惩罚（不清运），几乎等同于连坐的机制。据媒体报道，上海市多个区的居委会干部都提及，将在垃圾厢房安装摄像头进行取证。

假如上海市的垃圾分类政策形成了简单的监督和被监督的关系，你监督、我执行，并不是基于居民的一致同意的产物。也就是说，上级政府必须不断投入监督的人力和物力，才能维系这个体系。上海市静安区某咨询公司人士认为，"基本的监督机制是必须长期存在的，否则，很容易发生倒退，即便普遍养成分类习惯后也不能停止"。

第一节 | 他 人 在 场

小 测 验

你马上要参加社会心理学考试了，你已经花了很长的时间复习，觉得胸有成竹。但走到考场时却发现，考场是一个很小的教室，且里面已经挤满了人，你必须和其他考生挤在一起考试。这时，监考老师走了进来，说如果有同学觉得太挤可以到走廊另一边的小教室单独考试。你会怎么办呢？

问题的关键在于和其他同学挤在一起是否会影响你的考试发挥，也就是说，其他人的存在对你产生了什么样的影响？是积极的还是消极的？

社会影响是指在社会力量的作用下，引起个人的信念、态度、情绪及行为发生变化的现象。有时候，他人在场能让我们更加努力、成绩更佳，这种现象是社会促进；而有些时候，他人在场则会令我们成绩下降，这种现象称社会抑制；还有些时候，他人在场则会令我们有所懈怠，努力程度减少，这种现象称为社会惰化。在群体中，还可能会让个体出现自我身份意识缺失的现象，还会增加冲动偏差行为出现的概率。这些都让社会心理学家们非常感兴趣，并进行了广泛的研究。

一、社会促进和社会抑制

生活中我们都有过这样的体会：当与其他人一起骑自行车时，速度要比一个人骑时快，但如果是参加数学竞赛呢？社会心理学研究发现，在一个人从事某项活动的时候，如果有其他人在场，他就会感受到一种刺激，这种刺激会影响到他的活动效果，如果这一刺激促进了活动的完成，我们称其为社会促进（social facilitation）或社会助长；如果这一刺激抑制了个人活动的完成，我们称其为社会抑制（social inhibition）或社会干扰。

1988年，一个对自行车赛感兴趣的心理学家特里普里特发现，自行车车手在一起比赛时，他们的成绩要比各自单独训练时成绩好，于是，他设计一个社会心理学实验。在实验中，他要求儿童以最快的速度绕钓鱼线，结果发现，当儿童们在一起做这件事时要比单独做时快得多。

后来，其他研究者也通过实验发现他人在场能够提高人们做简单乘法和划消指定字母等任务的速度，同时证实了他人在场还能提高人们完成简单动作任务的准确性，例如，将一根金属棒维持在一个转盘上的某一点上不动。社会促进现象不仅发生在人类身上，动物同样会出现社会促进现象。有学者发现，当蚂蚁在一起时，每只蚂蚁的平均挖土量是单独挖时的3倍。另有研究发现，当有同类在场时，小鸡会吃更多的谷物，交配中的老鼠会表现出更多的性活动。

社会促进的作用有结伴和观众两种表现形式，无论是哪种情况，都有可能促进活动的完成，但也可能会出现相反的情况。有时候，个体在从事某一活动时，他人在场会干扰活动的完成。生活中，我们经常能够看到别人在场有时会让本来做得很好的事情做砸了，常见的怯场现象就属于这种情况。新演员或新教师在登台之前已经将台词或讲稿背得滚瓜烂熟、相当流畅了，可是一到台上面对观众或学生时，却结结巴巴、手足无措，甚至出现忘词现象。这种现象有时在老演员和老教师身上也会出现，当台下坐的是朋友、熟人、专家或领导时，经验丰富的老演员和老教师也可能会出现不应有的失误。

亨特和希勒里在1973年发现，他人在场时，学生们学习走简单迷宫所需的时间会变少，而学习走复杂迷宫所需的时间会增加。迈克尔等人在1982年发现，在一个学生球队里面，优秀的撞球选手在不知道被人观察的情况下，击中率可以达到71%，在有四位观察者观看的情况下，成绩提高到80%。而水平较低的选手原来的平均击中率为36%，在被密切观察的条件下，则下降为25%。

二、他人在场的理论解释

在有他人在场的情况下，我们有时会提高自己的活动效率，有时又会降低自己的活动效率，这种现象让社会心理学家们百思不得其解。1965年，社会心理学家扎荣茨受到实验心理学中相关理论的启示：唤起能够增强任何优势反应的倾向，提出了优势反应强化理论（dominant response theory），试图解释这种看似矛盾的现象（见图9.1）。

优势反应强化理论认为，一个人在动机强烈的时候，他的优势反应能够很轻易地表现出来，较弱的反应则会受到抑制。所谓优势反应，是指那些已经学习和掌握得相当熟练，成为不假思索就可以表现出来的习惯动作。如果一个人从事的活动是相当熟练的，或者是很简单的机械性动作，则他人在场会使其动机增强，活动更加出色；如果一个人所从事的活动是正在学习的、不熟练的，或者是需要费脑筋的，他人在场不仅不会使动机增强，反而会产生干扰作用。具体来说，有他人在场是产生促进作用还是抑制作用主要取决于以下四方面因素。

（一）活动的性质

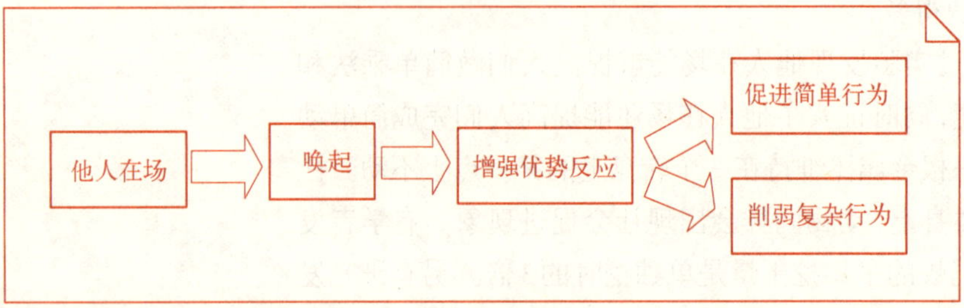

如果所从事的活动是简单的、熟练的任务，有他人在场时会使活动者的工作更出色；如果所从事的活动是复杂的、不熟练的任务时，有他人在场就会产生干扰作用。也就是说，做简单的工作，许多人在一起不会影响工作效率；做复杂的工作，就需要一个人安安静静地完成，其他人的存在可能影响到工作的效率。

图 9.1
优势反应强化理论

（二）活动者的个体特点

他人在场对儿童的活动影响比较大，因为儿童正处于生长发育阶段，对外界有较强的依赖性，对他人的评价和反应也很敏感，另外，儿童的注意力很容易被其他人分散，这些都会影响儿童的工作效率。成年人因为经验丰富，心理较成熟，因此，受到外界的干扰相对较小。除了年龄外，个体的性格、气质也会对他人在场有不同的反应。内向、独立性差、易受暗示的人对他人在场的反应更加强烈一些，容易受到其他人存在的干扰。

（三）竞争的影响

成就动机是人类基本的社会性动机，一个人追求成功的动机越强，行动的动力就越大。成就动机在个体与群体中其他成员一起工作时表现为竞赛，个体会全力以赴，希望自己比其他人做得更好。哪怕只有两个人的情况也是如此，双方都会暗中较劲,不甘示弱。在一个人单独工作的情况下,没有较量的对手,也就激发不出潜力。而且在没有他人在场的情况下,一个人单独工作也不会或很少想到要得到他人的认可和赞扬,获得的成就感相对就较强。

(四) 分心

不同状况、不同性质的外部条件,会引起不同的心理反应。一般来说,他人在场对个人活动明显不利的影响就是干扰活动者的注意,即活动者的注意由于受到外在刺激的影响而产生分心,导致成绩降低。活动的性质越复杂,越需要活动者专心致志,他人的干扰作用就越大。一些实验研究表明,不仅他人在场会引起社会抑制,有时其他非人的分心物的出现(如光线的突然照射)也会产生这种效应。

三、社会惰化

社会惰化(social loafing)是指个人与群体其他成员一起完成某种活动时,个人所付出的努力比单独时偏少,个人的活动积极性与效率下降的现象,也称为社会懈怠。法国人瑞格曼在1913年做了一个拔河比赛的实验,他要求被试在单独的和群体的两种情境下拔河,同时用仪器测量出他们的拉力。结果发现,随着被试人数的增加,每个被试平均使出的力减少了。一个人拉时的平均拉力为63公斤,三个人拉时的平均拉力为53.3公斤,八个人拉时是31公斤。这种共同完成一项任务时,群体人数越多、个人出力越少的现象,后来在很多实验中也得到了证实。

社会惰化现象不仅在实验室中可以看到,日常生活中也很普遍。苏联集体农场里的农民对农场里的任何一块土地都没有直接的责任感,他们只有一块很少的私有土地。调查分析发现,虽然农民的私有土地只占全部耕种面积的1%,但其产出却占全苏维埃农场产出的27%。在匈牙利,农民的私有土地只占农场总面积的13%,但其产量却占了总量的三分之一。"三个和尚"故事中的"一个和尚挑水吃,两个和尚抬水吃,三个和尚没水吃"正是这种社会心理现象的生动表现。

为什么会出现社会惰化现象呢? 社会心理学家给出了以下五种可能的解释。

(1) 社会影响理论(social impact theory)。该理论强调社会惰化的外部影响因素。在社会环境中,个体的心理与行为会受到外界压力源的影响,压力会随着压力源的数量、直接性、重要性和强度的增强而增强,个体会根据他们所承受的压力大小来决定努力的程度。也就是说,如果个体认为自己努力不努力没什么关系,不会带来不良后果,反正法不责众,个体就会减少努力。

(2) 评价的可能性理论(evaluation potential theory)。该理论认为,如果群体中个体的成绩无法确认或被评价的可能性较低时,就会导致努力减少,产生淹没在群体中的感觉。如果个体无论付出多少,也没有人看到,甚至得不到积极的肯定,他还会努力去做吗?

(3) 唤醒降低理论(arousal reduction theory)。该理论关注社会惰化形成的内部动机因素,即个体在群体情境下的唤醒水平比平时低,这个过程会受到工作难度的影响,这是导致社会惰化的主要原因。个体在群体情境下从事相对简单的任务时,容易出现社会惰化现象,但当任务具有挑战性、吸引力、引人入胜的特点时,个体的唤醒水平和努力程度会增加,社会惰化现象出现的可能性会减少。

(4) 努力的可缺省性理论(dispensability of effort theory)。该理论认为,在群体工作中,如果个体觉得他们的努力对于群体的整体表现并不重要,甚至是无足轻重或可有可无的,便会采取"搭便车"的行为。也就是说,在群体中,由于个体认识到自己的努力会被埋没,其对自己行为的责任感便会降低,从而少付出努力,出现社会惰化现象。

(5) 努力的比较理论(matching of effort theory)。该理论认为,在群体情境中,当个体发现群体中的其他人不努力或工作效率不高时,会认为其他人无能或工作动机较低,出于不想多付出或多作贡献,就会选择降低努力程度。也就是说,如果一个人认为自己在辛苦工作时别人却在偷懒,他就会通过减少工作量来维持心理平衡。

第二节 | 从众与服从

引例

从众现象

一位心理学家曾描述过一个有趣的从众现象。某日,在一条大街上,突然一个行人向东跑了起来,也许他猛然想起了一个约会,急着去赴约吧。随后一个卖报的孩子跑起来了,又一个急匆匆的男士也跑起来了,大概他们都有要紧的事要办。接下来的事情就有点不可思议了,十几分钟以后,这条大街上所有的人都跑起来了。而且人们嘴里还不断地喊着什么,嘈杂的人群中,有时可以听清人们在说"上帝""大堤"。大街上的人越来越多,刹那间,几千人像潮水一样恐慌地涌向东方,没有人知道发生了什么事。从人群的喊叫声中可以知道"决堤了""向东""东边远离大河""东边安全"。有的人不明白怎么回事,问正在跑的一个人:"发生什么事了?"得到的回答是:"别问我,问上帝去!"

在现实生活中,我们经常会不由自主地受到其他人或社会环境的影响,有时,我们会身不由己地参与到群体行动中去,事后却又后悔莫及。本节将讨论那些生活中经常会看到的从众与服从行为。

一、从众

（一）从众的概念

从众（conformity）是指个体在群体的压力下，在知觉、判断、信仰及行为上，表现出与群体中大多数人一致的现象。从众不仅仅是指与其他人一样地行动，而且也指个人受他人行动的影响。从众不同于个体单独一人时的行为。从众可以表现为许多形式，有时人们会顺从一种期望或要求，但并不真正相信自己所做的事情。人们有时会喝酒应酬，尽管他们自己并不喜欢这样。这种靠外在力量而表现出的从众行为称作顺从（compliance）。人们之所以顺从，主要是为了得到奖励或避免惩罚。如果人们的顺从行为是由明确的命令所引起的，这种行为就是服从（obedience）。

有时候，人们真的相信群体要求的事情是正确的，例如，中国人现在都相信喝牛奶有益健康，因为牛奶有营养。这种真诚的、内在的从众行为叫接纳（acceptance）。接纳有时会紧跟着顺从出现。

（二）从众的实验研究

从众最经典的研究当属谢里夫的规范形成研究和阿希的群体压力研究。

美国社会心理学家谢里夫是现代社会心理学的奠基者之一。他运用技术和方法去理解社会过程，尤其是社会规范和社会冲突，其典型性研究包括从众研究和社会规范研究等。1936年，谢里夫利用似动错觉研究个体反应如何受其他人反应的影响，这是从众研究中的经典范式。所谓似动错觉，是指在黑暗的环境中，当人们观察一个固定不变的光点时，由于视错觉的作用，这个光点看起来好像在左右移动，即产生自主运动的现象。实验者让大学生被试坐在暗室里，在其面前呈现一个固定的光点，然后让大学生估计光点移动的距离。在单独估计时，大学生的判断差异极大，从1—2英寸到20—30英寸都有。谢里夫把大学生分成3人一组，在同一房间里共同观察和判断，但每个人还是报告自己的估计。结果显示，第一次的时候，不同个体通常会给出十分不同的答案，但经过一段时间后，他们就会产生相互影响，彼此的判断趋于一致，趋向大家判断结果的平均数。也就是说，大家对这个问题形成了一个共同的标准，谢里夫认为这个阶段实际上已建立了群体规范。后来，谢里夫让大学生在参加完群体判断后再次单独判断光点移动的距离，他们的回答仍处于群体所建立起来的大致范围内。这说明群体规范一旦为个体所接受，便会有力地左右他的思想和行为。有趣的是，研究结束时，研究者问大学生们的判断是否受到他人的影响时，他们都予以了否认。

在谢里夫的实验中，被试对于正确答案是十分不确定的。那么，当刺激情境清晰时，人们还会从众吗？为了找出答案，社会心理学家阿希进行了一系列经典研究。事实上，在谢里夫的实验里，人们会从众是很自然的，因为实验者设置的是一个高度模糊的刺激物,被试只好以他人的判断作为自己判断的参照系。但是,当人们处于一个明确的情境中时,阿希预测他们会更客观地解决问题,当群体的言行与一些显而易见的事实相违背时,他们会相信自己的知觉,从而作出独立的判断。为了验证这一假设,阿希设置了以下的实验情境。

从众现象的心理学实验

当一位志愿参加一项知觉实验的大学生来到实验室时,看到六名与自己一样参加实验的被试已经在等待。实际上,这六个人是阿希的实验助手。阿希让真被试和这六个人围着桌子坐下,并依次指定为1号到7号。真被试被安排在倒数第二个回答。实验者一次展现18套两张一组的卡片。两张卡片中,一张上面有一条线段(标准线段),另一张卡片上有三条线段,分别标有A、B、C,其中一条线段的长度与标准线段的长度相同,另外两条线段的长度与标准线段的长度差异非常大。阿希告诉被试,他们的任务就是报出A、B、C中哪条线段与标准线段一样长。呈现图片之后,七名被试按座位顺序大声地报告自己的判断。显然,这一判断任务极为容易,只要视力正常都能判断正确。

在前两轮实验中,实验助手都选择了正确答案,所有被试反应一致。在第三次判断时,第一个被试仍像以前那样仔细地观察线段,但却给出了一个明显错误的答案。第二个被试也给出了相同的错误答案。在这种情况下,真被试会不会从众呢?由于知觉判断本身很容易,控制组实验中,被试单独作判断的准确率超过98%。因此,阿希预测表现从众的被试不会多。但结果却与其预测相反,从众行为的数量相当可观,有些被试从来都不会给出错误答案,而有些被试却总是给出错误答案。总体来说,被试平均在3次回答中有一次会附和助手的错误答案。在整个实验过程中,76%的被试至少都发生了一次从众现象。在实验中,被试普遍体验到一种严重的内心冲突和压力。

实验结束后,实验者个别访问被试,询问其作出错误选择的原因,从被试的回答中,可以把错误归纳为三种类型:第一,知觉歪曲。被试确实发生了错误的观察,把他人(假被试)的反应作为自己判断的参照点,根据别人的选择辨认"正确"的答案。当刺激物的特性十分鲜明时,发生这种歪曲的情况极少。第二,判断歪曲。因为对自己的判断缺乏信心,对后果没有十分把握,被试虽然意识到自己看到的与他人不同,但却认为多数人的判断总比个人的判断正确些,发生错误的肯定是自己,于是从众,以求心安。属于这种情况的人最多。第三,行为歪曲。被试确认自己是对的,错的是其他多数人,但是不愿意成为"一匹离群的马",所以,表面上采取了从众行为,跟着多数人作了同样的错误选择,而一旦群体的压力解除,他就会说出自己真正的意见(见图9.2)。

图9.2 "从众现象"案例图片

资料来源：Asch, S, E. Opinions and social pressure. Scientific American, 1995（193）：31-35.

（三）从众的原因

在现实生活中，从众现象是如此常见，社会心理学家们自然非常想探究其背后的原因。莫顿·多伊奇和哈罗德·杰拉德认为有两种原因引起了从众，即规范影响和信息影响。

规范影响是与群体保持一致，以免受拒绝，从而得到人们的接纳或者获得人们的赞赏。绝大多数人都能体会到遭到社会拒绝是令人痛苦的，"枪打出头鸟""出头的椽子先烂"就是对不与群体保持一致的行为的警告。因此，为了不引人注目，不被他人嘲笑，不至于陷入困境或遭到排斥，人们改变自己的行为方式，使其符合群体的规范和标准，规范影响便起了作用。

信息影响是人们把他人视为指导行为的信息来源，从而顺应其行为。人们从众是因为人们相信其他人对一个模糊情境的解释比自己的解释更正确，而且可以帮助他们选择一个恰当的行为方式。正如谢里夫光点实验中的被测试者，他们无法辨别光点移动的距离，其他人可能就会成为有价值的信息来源。有两个因素影响此种情境下的从众行为：一是人们认为群体掌握的信息程度；二是人们对自己独立判断的信心。人们越相信群体的信息，越重视群体的观点，就越容易与群体保持一致；刺激越模棱两可，任务越困难，人们对自己的判断就越易失去信心，越容易从众。

（四）影响从众的因素

从众不仅随着情境的变化而变化，而且还表现出一定的个体差异。以下因素会影响人们是否表现出从众行为。

1. 群体规模

一般而言，群体规模越大，从众就越容易发生。按照社会影响理论，群体人数越多，影响力也会相应地增大，从而诱发更多的从众。米尔格拉姆在1969年做了一个实验：在纽约市的一个热闹的街道上，实验助手站在街边，抬头看街对面一栋六层楼的一个窗户，测试从这里经过的人发生从众行为的可能性。实验助手的群体规模分别是1人、3人、5人、10人和15人。实验结果表明，过路人同样也抬头观望的人数明显随着群体规模的增大而增多。但群体规模达到一定的数量时，从众行为并不再增加。

2. 群体意见的一致性

群体意见的一致性越强，从众就越容易发生。因为个体在面对一致性的群体时，所面临的从众压力是非常大的。但当群体中意见并不完全一致时，从众的数量会明显下降。阿希设计了另一种形式的从众实验：他让6名实验同谋（假被试）在测验中给出错误答案，而另一名实验同谋在每次实验中都给出正确答案。虽然同样要面临与绝大多数人不一致，但有了一个同盟能够帮助被试抗拒群体压力。实验结果表明，在这种情况下，平均只有6%的被试出现了从众行为，但当实验同谋全部给出错误答案时，有32%的被试出现了从众行为。

3. 群体的凝聚力

群体的凝聚力越强，从众就越容易发生。在这里，群体凝聚力是指群体对其成员的总吸引力水平。群体的凝聚力越高，个体对群体的依附性和依赖心理越强烈，就越容易对自己所属群体有强烈的认同感。他们与群体有密切的情感联系，有对群体作出贡献和履行义务的要求。一般情况下，群体的凝聚力越大，从众的压力就越大，人们的从众行为就越可能发生。

4. 个人在群体中的地位

个体在群体中的地位越高，越有权威性，就越不容易屈服于群体的压力。一般说来，地位高的成员经验丰富，能力较强，信息较多，他们的看法和意见能对群体产生较大的影响，并使地位低的成员屈从。老师在学生面前、军官在士兵面前、领导在下属面前都会较少地表现从众，甚至特意通过不从众来显示自己的与众不同。

5. 时间因素

时间在群体交互作用过程中的不同阶段对从众行为的影响是不同的，交互作用的早期阶段更容易发生从众行为，因为这个阶段是双方处在相互适应的阶段，双方都试图建立规范。在这种情况下，双方相互接纳对方的程度较高，比较易于被说服和接受他人的观点。而到了交互作用的后期，相互之间会试图巩固自己的地位，从而变得不易接受影响。

6. 情境的性质

当人们面对模棱两可、不能确定的情境时，更容易出现从众行为，例如，一个对汽车一无所知的人购买汽车时，很容易受到销量排名的影响，因为人们自己很难作出判断，或者不相信自己的判断，大多数人的意见便成了很好的参照。

7. 公开的反应

一般来说，如果要求公开表达自己的意见时，人们往往会采取从众行为；如果意见的表达是私下的或匿名的，则人们更容易表达自己真实的想法。阿希实验中的被试在看到其他人的反应之后，如果写下自己的答案只供研究者看，他们就会较少受到群体压力的影响。

8. 文化因素

很多跨文化研究表明，与个人主义文化浓厚的国家相比，在集体主义文化浓厚的国家里，人们更关注别人的反应，因此，更容易出现从众行为，并且倾向于在与集体意见有分歧时，保留自己的喜好与意见。惠特克和米德在七个国家和地区重复了阿希的从众实验，发现大多数国家和地区的从众比率比较接近，黎巴嫩为31%，巴西为34%，但是在津巴布韦的班图为51%。班图是一个对不从众者会施加强力制裁的部落。

9. 个人因素

从众在一定程度上还受到年龄、个性特征、知识经验等因素的影响。一般来说，儿童和青少年比成人更容易从众，能力强、自信心强的人不容易发生从众，有较高社会赞许需要的人和特别重视他人评价的人，从众的可能性更大。依赖性强、受暗示性强的人，容易表现出从众行为。另外，知识经验丰富的人，掌握的信息越多，越不容易从众。

（五）从众的意义

前面谈到的似乎给人的印象都是从众是消极的，例如，从众行为容易给人和群体带来惰性，抑制了创造性。因为一个人如果不敢摆脱群体一致的束缚，而受其控制，便会人云亦云，压抑创意，创造力就无法发挥。另外，从众会造成无形的压力，如果群体内的个体被迫从众行为过多，可能会酝酿事故隐患，在某种条件下容易引起群体的极端行为，并给组织和群体造成重大损失。而且，从众行为过多还可能导致组织内部风气变坏。

从众行为也有其积极的一面。从众可以促进人们维护社会秩序和发扬良好的道德风尚,抑制不良的社会风气和消除不正确的思想观念。如果要在社会上形成良好的风尚,可以进行大力宣传,造成社会舆论,使人们感到一种无形的压力,从而发生从众行为,如宣传保护环境、爱护珍稀动物等。

二、服从

服从是指个体按照社会的要求、群体规范或他人的命令而做出的行为,这种行为是在外界明确的要求下发生的。

美国社会心理学家斯坦利·米尔格拉姆通过研究了解到,人们经常会屈从于社会压力,但是,他们是如何对无条件的命令作出反应的呢?为了寻找答案,他进行了迄今为止社会心理学研究中最著名同时也是最有争议的实验。

实 验

为了验证人们有没有可能只是单纯地服从上级的命令而做出一些违背常理的错误行为,米尔格拉姆设计了著名的服从实验。1961年7月,实验小组在报纸上刊登广告并寄出许多广告信,招募参与者前来耶鲁大学协助实验。实验地点选在耶鲁大学老旧校区中的一间地下室,地下室有两个以墙壁隔开的房间。广告上说明实验将进行约一小时,报酬是4.5美元。参与者年龄从20—50岁不等,包括各种教育背景,从小学毕业到博士学位都有。参与者被告知这是一项关于"体罚对于学习行为的效果"的实验,并通过抽签决定是当"老师"还是做"学生"。当然,招募来参加实验的人毫无例外地都抽中了当"老师",因为"学生"事实上是由实验人员假冒。"老师"和"学生"分处不同的房间,互相看不到对方,但能隔着墙壁以声音互相沟通。"老师"体验一次轻微的电击后,看着研究者把"学生"绑在了椅子上,并在其手腕上缚上电极。然后,"老师"和实验者回到隔壁房间,"老师"坐在"电击发生器"前,该仪器上有一排开关,相邻开关之间间隔15伏,从15伏一直到450伏。开关上写着"轻微电击""强电击""危险:高强电击"等,在435—450伏的开关上有"XXX"的字样。研究者告诉"老师","学生"每答错一次,就在"电击发生器"上提高一个档次实施"电击"。每次只要轻按开关,灯光就会闪烁,继电器开关随之"咔嗒"一声响,电流就嗡嗡地响起来了。

如果招募来的实验者服从研究者的要求,他会在75伏、90伏和105伏时,听到"学生"的哼哼声;在120伏时,"学生"会大喊电击太疼了;在150伏时,他听到咆哮声"负责人,把我从这里弄出去!我不再参加这个实验了!我拒绝继续做下去!";在270伏时,"学生"的抗议变成了痛苦的尖叫,并坚持要出去;在300和315伏时,"学生"叫着拒绝回答;330伏后,"学生"再也没有声音了。研究者在回答"老师"的询问和停止实验的请求时说,"学生"不回答就算回答错误。为了使"老师"继续下去，研究者采用了四种口头指示：

指示1：请继续下去。

指示2：该实验要求你继续进行下去。

指示3：你继续进行下去是绝对必需的。

指示4：你没有其他选择，必须进行下去。

实验结果发现，40名被试中有26人（65%）一直进行到450伏。事实上，所有进行到450伏的人都服从了命令，紧接着又做了两次进一步实验，直到实验者喊停为止。

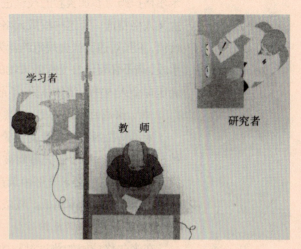

图9.3 服从实验

实验结束后，实验者把真相告诉了参加实验的被试，并进行了安慰，以消除实验对他们造成的内心的不安。

米尔格拉姆的实验结果让世人震惊，不仅仅是因为这个实验本身的伦理问题，而是它似乎表明了，如果权威命令普通人去伤害素昧平生的无辜的陌生人时，虽然会有些不情愿，但他们仍然会去做。这种服从行为背后的原因是什么呢？在进一步的实验里，米尔格拉姆变化各种社会条件，得到了从0%—93%的服从率，结果发现有五个因素会影响服从行为。

（一）命令者的权威性

命令者的权威性越高，就越容易导致服从。职位高、权力大、知识丰富、年龄较大、能力突出等都是构成权威影响的因素。在米尔格拉姆的实验中，发出命令的是耶鲁大学一位很有名望的心理学家，并且宣称该实验研究是一个重要的科学问题，这种权威身份增加了服从的可能性。

（二）他人支持与服从

米尔格拉姆在原有实验的基础上，让三名被试（其中的两人是假被试）在一起进行实验，依次安排两个假被试在不同电压的时候拒绝服从增加电压施加电击。结果发现，他人的支持极大地降低了权威者的命令效力，大大提高了被试的反抗程度。当有别人的反抗支持时，90%的被试都变得对抗实验者，拒绝服从。很明显，社会支持显著地增加了人们对权威的反抗。

（三）服从者的道德水平和人格特征

在涉及道德、政治等问题时，人们是否服从权威，并不单独取决于服从心理，还与他的世界观、价值观密切相关。道德发展水平直接与人们的服从行为有关。

米尔格拉姆对参加实验的被试进行了人格测验,发现服从的被试具有明显的权威主义人格特征。有这种权威人格特征或倾向的人,往往十分重视社会规范和社会价值,主张对违反社会规范的行为进行严厉惩罚。他们往往追求权力和使用强硬手段,毫不怀疑地接受权威人物的命令,表现出个人迷信和盲目崇拜,同时,他们会压抑个人内在的情绪体验,不敢流露出真实的情绪感受。

(四)权威的靠近程度

米尔格拉姆在进一步的实验中,把实验者和被试的关系分为三种:研究者与被试面对面在一起;研究者向被试交代任务后离开现场,通过电话与其联系;研究者不在场,实验要求全部由录音机播放。结果表明,权威越靠近,完全服从的比例越高,反之,服从率越低。权威的压力由于距离的扩大而减小。

(五)行为后果的反馈

在米尔格拉姆的测试过程中,测试者在无法看到"学生"("学生"也无法看到测试者)的情况下,行动表现出的同情最少。当受害者距离遥远,"老师"听不到其抗议声时,几乎所有的服从者都能镇静地把实验做完。但当"学生"与"老师"在同一房间时,只有40%的被试服从命令,把实验进行到450伏,当要求"老师"把"学生"的手强制按在电击板上时,完全服从的比例下降到30%。

第三节 | 模仿与暗示

引例

> **田纳西的流行病**
>
> 1998年,美国田纳西州一所高中的老师报告在她的教室里有一股汽油的味道,不久,她就感到头痛、恶心、呼吸急促、头晕目眩。她的班级停课后,学校的其他老师也报告出现相同的症状,最后只好全校停课。每个人都看着那个老师和一些学生被救护车送走。但是当地的专家检查之后并没有发现学校有何异常。复课之后,却有更多的人报告感觉难受。学校再一次停课关闭。来自政府不同机构的专家再次进行了有关环境和流行病的检测,结果仍一无所获。但这次复课后,神秘的流行病消失了。

一、模仿

模仿也是群体条件下人们相互影响的一种方式,它在团体中(特别是在专门的活动形式中)的作用也是很大的。

(一)模仿的含义和种类

模仿(imitation)是指在没有外界控制的条件下,个体受到他人行为的影响,依照他人的行为,使自己的行为与之相同或相似的现象。

模仿是普遍存在的一种社会现象,人类最初的学习形式就是模仿,个体要适应社会生活,模仿在其中占有重要的地位。在个体发展的早期,这种地位尤其突出,没有模仿,个体很难适应他所面临的各种情境。模仿也能使群体成员在态度、情感和行为上的一致性有所提高,从而增强群体的凝聚力。

模仿有三个特征:

(1)非控制性。模仿不是由他人或社会所控制的行为。模仿有时因社会的号召自觉地发生与榜样相似的行为,有时是对榜样无意地仿效。

(2)表面性。模仿是对他人行为的模仿,而不是对榜样内心世界的模仿。实际上,内心世界是无法模仿的,个人体验是无法互通的。所以,模仿仅仅是他人行为的再现。

(3)相似性。模仿是对榜样外部行为的仿效,所以,模仿者的行为就要与榜样的行为相同或类似。尽管这种相似不可能做到完全一样,但总会存在某种程度或行为某一部分的相似。

(二)模仿的类型

根据模仿是否自觉,模仿可分为无意模仿和有意模仿。

有意模仿是模仿者自觉地学习他人行为,在理性指导下进行仿效。有些有意模仿是盲目模仿,即模仿者并不理解他人的行为意义,也不知道他人为什么这样做,"东施效颦"就是一个例子。当然,也有些模仿者懂得他人行为的意义而有选择地进行模仿。例如,很多追星族有意模仿所崇拜明星的穿着打扮、举手投足等,又如,不会吃西餐的人有意照着别人的样子使用刀叉。这种模仿是学习、继承和传播文化的重要途径。

无意模仿是模仿者在没有意识到自己行为意义的情况下,不知不觉地仿照别人的行为。这种模仿大部分是由于生活在一个特定的环境中,长期受影响,不自觉地模仿别人。例如,同事一起共事了一段时间后会模仿同事的语言等。

根据被模仿对象的不同,模仿可以分为对个人的模仿和对群体的模仿。

对个人的模仿是模仿者将某个人的行为作为自己的榜样,把被模仿的对象当作自己的榜样。这种模仿大都是有意的,是希望自己的行为类似于榜样的行为,例如,一些青少年模仿自己所崇拜偶像的言谈举止等。因此,对个人的模仿常常会变成对榜样的崇拜。

对群体的模仿是模仿者将群体的某种共同行为作为自己模仿的对象。对群体的模仿也可分为对群体规范的模仿和群体特定行为的模仿,"入乡随俗"就是对当地群体规范的模仿。

（三）影响模仿的因素

影响模仿的因素十分广泛，比较重要的有以下三方面因素。

1. 年龄因素

儿童的模仿性远远大于成年人，儿童的好奇心强，一些在成人看来是很平常的事情，他们也会感到很新奇，会有意模仿。儿童的模仿行为是个体社会化不可缺少的途径。儿童关心、喜欢、接触多的人和事物，往往首先成为他们模仿的对象。所以，一般来说，父母总是儿童模仿的榜样，年龄越大，模仿的行为就越少。

2. 地位因素

在有意识模仿的时候，一般总是年龄小的人模仿年龄大的人，水平低的人模仿水平高的人，子女模仿父母，学生模仿教师，下级模仿上级。父母、老师、领导有较多的知识和经验，按照他们的模仿去活动，比较容易获得成功。另外，模仿这些人的行为，容易得到他们的好评，得到表扬和奖励，使模仿行为得到强化。《韩非子·外储说左上》之《国尽服紫》描述的"齐桓公好服紫，一国尽服紫"，就是典型的模仿行为。

3. 类似特质

如果有人认为某人与自己在某一方面有相类似的人格特质或特点，而又略胜自己一筹，就容易模仿某人。从电视上的模仿秀栏目可以发现，很多人模仿的都是与自己某方面相似的明星，如长相和声音等。

二、暗示

（一）暗示的含义与种类

暗示（hint）是社会影响的一种特殊形式，是在无对抗条件下，用某种间接的方法对人们的心理和行为产生影响，从而使人们按照一定的方式去行为或接受一定的意见、思想。

暗示是一种被主观意愿肯定了的假说，不一定有根据，但由于主观上已经肯定了它的存在，就会促使其心理尽量走向主观假说。一个人生了病，一时查不出病因，自己怀疑是患了癌症。这时，如果有位医生说他可能患有癌症，这个病人会更加确信。

暗示可以通过语言的形式进行，也可以通过其他方式进行。市场上的小贩向顾客介绍他的商品如何价廉物美，这是语言上的暗示。如果再加上几个"托"在旁边"争抢"购买，造成抢手的假象，诱使路人误以为商品真的价廉物美，于是加入抢购的队伍，这就是行为的暗示。

从暗示的性质看，可以分为他人暗示和自我暗示两类。

暗示信息来自他人，称为他人暗示。他人暗示又可分为直接暗示、间接暗示和反暗示三种。凡是将事物的意义直接提供给对方,使人们迅速而无怀疑地加以接受,就是直接暗示。这种暗示不仅迅速,而且不容易产生对信息的误解,"望梅止渴"就是直接暗示的生动例子。那些将事物的意义间接地提供给人们,使其迅速而无怀疑地加以接受的,称为间接暗示。间接暗示不把事物的意义讲清楚,或者不显露自己的动机,使人们在言语之外,从事物本身了解其意义。间接暗示的效果大于直接暗示。据说,美国某市立图书馆工作人员发现一些青年喜欢阅读低级趣味的小说,十分担忧,于是设法在这些小说封面和背面加一标签并介绍此类书籍尚有哪些书,而他所介绍的书籍都是健康的小说。不久,工作人员发现这些青年都开始阅读此类健康小说了。后来,他又设法再介绍内容更优秀的小说。两年后,青年的阅读兴趣果然变得健康起来。反暗示是指暗示者发出信息后,却引起了受暗示者性质相反的反应,"此地无银三百两,隔壁王二不曾偷"就是典型的反暗示的例子。

自我暗示对自身可以产生积极作用,也可以产生消极作用。一个人的自信心其实就是自我暗示。当一个人面临一项挑战性的任务时,如果能看到自己的力量,并且有足够的勇气来承担这一任务,他定能很好地完成任务。如果缺乏自信心,则工作往往做不好。

自我暗示对个人的心理和生理有着重要的影响。在严重的、消极的自我暗示下,一个人可以变得突然耳聋眼瞎,但其视力与听力的丧失并不是因为视神经与听神经受损,而仅仅是大脑中分管视觉与听觉有关区域的功能受到扰乱,使相应地功能失调。古代有位妇女曾误食一虫,自感身体不适而生病,多次求医都毫无效果。后来,有个医生让她服了泻药,并偷偷撒些白色的线头在排泄物里,告诉她虫子已经排出体外,病人看后果然痊愈了。显然,这位妇女前后两个阶段的身体状况其实都是自我暗示的结果。

(二)影响暗示的因素

暗示效果的好坏既受主观因素的影响,也受客观因素的影响,主要因素有以下五种。

1. 受暗示者的年龄与性别

年龄幼小、独立性差和身体衰弱者比较容易接受暗示,这些人独立自主的能力比较差,依赖性较强,较少分析和批判,对于别人的暗示,往往无条件地接受。另外,年幼的儿童容易受到暗示,因为他们知识少、经验少、缺乏思考力,容易轻信他人。但从另一方面来看,年龄越小的儿童又越不会被暗示。由于年龄小,知识经验少,切身感受也少,因而无法接受暗示,暗示效果无从产生。暗示的效果表现出性别差异,女性比男性更易接受暗示。

2. 受暗示者的心理状态

人们在疲倦时易受暗示,精神振作时则不然;人们对于毫无经验的事物易受暗示，对于具有充分知识的事物则不然；人们对于嗜好的事物或习惯的行为易受暗示，反之，则不然。一般而言，意志坚强者或感情冷漠者均不易受暗示。人格的倾向性也与受暗示的效果有关。从独立自主的倾向来看，有些人缺乏主见，随波逐流，这些人比较容易接受暗示；人格独立性很强者，则具有反暗示性，反对顺从，反对压服，特别是当知道（意识到或猜到）他人企图施以暗示影响的时候，更不会接受暗示。

3. 当时的情境

人们是否接受暗示，往往与当时的情境有关。人们在情况不明时，在困难和焦虑时，最容易接受暗示。因为人要顺利地活动，要寻找出路，要消除顾虑，便存在对他人较高的期望值，一旦得到他人暗示的刺激，就容易接受并指导自己的行为。

4. 暗示者的影响力

人会在社会生活中相互发生影响，但有的人影响力很大，有的人影响力却很小。罗斯指出，凡是最有影响力的人，就是最有力量的人。暗示者的地位越高，暗示的效果越好。一般说来，职务较高、知识丰富甚至年龄较大等都能构成高地位的因素。在被暗示者看来，这样的人更值得依赖和依靠，所以更有可能接受暗示。所谓"人微言轻，人贵言生"，就是指暗示者的影响力问题。

5. 暗示刺激的特点

暗示效果的大小与暗示者出示的刺激特点有关。一种刺激经过多次反复，更易发生效果，所以，商业广告往往连续播放，或在各个不同的场合出现，以希望对消费者达成暗示的效果。任何暗示刺激，其表现的范围越广、区域越大、分量越多而又不断反复，其暗示效果必然越大。另外，暗示刺激的特殊性或具有新奇性都较易产生暗示作用。人们对于环境中的事物，总是注意其特殊的或新奇的方面，容易接受暗示。

（三）暗示的意义

暗示这一社会心理现象在生活的许多领域都有重要意义。在医学领域中，医生对病人最易发生暗示作用。病人即使患了严重的疾病，如果医生安慰病人，关心病人，再加上悉心治疗，就会增添病人的自信心，病人与医生密切配合，就能取得圆满效果。在体育运动领域，运动员要树立必胜的信心，实现积极的自我暗示，稳定情绪，克服不利因素，才能发挥出应有的水平。但是，接受暗示毕竟不是一种根据事实作出的判断，接受暗示在很多情况下是一种盲从的表现，它往往是与缺乏知识、缺少经验联系在一起的，也与性格上缺少独立性、不善于独立思考有关。因此，不断地丰富知识、提高水平、磨炼意志、培养独立思考的习惯，可以保护自己不受消极暗示的影响，更能避免上当受骗。

第四节 去个性化

> **引例**
>
> **"哄抢大米"现象背后**
>
> 2015年9月29日早上7点多,一辆运载30余吨大米的半挂火车在温丽高速发生车祸,大米洒落一地,引来附近村民哄抢。附近村民一哄而上,用袋子、小货车参加哄抢,甚至还有人动用了铲车。前来维护秩序的交通警察怎么劝说都没用。

一、去个性化的含义

生活中经常会出现这样的情况,个体在群体中或与群体一起从事某种活动时,由于个体对群体的强烈认同感,使得个体的个性似乎被约束了或者暂时失去了,于是在群体的氛围中,个体跟随群体的激动做出一些他们单独时无法做出的行为,比如球迷在暴乱中的破坏行为是球迷一个人时不会做出的。去个性化(deindividuation)就是指个体丧失了抵制从事与自己内在准则相矛盾行为的自我认同,从而做出一些平常自己不会做出的行为。

1967年,200名俄克拉荷马州立大学的学生聚集在一起围观一个声称要从塔顶跳下来的同学。下面的人起劲地同声呼喝着:"跳!跳!……"最后那个同学真的跳下来了,当场身亡!类似的悲剧,在我们今天的生活中也时有发生!

对去个性化的研究源于法国社会学家勒庞。勒庞发现激动的群体倾向于有相同的感受和行为,因为个体的情绪可以传染给群体。在这种情况下,即使一个成员做了一件大部分人反对的事情,其他人也会倾向于仿效他。勒庞把这种现象称为社会感染,社会心理学家费斯汀格和津巴多用更现代的词命名这种现象为去个性化。

二、去个性化的有关研究

个体去性化的异常表现并不是孤立现象。许多研究者用更新的研究结果来证实这一现象的普遍性,相关的研究从未间断。最早关注到去个性化现象并对之进行研究的是费斯汀格。他在1952年发现人们可能在群体中会表现出个体在单独时表现不出来的行为。他以男大学生为被试,让他们以组为单位进行讨论,说说自己是憎恨父亲还是母亲。这种话题相当敏感,一般人平时很少谈论。一组的讨论是在的明亮的教室里进行的,每个成员都具有高度的可辨识性,另一组的讨论是在昏暗的教室里进行,每个成员还穿上布袋服,只露出鼻孔和眼睛,可辨识性很低。研究人员预期具有低辨识性的被试(去个性化的被试)将会更猛烈地抨击自己的父母。实验结果证实了这种预测。研究人员还发现,去个性化的群体对成员具有更大的吸引力。

津巴多做实验发现,让纽约大学的女大学生穿上同样的白色衣服和帽兜,然后让她们按键对另一个女性实施电击,结果发现,她们按键的时间要比那些可以看见对方并且身上贴着很大名字标签的女生长一倍。

布福德通过分析,1985年的球迷暴乱(海瑟尔惨案),一面墙倒塌,其中39人丧命。惨案背后这些足球流氓们单独一个人时通常非常可爱。

迪纳等人研究表明,万圣节中,成群结队的孩子会比单个孩子偷更多的糖果。

陈等人研究表明,如果以死亡率作为衡量标准,在有另两名同伴的情况下,一个十六七岁年轻人鲁莽驾车的可能性几乎是车上没有任何同伴情况下的两倍。

麦考比研究表明,男生们一起游戏时,会更加富于竞争性并采取行动;而女生们在一起时,会更倾向于做出关系取向。

可以说,去个性化的现象会在所有人身上发生,不但包括冲击的球迷,也包括懵懂的年青人,甚至是理性的政治家。

三、影响去个性化的因素

为什么人们在群体过程中可能会产生去个性化的行为呢?下面是影响去个性化行为的一些重要因素。

(一) 匿名性是引起去个性化现象的关键

群体成员的身份越隐匿,人们就越会觉得不需要对自我认同与行为负责。费斯汀格认为:"在群体中的个体觉得他对于行为是不负责任的,因为他隐匿在群体中,而不易作为特定的个体被辨认出来。他们溶化于群体中,缺乏个体的可辨认性,导致不允许进行某种行为这些约束力的降低,个体觉得溶化于群体中越厉害,去个性化就越厉害,约束就减少得越厉害。"布莱恩·马伦曾对美国1899—1946年报道的60起滥用私刑的事件作过分析,结果发现,暴行的人数越多,他们杀害受害者的方式就越残忍、越邪恶。罗伯特·华生在1973年研究了24种文化,发现那些在参战前隐藏身份的战士,如在脸和身体上绘上图案,比那些不隐藏身份的战士更有可能屠杀、折磨、残害俘虏。

(二) 责任分散的影响

随着加入群体,成为群体成员并溶化了个性,群体成员便会觉得自己是个匿名者而肆意破坏社会规范。另外,群体生活告诉群体成员,群体活动的责任是分散的,或者说分散在每个小组成员身上,受"法不责众"思想的影响,任何一个群体成员都不用承担群体所带来的后果。因此,对群体的注意增强了去个性化,反过来又强化了通常受到制约的行为。

(三) 自我意识弱化

丹尼尔认为,引起去个性化行为最主要的认识因素是缺乏自我意识,人们的行为通常受到道德意识、价值系统以及所习得的社会规范的控制。但在某些情境中,个体的自我意识会失去这些控制功能。无自我意识、去个性化的人更不自控、更不自律,更可能毫不顾及自己的价值观就行动,对情境的反应性也更强烈。自我觉察是去个性化的反面。自我觉察的人(如站在摄像机面前的人)会表现得更加自控,他们的行为也能够清晰地反映他们的态度。例如,如果人们在镜子面前品尝各种奶油干酪,就会挑那些低脂肪的品种来吃。

另外,群体规模、情绪的激发水平、情境不明确时的新奇感、群体中的独特刺激(如毒品或酒精等)、参与群体活动的程度等因素,都可能导致去个性化。

去个性化并不总是导致攻击性或反社会行为,团体的特定规范决定了去个性化最终会导致积极行为还是消极行为。如果整个群体处在愤怒之中,而且群体的规范是暴力行为,去个性化就会使得群体中的个体表现得富于攻击性。但如果个体在一个聚会上的规范是尽可能地多吃,去个性化就可能会使个体把所有美食一扫而空。

拓 展 阅 读

六种说服策略

著名社会心理学家、全球知名的说服术与影响力研究权威罗伯特·西奥迪尼发现,在各种影响他人的策略或因素中,有六种策略的应用效果较好。

(1) 互惠。我们应该尽量以类似的方式报答他人为我们所做的一切。简单地说,就是对他人的某种行为,我们要以一种类似的行为去加以回报。例如,超市提供"免费试用"的策略。

(2) 承诺和一致。一旦作出了一个选择或采取了某种立场,我们就会立刻碰到来自内心和外部的压力迫使我们的言行与它保持一致。在这样的压力之下,我们想方设法地以行动证明自己先前的决定是正确的。例如,宝洁和通用食品这样的大公司,经常发起有奖征文比赛,参赛者无需购买该公司任何产品,却有机会获得大奖。

(3) 社会认同。在判断何为正确时,我们会根据别人的意见行事,尤其是当我们在特定情形下判断某一行为是否正确时。如果我们看到别人在某种场合做某件事,我们就会断定这样做是有道理的。例如,当自杀事件被广为报道时,报道所覆盖的地区自杀事件反而会增多。

(4) 喜好。我们大多数人总是更容易答应自己认识和喜爱的人所提出的要求。例如,在审讯嫌疑犯的过程中"好警察""坏警察"搭档的方法总是有效。

（5）权威。权威具有的强大力量会影响我们的行为，即使是具有独立思考能力的成年人也会为了服从权威的命令而做出一些完全丧失理智的事情来。例如，受过正规培训的护理人员会毫不犹豫地执行一个来自医生的明明漏洞百出的指示；而行骗高手们总是冒充公职人员作为一种行骗手段。

（6）稀缺。"机会越少见，价值似乎就越高"的稀缺原理影响着我们行为的方方面面，对失去某种东西的恐惧似乎要比对获得同一物品的渴望更能激发人们的行动力。例如，面值一元的错版纸币，其价值会远远超过面值的几百倍；在拍卖场里，人们会不由自主地不停举牌。

以上每个策略都在提示我们，什么时候说"是"比说"不"更加有利。但现实中，大量的伪造信息被人利用，借此引诱我们作出机械的反应并从中获利，我们不得不防。

本 章 小 结

1. 社会影响是指在社会力量的作用下，引起个人的信念、态度、情绪及行为发生变化的现象。有时候，他人在场能让我们更加努力，成绩更佳，这种现象是社会促进；而有些时候，他人在场会令我们成绩下降，这种现象称社会抑制；还有些时候，他人在场会令我们有所懈怠，努力程度减少，这种现象称为社会惰化。

2. 优势反应强化说认为，一个人在动机强烈的时候，他的优势反应能够很轻易地表现出来，而较弱的反应会受到抑制。所谓优势反应，是指那些已经学习和掌握得相当熟练，成为不假思索就可以表现出来的习惯动作。

3. 从众是指个体在群体压力下，在知觉、判断、信仰及行为上，表现出与群体中大多数人一致的现象。服从是指个体按照社会要求、群体规范或他人的命令而做出的行为，这种行为是在外界明确的要求下发生的。

4. 模仿是指在没有外界控制的条件下，个体受到他人行为的影响，依照他人的行为，使自己的行为与之相同或相似的现象。暗示是指在无对抗条件下，用某种间接的方法对人们的心理和行为产生影响，从而使人们按照一定的方式去行为或接受一定的意见、思想。

5. 去个性化是指个体丧失了抵制从事与自己内在准则相矛盾行为的自我认同，从而做出一些平常自己不会做出的行为。

思考与练习

一、名词解释

社会影响　社会助长　社会抑制　从众　服从
模仿　暗示　去个性化

二、案例分析

在开放办公室里，人们都在有他人在场的情境下工作，这会对工作者造成什么样的影响？

三、论述题

论述从众行为的影响因素。

第十章

群体心理

学习目标

- 掌握群体的含义和主要特征；了解群体形成及分类；
- 掌握群体凝聚力和群体决策的含义；
- 理解群体是合作还是竞争的关系，并理解其中的决定因素；
- 了解群体思维、群体领导的产生以及领导的类型；
- 掌握群体偏见的概念及产生的原因。

本章学习资料

引例

航天飞机爆炸事件

1986年1月28日，挑战者号航天飞机在美国肯尼迪航空中心升空。发射72秒后发生爆炸，飞船上所有宇航员均丧生。所有看到这场悲剧的人们都惊呆了。高级工程师曾在发射之前警告，空气温度太低会对安全造成威胁，但最高决策者对该建议置之不理。根据分析，在飞船升空的决策过程中，有许多群体思维的成分。例如，负责决策飞船是否升空的人员已经在一起工作了若干年，建立了非常紧密的伙伴关系。两名最高决策人员尽管面临一些反对意见，但仍执意支持发射。决策者忽略了高级工程师的警告，并且对飞船制造商施加压力，要求他们支持发射计划。那时，决策者似乎对自己决策的正确性很有自信。但是，对专家警告的忽略终于导致悲剧的发生。

一个群体是如何影响其群体内的个体成员的呢？本章将讨论群体的心理和行为等内容，并着重讨论群体和个体在心理方面的相互影响和相互作用，特别是个体在群体影响下的心理活动规律。

学习活动

主持人发出指令，男生站一队，女生站一队；身高在165厘米以上的站一队，身高不足165厘米的站一队；班级中相同星座的同学站一起；戴眼镜的同学和不戴眼镜的同学分列两边，等等。想想还可以通过哪些人群中相同的特征将班级分为不同的群体呢？

根据性别、身高、体重、星座、是否戴眼镜，可以将班级分为不同的小群体，但今天小游戏只是通过人的表面特点，还可以随着群体人员互相了解的深入，通过一些内在的人格特质（如内向、外向）进行分类。

第一节 群体概述

 引例

网络群体

人人网曾是中国最大的实名制社交网站。2009年，人人网人气爆棚，如今人人网有大量游戏、应用，很多特点和Facebook如出一辙，但也有不同之处。人人网增加了一个等级系统，即用户访问得越频繁，排名就越靠前。并且，人人网还设计了人气指数，越多的人访问某个特定用户主页，其人气会越高。近期冲击中国社交媒体的力量来自一个移动手机应用——微信。这是腾讯公司在

> 与新浪微博的交手失败后，面向移动手机用户，提供有史以来最为成功的社交工具。微信于2011年出现，到2012年9月已经拥有2亿用户，截至2015年11月，微信活跃用户量近6.5亿。人人网与微信群上面的成员是否组成了一个真实的群体呢？

一、群体的定义

中国有句俗话说"物以类聚，人以群分"。什么是群体？当我们看到一个群体的时候，我们能否确定这就是一个群体？图书馆里坐在一张桌子上的六个学生并不一定就是一个群体。但是，如果他们是为了准备心理学考试而聚在一起，他们就是一个群体了。我们无时无刻不生活在群体之中。我们的社会由78亿个体组成，它同时包含200多个国家和地区、400万个地方性社区以及不计其数的正式或非正式的群体。如约会中的恋人，家庭，教堂等。群体一般包括三个或三个以上彼此互动、彼此依赖的人，他们的需要和目标使得他们相互影响。简而言之，群体就是为了共同目的而聚集在一起的一群人。

群体动力学家肖在1981年提出，所有的群体都有一个共同特点：群体成员间存在互动。因此，他把群体定义为两个或更多互动并相互影响的人。澳大利亚的社会心理学家特纳认为，群体成员把自己群体中的人看作"我们"，而不是"他们"。群体的存在可能有很多理由，如为了满足归属的需要、为了提供信息、为了给予报酬、为了实现目标等。

按照肖的理论，在计算机房上网，各自做自己事情的学生不能称作一个群体。虽然他们在一起，但他们只是一群人，而不是一个互动的群体（不过，其中的每个人却可能是某一个网上聊天室这个无形的群体的一员）。

群体是一群拥有同一目标和规范的个体，是相互影响、共同活动、具有内聚力的一个集合体。一般来说，群体具有组织功能和个人功能，即完成群体交付的基本任务，满足个人的安全感、亲和感、自尊感、力量感和自我认同、自我实现等心理需要，这些功能构成了个体加入群体的主要理由。其中，规模是群体最重要的维度之一，夫妻是最小的群体。社会心理学的许多研究集中在3—30人的小群体的规模上。

群体可以作为重要的信息来源，它是我们身份认同的一个重要部分，它可以帮助我们确认自己的身份，同时也是社会规范的来源。

二、群体的主要特征

基于定义，一种职业（如所有的职业足球运动员）不一定构成一个群体，因为在这个类别中不是所有的人都认识对方，且没有面对面接触，没有相互之间的直接影响。然而，上海交通大学篮球队是一个群体，因为他们会有日常交流和相互影响。所有观看"爸爸去哪儿"节目的儿童是普通观众的一部分，也不是群体，但某小学二年级（5）班的所有儿童就是一个群体。几乎所有群体都存在以下基本特征。

（1）组织化人群。群体可以是有组织的人群，如家庭、小组、运动队、公司、国家、民族等。每个团体成员都能够在群体中找到一定的角色、地位，执行一定的任务，并在行为上达到与角色认同。

（2）共同的目标。目标是群体进行活动的方向和目的。群体成员以共同的目标为导向，形成一定的社会、工作关系，在此基础上，群体成员之间相互依赖，并相互作用、相互影响。

（3）群体规范。群体中的每个人必须遵守群体共同的价值与规范，群体规范使成员的共同活动得以顺利进行。

（4）认同感与归属感。群体成员彼此有思想上和情感上的交流，对群体产生心理上的依赖。群体成员会意识到自己归属于哪个群体并产生归属感。

以二年级（5）班儿童这个群体为例，来理解群体的基本特征。首先，这个群体成员在群体中有一定的角色和任务，如中队长、学习委员等，是有组织化的人群；其次，群体成员常在班主任的指导下确定群体目标，如让班级集体在学校各项评比中力争上游等；班主任常引导学生制定"班规"，成为群体共同遵守的规范；班级内的儿童对自己的班级有很强的认同感和归属感，如认为"我们班级是全校最棒的"。

三、群体的分类

根据群体的目的、联系的机制、影响群体成员的方式、群体成员间的交往特点等，可以对群体进行不同的分类。最常见的方法是将群体划分为正式群体和非正式群体、现实群体和虚拟群体以及大型群体和小型群体。

（一）正式群体和非正式群体

人的社会活动主要通过正式的和非正式的两个途径进行。根据群体内各成员相互作用的目的和性质，可以把群体分为正式群体和非正式群体。

正式群体是指那些有明确的规章、成员地位和角色、清楚的权利和义务，并具有稳定、正式编制的群体，如政府、企业、工厂、机关的科室、学校的班级等。正式群体按照其存在时间的长短又可分为永久性正式群体和暂时性正式群体。

非正式群体是指那些自发产生的、无明确规章、成员的地位与角色、权利和义务都不确定的群体。人们除了完成工作和学习任务，还有交友、娱乐、消遣等各种各样的欲望与需要，非正式群体往往以共同的利益、观点为基础，以感情为纽带，有较强的内聚力和较高的行为一致性。大学中，由于班级不能充分发挥其功效,同乡会、各种形式的联谊会能吸引大量学生就是这个道理。

非正式群体在一定程度上会影响正式群体,其影响可能是积极的,也可能是消极的。如果非正式群体本身具有很强的凝聚力,就可能促进正式群体的巩固。当正式群体的目标和规范与其成员的个人需要不一致时,两个群体就会发生冲突,成为正式群体发挥作用的障碍。

(二)大型群体与小型群体

群体规模(群体成员的数目)与群体凝聚力有密切联系,它能直接影响到成员的感情和行为。根据群体的规模和沟通方式,可把群体分为大型群体和小型群体。这样的划分界限比较模糊,因为群体的大小是相对的。但是,从心理学的角度看,群体大小规模的划分是有标准的,即群体成员是否处于面对面的联系和接触情境中。

大型群体是指群体成员人数众多且成员间多以间接方式取得联系的群体,如通过群体共同目标、各层组织机构等,使成员建立间接的联系。大型群体还可以进一步划分为不同形式、不同层次的群体。

小型群体是指相对稳定、人数不多、为共同目标而结合起来的、各个成员直接接触的联合体。它有共同的目标,全体成员为此目标作共同努力。小型群体成员间相互熟悉,往往面对面地交往和沟通,心理感受也较明显。其规模不能少于2人,但一般也不超过30人。夫妻、家庭、亲戚和小组、班级等都可以视为小型群体。一个人可以承担不同的社会角色,也可以同时作为几个小型群体的成员,可根据自己的愿望和需要与他人直接交往。

(三)现实群体与虚拟群体

现实群体是实际存在的联合体,成员间有着实在的联系和相互关系,是有目的、任务的联合体。现实群体可以短期存在或长期存在,人数可多可少。

随着计算机和网络技术的发展,现代社会逐渐形成了一种新的群体形式——虚拟群体。所谓虚拟群体,是指群体成员分布于不同的物理位置,通过计算机网络通信技术可以跨地域、跨时间、跨越组织甚至国家界限进行沟通而形成的一种群体形式。这种群体形式使得群体成员的远距离沟通变得方便而快捷,成员的工作变得富有弹性,成员内部可以不分性别、不分年龄,只要兴趣、爱好相似,语言相投,团体便可形成。从这个意义上说,比起传统的团体形式,虚拟群体有着独特的优越性。但在网络聊天室内建立的虚拟群体有多少凝聚力,还有待研究。

第二节 | 群体互动：合作与竞争

> **引例**
>
> 一个经典的研究——卡车游戏：在研究竞争的先导性实验中，德尔塔斯等（1960）使用了一个简单的被称作卡车游戏的双人游戏。研究者要求被试想象他们正在运营一家卡车公司，他们的目标是在尽量短的时间内让卡车从某地开到某地。两辆卡车有不同的起点和终点，彼此并不竞争。但是中间有一个障碍。如果双方都想通过这条路的话，一方必须等另一方先通过后自己再过。这个实验的结果让人震惊。很明显，对被试来说，最佳的解决方案就是相互合作，轮流使用最短路线。这样，他们都不必绕远，可以用这条单行道，一方只需要等另一方几秒钟。但游戏者之间几乎没有合作。他们争夺对单行道的使用权，结果双方都失去分数。

为什么会有这种现象发生呢？相信本节学习的内容会给你带来进一步的思考。

一、群体的凝聚力

你更希望和谁一起度过周末的闲暇时光呢？是一群互相不是很在乎对方的人，还是一群关系紧密、对你以及群体其他成员很忠诚的人呢？一般而言，一个群体的凝聚力越强，成员就越希望处于群体当中，参与群体的活动。那么，什么是群体的凝聚力？

群体的凝聚力是指群体成员联结起来并增强成员相互好感的品质。它包括两个方面：一是群体对成员的吸引力；二是成员彼此之间的吸引力。凝聚力表现在成员的心理感受方面，即认同感、归属感及力量感。

（1）认同感。这是个体在认知和评价上与群体保持一致的情感倾向。在凝聚力较强的群体中，各个成员对一些社会事件与原则问题都持有一定的认识和评价，即认同感。

（2）归属感。这是指个体自觉地归属于所参加群体的一种情感。作为群体的一员，他们以群体的规范为准则，进行自己的活动、认知和评价，自觉维护群体的利益，并与群体产生情感上的共鸣，即归属感。

（3）力量感。在群体凝聚力较强的前提下，当一个成员表现出符合群体规范、符合群体期望的行为时，群体就会给予肯定性评价，以支持其行为，从而使其行为得到进一步强化，使得该成员信心更足，意志更强，即获得力量感。

例如，在学校中的班级这个群体中，如果在班级建设和班级氛围营造方面做得好的前提之下，就会形成很高的群体凝聚力。在班级之间的竞争中，如学业、体育竞技等活动中，群体成员高度认同自己所在群体（认同感），觉得自己是这个班级群体中的一员（归属感），有责任和义务让自己所在班级在各项活动中表现更突出，为此，每个个体就会更加努力（力量感）。

可见，群体凝聚力表现在知、情、意三方面。认同感给予个体认知上的支持，归属感给予个体情感上的支持，力量感带给个体意志力量，从而使群体和个体的相互作用能坚持不懈。

二、凝聚力的影响因素

凝聚力的影响因素主要表现在以下七个方面。

1. 目标的一致性

群体成员对团体目标是否赞同，即个人目标与群体目标是否一致，直接影响群体的凝聚力。成员只有赞成群体目标，才会对群体产生认同感，为实现群体目标而共同奋斗，因而大大提高群体的凝聚力；反之，成员不赞成群体目标，各成员的目标互不关联，各行其是，则必然大大减弱和降低群体凝聚力。

2. 群体成员的相似性与互补性

一般情况下，如果成员在兴趣、爱好、动机、价值观等方面相似或类同，成员就会感到彼此接近，增加人际吸引，相互产生好感，因而能增强凝聚力。具有异质性的成员在知识、能力、性格等方面可以互相补充、渗透、取长补短，也会增进成员间的感情和密切关系，增强凝聚力。

3. 群体成员需要满足的程度

群体成员在物质方面和精神方面都有各种各样的需要。一般说来，群体对成员各种合理需要的满足度越高，成员的凝聚力就越强。群体成员都期望通过群体活动能使自己的某些需求得到满足，满足的程度越高，群体的凝聚力就越强。

4. 群体内部的压力

群体存在的前提是各个成员必须服从群体规范。对模范遵守群体规范的成员有合理的奖励，无疑会增强群体成员对群体规范的认同感，加强群体成员行为的一致性，也就增强了群体的凝聚力。

5. 群体的组织结构和领导方式

群体内部成员之间采取哪种沟通方式以及领导者如何指挥、领导这个群体都直接影响着群体凝聚力。群体的组织结构和沟通方式决定群体领导人的领导方式和领导行为。因此，组织结构、沟通方式、领导方式是同一个问题的不同方面，它的实质是揭示群体成员在一个群体中居于何种地位以及这种地位是如何影响团体凝聚力的。一个金字塔式的官僚僵硬结构容易造成群体成员上下沟通受阻，领导者高高在上，不知下情；下级成员内部矛盾重重，凝聚力自然降低。一个民主的组织结构应该是：群体的决策大多经过全体成员的讨论，成员之间互通信息，相互采纳有价值的意见，成员间相互平等，和睦相处，增进感情。

6. 成员之间的协作与竞争

美国心理学家莫顿·道奇曾做过一个简单的实验。他让一个班的学生讨论人际关系方面的一个题目。他对班级的一半学生说，他们的成绩取决于他们如何成功地对付其他班；对另一半学生说，他将以竞争为基础给他们打分，按照对讨论这个论题的贡献大小分为优、良等。结果，合作解决问题的团体成员比竞争团体成员协调一致。因为目标的一致，使他们自觉地团结起来，他们懂得协作既有益于他人，也有益于自己，体验到团体成员之间的相互依赖。因此，他们在讨论中彼此友好相待，关系融洽，增强了群体凝聚力。相反，竞争的小组成员之间几乎不沟通，忧心忡忡，唯恐别人超过自己并得到好分数。因此，出现了相互不友好甚至相互侵犯的现象，讨论中常有许多误解、缺乏合作精神等，这就削弱甚至完全毁坏了群体的凝聚力。

7. 群体规模

群体规模越大，群体凝聚力就越小。因为群体规模越大，群体成员之间进行相互作用就越难，群体保持共同目标的能力也相应减弱。随着群体规模的增大，群体内部产生小集团的可能性相应增大。群体内部再产生小集团通常会降低群体的整体凝聚力。研究表明，群体的最佳规模为7—9人。

三、凝聚力的功能

群体的凝聚力主要有以下三方面功能。

（一）增强群体成员的自信心和安全感

在凝聚力较强的群体中，成员之间观点一致，互相支持，关系融洽，群体成员心理上的自信心和安全感增强。成员对自己及其所属群体的评价增高，将群体作为自己的"靠山"，更加热爱自己的群体。

（二）增强群体的控制能力

在强凝聚力的群体中，成员担心被排斥于群体之外，愿意留在自己所属的群体中，因而容易接受群体的监督和控制，遵守群体的规范，积极参与群体的活动和任务，实现群体的共同目标。

1951年，社会心理学家沙赫特让凝聚力强度显著不同的两个群体成员各自讨论解决一个问题。在讨论过程中，三个实验助手也在群体中扮演了不同的角色：一名表示赞同群体意见；另一名先发表不同的意见，然后同意群体意见；第三名则始终坚持不同于其他群体成员的意见。研究结果发现，两个群体的许多成员都对意见不同的人好言相劝，试图改变他们的初衷。但如果这些人仍坚持自己的观点，群体成员就会对他不理睬，甚至将他排斥在群体之外。凝聚力越强的群体，其排斥的现象越严重。

（三）影响群体的工作效率

20世纪50年代，沙赫特等人认为群体凝聚力与工作效率的关系并不如此简单，需要考虑其他因素的作用。群体凝聚力与工作效率的关系并不是简单的线性关系，它们之间的关系取决于这个群体的绩效规范。如果群体的绩效规范比较高（如高产出、高质量、积极与群外员工合作），凝聚力高的群体就比凝聚力低的群体工作效率高。如果一个群体的凝聚力很高，绩效规范却很低，群体工作效率通常比较低。如果群体凝聚力低，但绩效规范高，群体工作效率比较高，不过比不上凝聚力和绩效规范都高的群体。如果凝聚力和绩效规范都低，群体工作效率一定低于一般水平。

四、群体的合作

合作是一种普遍的社会现象，广泛存在于群体内部成员之间，合作也是群体内部成员交往或者互动的典型方式。

莱顿曾指出，合作是至少两个人在学习、工作、休闲或者社会关系中通过共同活动、相互帮助和配合、追求共同目标、享受合作成果或增进友谊的行为。

多伊奇指出，合作有三层心理上的含义：① 相互帮助，参与合作的所有成员的行为是可以互相替代的；② 相互鼓励，成员们为任务而产生彼此肯定的情绪；③ 相互支持，合作中群体成员的行为能促使群体更接近共同目标时，其他成员会接受并支持他的行为。

因此，合作是指群体成员一起活动以实现共同目标的行为。这些目标通常是无法通过个人努力而实现的。

那么，哪些因素会影响人们能否在一起合作呢？

（1）奖励方式。群体成员社会依赖的性质决定了情境的奖励结构。当一个人的获得意味着另一个人的损失时，就形成了一个竞争性奖励结构。例如，在奥运会的比赛中，只有一个人能拿到金牌；又如，大学考试的分数用正态曲线划定，只有很少的学生能拿到A。在这些情境中，群体各成员结果的相互联系是负性的，也就是说，一个人做得最好，就意味着其他人做得相对差。这种情境称为竞争性共存。在这种情境中，如果个体希望得到奖励，就必须竞争。

在家庭和朋友群体内，通常会采取合作的模式。在一个合作奖励情境中，对希望获得奖励的个体来说，最佳途径就是合作。

如果个人的结果彼此独立、互无影响，这种结构被称作个体化奖励结构。这时，个体间的关系是社会独立的，而非社会共存。某个个体的结果不会对其他个体造成影响。

（2）个人价值观。在个体关于竞争的价值观上存在着个体差异。个体在与他人发生关系的过程中，通常采用以下三种价值倾向和策略中的一种：

① 合作者倾向于最大化个体和他人的共同利益；

② 竞争者倾向于使自己的收益相对于他人的利益达到最大化。即他们希望比其他人做得更好；

③ 个人主义者倾向于最大化自己的收益，而不考虑他人的收益或损失。

合作者通常以合作的行为开始互动，竞争者则以竞争性的行为开始游戏。随着时间的推移，人们会根据另一方的表现改变自己的行为。如果对方是一个高度竞争性的人，即使他是最希望合作的个体，可能也会采取竞争性行为。

（3）沟通。通常，沟通越多，人们越倾向于合作。有研究发现，当没有沟通可能性时，竞争性最强；当两个人可以彼此交谈但不能见面时，竞争性一般会降低一些；当两个人可以见面交谈时，竞争性最低。在没有沟通的情境下，大约40%的反应是合作的；当允许言语沟通时，合作的反应提高70%。沟通使两个人可以互相敦促采取合作的行为，讨论行为计划，彼此承诺，使对方相信自己值得信赖、互相了解等。

（4）互惠性。人们通常觉得自己对他人带来的好处或者坏处必须回应。有一些证据表明，在互动的过程中，最初的竞争会引发更多的竞争，最初的合作有时会鼓励更多的合作。在这种相互作用中，有一个策略似乎对促进合作十分有效。即双方轮流做出一小点让步，最终达成妥协。

如果一方做出一点让步，然后等待另一方也做出让步，通常会出现更多的合作。这种策略的关键要素是适时、适度。根据沃伦（1977）的研究，最有效的策略就是做出比对方多一点的让步。这样可以强化对方的合作行为，结果就是更多的让步并尽快达成共识。很明显，只有在双方都有一定合作意愿的时候，这种策略才会起作用。如果一方的根本意图就是竞争，试图合作的一方就会被利用，互动的结果会比以前的情势更弱。

互惠性在日常社会情境中的应用很多。例如，老师组织合作学习小组，以减少课题中的竞争和偏见。在一个合作学习小组中，孩子们共同学习掌握课程要求的材料。合作学习小组的一个有利之处，就是可以促进来自不同社会背景的学生之间的关系，减少偏见。合作学习与竞争性或者个体化的学习相比可以使成就更高。合作学习小组可以使个体得到更高的社会支持感，促进心理健康水平。当个体充分认识到奖励结构的合作性，自己的表现要为小组负责时，更可能体现出合作学习的好处。

五、群体的竞争

与合作对应的是竞争。竞争也是社会生活中最常见、最普遍的一种社会心理现象。在学业上，学生在竞争；在职场上，员工在竞争；在爱情中，情敌在竞争。从某种程度上来说，竞争在人类的进步和社会发展中发挥了积极作用。

竞争是个体或群体间力图胜过或压倒对方的心理需要和行为活动，即每个参与者不惜牺牲他人利益，最大限度地获得个人利益的行为，有时，不惜牺牲他人利益的目的在于追求富有吸引力的目标。竞争是个体或群体的各方力求胜过对方的对抗性行为，因此，其积极作用能使人振奋精神，奋发进取，促进社会进步，提高劳动效率。其消极作用是挫伤双方的积极性，使有限的资源难以发挥最佳效益，造成个体间或群体间的不团结，不利于人际关系的建立和发展。可以说，个人或群体竞争机会越多，成功和失败的机会也就越多。

竞争可以分为个体间竞争和群体间竞争两种。有研究结果表明，无论个人之间和小组之间，只要是在竞争条件下，群体中各个成员的工作是相互支持的，共同活动的目的指向性强，及时交流彼此的情况，相互理解，就能提高单位时间的效率。但竞争也可能催生派别的滋生，竞争会催生宗派主义情绪的滋长，不利于建立群体之间的良好关系。

竞争作为一种刺激，会对个体产生一系列的心理效应。

（1）唤起动机，超常发挥。个体的需要多种多样，处于竞争条件下，人们自尊的需要和自我实现的需要更为强烈。个体将动员一切力量，全力以赴，充分发挥内在潜力与创造力，力争使自己在竞争中立于不败之地。

（2）应激状态，全身动员。竞争时，由于人们处于一种应激状态，产生了强烈的情绪体验，刺激肾上腺体分泌激素，血糖升高，从而使全身肌肉产生一种紧张感，全身各器官和组织也就都动员起来，应对突然面对的紧急情况。这种紧张感对参加体育竞赛及其他项目竞赛都是有益的。

（3）知己知彼，扬长避短。通过与他人的竞争，个体对自己的特点和能力有了进一步的认识，因此，能客观地评价自己，扬长避短，精益求精。

（4）急功近利，不切实际。由于个体一心想战胜对方，也会将自己和对手进行比较，往往会过高地估计自己；对竞争对手的优点和友好的表示视而不见，不能作出公正的评价，甚至采取嫉妒、贬低和仇视的态度，不利于与他人建立良好的人际关系。从长远看，会因小失大。

此外，个体与个体、群体与群体频繁地进行竞争，容易产生紧张、忧虑、自卑等消极情绪体验，不利于个体的身心健康。在有些场合，参加竞争者的心理压力过大，由于求胜心切，反而会产生怯场和失误，影响正常水平的发挥，从而对个体心理健康也会产生长期和深远的影响。

第三节 | 群体决策与群体领导

> **引例**
>
> **精英团队也会犯低级错误**
>
> 很多人认为,集体决策的质量应该高于个人决策。一个人想事情难免有疏漏,大家一起想,成功率会很高。那么,精英团会不会犯低级错误呢?组织行为学发现,集体决策质量低于个人决策的情况其实很常见。著名学者欧文·贾尼斯最早注意到了这个问题。他关注的不是商业组织,而是容错率更低的政府组织。贾尼斯发现,国家决策团队也会出现低级失误。
>
> 最典型的案例就是猪湾登陆。1959年,美国策划让士兵假扮流亡者在古巴猪湾登陆,占领机场,然后用电台发报求救。这样美国就能以响应民众请求为理由,堂而皇之地入侵古巴。指挥团队由肯尼迪总统亲自牵头,下辖四位部长级人物,还包括三名白宫智囊,其中的两位是哈佛大学教授。可以说,这是美国能够找出的最强团队了。而且他们都是肯尼迪的支持者,有几位甚至是从总统竞选时就舍命跟随的老人。
>
> 事实上,正是这样一支"梦之队",在之后却频频作出了各种低级决策,最终导致送上古巴滩头的1 000余名雇佣兵,三天内被全部围剿。
>
> 既然集体决策质量可能低于个人决策的情况,那么,如何才能降低集体决策的风险呢?

一、群体决策

群体决策(group decision)是群体成员的主张和意志对群体行为的作用过程。当群体面临问题时,大家出主意、想办法,寻找解决问题的策略与途径,这就是群体决策的过程。

(一)群体决策的作用

群体决策要经过发现问题、提出各种解决方法、分析和比较各种方法、作出决定几个环节。其中,每一个环节都由群体成员集体开动脑筋、积极思考、共同讨论。群体决策在很多情况下比个人决策更具有优越性,但群体决策过程会受到一些因素的影响和限制。

第一,群体决策可以减少偏见。群体成员经过讨论,充分发表不同意见,使大家对问题形成全面的认识和理解,可以减少片面性。

第二,群体决策可以满足成员的自尊并增强责任感,提高决策效率。由于拥有发言权和决策权,群体成员的自尊需要在决策过程中得到满足,同时也增强了执行群体决策的责任感,提高了执行决策的效率。

第三,群体决策可以加强成员间的信息沟通,改善群体内的人际关系,增进了解和信任,有助于群体目标的达到和任务的完成。

第四,群体决策解决复杂问题比个人决策效果好、准确性高。在群体中,每个人可分工去解决复杂问题的某一部分,然后统一结果、交换意见。个人则不具备这种能力。

从整体效果而言,对于多步骤问题的解决,群体决策的效果常常高于个人决策的效果。在具体情况下,决策效果将依赖于任务的性质、群体成员的品质、某些人的才能以及时间等因素。社会心理学家发现,群体往往会作出有偏差的决策。

(二) 冒险性转移

群体和个体面临挑战时,哪个更富于冒险精神呢?人们在社会生活中常会碰到面临选择的情况,要么选择风险小、报酬低的机会,要么选择风险大、报酬高的机会。例如,一个准备报考研究生的大学四年级学生,是选择一所水平一般、容易考上的学校,还是选择一所难考的名牌学校呢?这里的问题是,究竟是在个人决策的情况下冒险性高,还是在群体决策的情况下更富于冒险性。已经有研究表明,群体决策往往比个体更加冒险。在群体讨论中,不同的看法会趋于统一。人们趋于统一所得出的观点往往比他们的原始观点所得出的平均值更倾向于冒险。群体倾向于获利大而成功率小的行为。原来倾向于谨慎从事的个体集合成群体后,倾向于冒险的现象被称为冒险性转移。这种现象表明,当人们集合在一起时,比他们单独活动更具冒险精神。

在一项研究中,假设某人得了心脏病,做手术会改进他的身体状况,但这种手术是有风险的,手术失败可能造成更严重的后果。研究人员请了一些测试者,请他们在如下的手术成功率中作选择:10%、30%、50%、70%、90%。被测试者在个人进行选择时,平均选择成功率在50%时接受手术。但是,当决策情境变为7个人一起讨论再决定给患者建议时,小组讨论后的建议是,有30%的成功率就可以动手术。这意味着手术风险从50%增加到70%,集体冒险现象就出现了。

(三) 群体极化现象

莎士比亚与恺撒的拥护者们有一段对话,描述了观点相同的群体具有的极化力量。

拓 展 阅 读

安东尼:善良的灵魂啊,当你而不是我们恺撒的衣袍被损坏时,你为什么会哭泣?你来看看吧。就像你看到的那样,这就是被叛徒弄伤的他!

> 市民甲：多可怜的景象啊！
> 市民乙：高贵的恺撒啊！
> 市民丙：真是糟糕的一天！
> 市民丁：叛徒，恶棍！
> 市民甲：最血腥的景象！
> 市民乙：我们要报仇！
> 所有的人：报仇！就在附近！去搜查！烧吧！放火吧！杀吧！不能让任何一个叛徒活着！

群体极化是指群体成员中原已存在的思维倾向性得到加强，比成员个人决策的倾向更极端，使一种观点或态度从原来的团体平均水平加强到具有支配性地位的现象。

案例

冒险转移中的群体决策

在冒险转移的典型研究中，被试读一些比较复杂的情境描述。在每一个情境下，有风险高低不同的选择。下面举个具体例子：

卡罗尔是一所社区大学的教师，工作表现十分优秀。她的薪水不错，而且她也很喜欢自己的工作。但是卡罗尔一直期望开一家餐厅，自己做老板。一年以前，卡罗尔开始研究开一个小餐厅的可能性。她已经找到了一位愿意和她共同工作的年轻厨师，发现了开餐厅的绝好地点，并且与银行里负责贷款的人员谈过。不过，为了经营一家餐厅，她必须放弃自己的工作，而且投入自己所有的积蓄。如果餐厅能够成功，她就可以实现自己的梦想，同时会有很高的收入。可是，她也知道很多创业不会成功。如果餐厅失败，她投入的大量时间和金钱都无法收回，也会失去稳定的教书工作。

假设你现在要给卡罗尔提出建议。在最小成功概率多大时，你建议卡罗尔开餐厅。成功的概率最少是多少时，卡罗尔应该开餐厅。

参加研究的是一些社会心理学课程的学生，你认为他们会如何回答这个问题呢？在斯顿尔最初的研究中，被测试学生在每一种情境后自己作出选择。然后分组讨论每一个问题，得到一个大家都同意的决策。结果表明，群体决策的风险要显著高于个体决策的平均风险。

许多在美国、加拿大和欧洲进行的研究都印证了这一结果，但有研究者却发现一些意外情况。有的群体实际上作出更加保守的决策。目前的研究表明，如果一开始组内成员的意见比较保守，经过群体讨论决策就会变得更加保守。相反，如果个人意见趋向于冒险，群体讨论后得到的决策就会更加有风险。也就是说，群体讨论会得到更加极端的决策，这种现象被称为群体极化现象。下面是对该现象的几种解释。

第一种解释被称作说服性争辩，人们从群体讨论中正反两方面的观点获得信息。赞成某种立场的观点越多，越具有说服力，群体成员就越可能支持该观点。但是，群体讨论通常不会检验所有合理的正反观点，也不会对所有的立场都同等重视。通常，大多数论证往往支持每个群体成员的最初立场，所以，人们通常会听到不同的论点，并使他们对自己的观点更加执着。这样，讨论中的信息可能使个体更加确信自己最初观点的正确性，从而得到更极端的群体观点。此外，作为群体讨论的一部分，个体可能会不停地重复自己的论点，这个过程就会促进观点的极端化。

第二种解释强调社会比较自我展示过程。即个体关注自己的观点与群体其他成员相比较的情况。在讨论中，个体可能发现其他人有相似的态度，甚至有人的观点比自己的还极端。一种希望被赞赏、看作自信或者勇敢的心理使得个体趋向于比组内其他成员更加极端。实际上，这是个体希望自己能够高人一等。就像布朗解释的那样："有德行……就是在正确的方向和正确的程度上与普通人不一样"。有研究支持上面两种解释，并且发现两者可以同时发生。

第三种可能性是社会认同过程在起作用。讨论使个体注重群体感，并且与群体认同。为了与群体的标准一致，进而使个体感到有压力要改变自己的观点。然而，个体知觉不到群体的"真实"平均观点（通过讨论前的分数得到），而是将群体标准知觉为更加符合刻板印象和极端。于是，他们把自己的观点调整得更加极端，去认同心目中的群体标准。不管是什么原因，群体极端化是群体决策过程的一个重要方面。

群体讨论是否总会导致极端化呢？答案是否定的。当人数接近的群体成员在某个问题上持两种不同观点时，讨论通常会使两种相反的观点折衷，这种现象被称作去极端化。

（四）群体思维

从20世纪70年代初期开始，耶鲁大学社会心理学家詹尼斯就一直致力于团体思维的研究。他细致地分析了美国各界高层在20世纪决策失误的典型案例，包括1941年珍珠港事件中美国军队的不设防、1961年美国对古巴的猪湾入侵、20世纪60年代中期的美越战争升级以及挑战者号航天飞机的错误发射等，最后，詹尼斯得出了结论，他提出，群体思维是指注重保持群体的凝聚力更甚于务实思考事实的一种思维方式。根据詹尼斯的理论，群体思维在具有较高的凝聚力、与对立观点相互隔绝、领导者的风格是命令型的前提条件下最容易发生。

群体思维是指高凝聚力的群体决策时，其思维会高度倾向于寻求一致，而对其他变通性的思维与方法进行压制的思维方式（图10.1）。例如，在会议上、课堂中或是其他凝聚力很高的群体中，如果有个别人的意见与大家不一致，他很可能最终放弃说出自己的想法而顺从群体的意见。

二、群体领导

"I Have a Dream"的演讲不知曾经激励了多少人。是什么决定了一个人成为像马丁·路德·金那样伟大的领袖呢？

现代社会心理学对领导的界定是比较一致的：领导被视为群体或者组织中特定的人在一定的环境条件下，为实现既定目标，对所在群体或组织和所属成员进行引导和施加影响的行为过程，领导的核心特征是社会影响。领导带领行动、发号施令、作出决策、解决群体成员之间的纠纷、提供支持、成为群体的楷模并处于群体活动的最前位置。例如，在学校或者公司等大的组织内，有正确的组织规章，章程内正式规定了领导的层级。

图 10.1
"群体思维"

领导方式又称为领导风格，是领导者从事领导活动时所采纳的行为方式和所表现的行为特征。领导者对群体成员所采取的控制方式不同，将导致群体内士气的差异。勒温等人以上述观点为指导，将群体领导方式分为三类：

（1）专制型领导。群体内的所有方针由领导者决定。工作的方法程序由领导者一步步指示，群体成员无从了解群体活动的最终目标。群体成员不能选择工作方式与伙伴。领导者单凭个人好恶来评价成员的工作成果。领导者和小组成员保持一定的距离，缺乏人情味。

（2）民主型领导。群体成员共同讨论决定群体方针，领导者在旁给予鼓励及支持。领导者平易近人，以事实为依据评价群体成员。领导者尽力避免干涉或指挥。表扬和批评尽量做到客观公正，力求把自己作为小组中的普通一员。

（3）放任型领导。领导者除了一些被动的管理工作外，对群体方针的决定、任务的分担、人员的安排、工作的评价等不作任何主动干预。基本是放弃领导，放任自流。

研究者设置了几个目标，对各组进行比较，结果表明：放任组的工作做得很少，质量很差，但人际关系较好；民主组的成员能够很好地团结在一起，高质量地完成工作任务，并表现出很好的自觉性。日本一些学者的相关研究表明，民主型领导是一种较为理想的领导方式。

第四节 | 群体偏见

> **引例**
>
> ### 种族偏见
>
> 1999年的某个凌晨,在纽约布鲁克斯的一条街道上,四名白人警察正慢慢地接近一名叫迪阿诺的黑人移民,因为他们觉得他与某犯罪嫌疑人很像。警察命令迪阿诺不许动,当迪阿诺把手伸进口袋,可能是想出示钱包里的证件时,警察对他的这个动作非常警觉,毫不犹豫地开枪射击,总共41枪,迪阿诺当场死亡。实际上,迪阿诺没有任何犯罪记录,他是一名勤劳的街头小贩,在业余时间学习并获得很高的学分,因此可以上大学了。
>
> 类似的事件在美国发生多起。是什么偏见引起美国警察对黑人施加如此暴力呢?

> ### 学 习 活 动
>
> 请你迅速在纸上尽可能多地分别写出上海人的性格特点和东北人的性格特点,之后进行小组交流,看是否有大家共识的部分。
>
> 请小组代表交流本组的讨论意见,归纳小组意见后,发现对上海人和东北人的一些群体偏见,进而引出今天的授课主题。其实,很多时候,我们对于某一地方区域的人存在着一定的群体偏见,本章将讨论的就是群体偏见的主题。

一、偏见概述

偏见是一种态度,也由态度的三要素组成,即情感或情绪要素(代表与态度有关的情绪类型以及态度的极端程度)、认知因素(涉及构成态度的信念与思想)和与动作有关的行为要素。例如,大男子主义的拥护者对于女性持有偏见,他们认为"女子无才便是德"(认知),因此,不喜欢她们独立自主(情感),从而经常以不公平的方式来对待她们(意向)。

偏见是针对某一特定群体的敌意或者负性态度,是仅仅基于个体属于这个群体而存在的。偏见是普遍存在的社会现象,它以各种各样的方式影响着我们。首先,偏见是双向的,它经常由强势群体施加在弱势群体身上,也被弱势群体施加在强势群体身上。而且,任何一个群体都有可能成为偏见的对象。

当我们想起"女强人"的时候,脑海中往往浮现出能力超强、精力旺盛、情感冷漠、一心工作,在处理感情和个人生活上均很少投入精力的印象。刻板印象不仅仅是分类而已,还是对一个群体的全体成员的概括,是对有着某种共同特质的一组人的概括,且忽略成员间的其他不同之处。刻板印象一旦形成,就很难因为新信息的出现而发生变化。刻板印象是认知过程,而不是情绪性的。

偏见的最后一个要素是行为要素。刻板印象的信念经常会导致不公平的待遇,我们称之为歧视。歧视通常是由于某成员身份导致的针对某个群体中个体的不公正的负性或者伤害性的行为。如对黑人的歧视、对同性恋的歧视等。

社会心理学家们对偏见产生的原因进行了大量的研究,提出各种各样的导致偏见的因素。总结下来有以下五个方面。

(1) 社会分类。偏见的第一步是创造群体——从群体产生的一开始,就已经是以偏见为基础。以某些特征将某些人归为一个群体,再以不同的特征将其他人归为另一个群体。举例来说,我们借助物理特性划分动物和植物来了解自然界;我们依据性别、国籍、种族等特点对人们进行分类,以了解我们的社会世界。人们会借助社会分类的过程把自己和他人分到或相同或不同的社会群体中去。最简单和最有说服力的分类方式,就是判断别人是否与自己相像。这种分类是从"我与非我"到"我们与他们"的导向发展而来的。这样,人们把世界分成了内群体和外群体两部分。对前者而言,个体把自己看作其中的成员,对外团体则相反。这种认识性的区别导致了内群体偏见,一种认为自己群体比别的群体好的评价。

(2) 社会化。文化传统具有很稳固的根基,即使最初的文化产生因素已消失很长时间,文化传统还能继续存在。作为文化传统成分之一的偏见同样如此。通过社会化的过程,个体吸收并内化了文化传统,也继承了偏见。偏见并不是与生俱来的,它是人们习得的。儿童从他们的家庭、伙伴、大众媒体以及他们身处的社会中学会了偏见。儿童在社会化过程中习得偏见的具体途径一般分为直接学习、模仿学习和环境气氛的熏染三种。例如,在种族歧视严重的国家里,白人、黑人分区而居,分校而读,整个生活环境弥漫着黑白有异的氛围,久而久之,就潜移默化地影响了儿童。

(3) 偏见人格。一些研究者认为,偏见有时是一种人格特征。对一个群体抱有偏见的人很容易对其他群体也产生偏见,他们在个性中普遍表现为刻板、压抑和过分简单化。研究者将这种偏见人格特征称为权威主义人格。权威主义人格常常与种族中心主义思想连在一起,认为自己的民族或种族群体比其他群体更优越,并且更关心权力。

(4) 现实利益冲突。现实冲突理论主张,资源的有限性会导致群体之间发生冲突,进而造成偏见和歧视。也就是说,竞争是冲突偏见的最明显来源之一。例如,英裔和墨西哥裔美国移民对有限工作机会的竞争以及巴勒斯坦和以色列的领土之争,都会导致社会偏见态度增加。

(5) 心理因素。偏见和某些独特的心理作用与心理感受有关。弗洛伊德认为，偏见是一种人类倾向于投射的功能。许多社会心理学家还认为，挫折感会导致偏见。

二、减少群体偏见的方法

偏见是普遍存在的，有时以内隐的方式表现，有时是残忍而公然的。卢梭曾经说过："放弃我们的偏见永不嫌晚。"那么，我们如何减少或消除社会中的偏见呢？

（一）消除刻板印象

偏见的认知成分往往是一种社会刻板印象。一般人对某些群体的成员常有一定的刻板印象，如男人认为女人有依赖、被动性等。研究表明，由偏见对象表现出与刻板印象相异的行为来，会有助于消除偏见。例如，奥巴马竞选总统的成功，将有助于削减人们对黑人持有的偏见。

（二）增加平等的和个人间的接触

平等的接触和个人间的接触都是为了深入、全面地了解接触双方的独特性。不平等的接触妨碍双方相互间深入、细致的了解，并且还易产生先入为主的、刻板化的判断，这种判断往往是对地位低下者不利的。只有平等的、个人间的接触才有利于真实地了解对方独特的能力、性格、爱好、抱负等。要尽可能地避免先入为主的判断，从而达到预防和消除偏见的目的。

本 章 小 结

1. 群体是一群拥有同一目标和规范的个体，是相互影响、共同活动、具有内聚力的一个集合体。
2. 群体具有地位、角色、规范和凝聚力等基本特征。
3. 影响群体凝聚力的因素有三个：第一，当群体成员互相喜欢对方，彼此之间有很强的友谊关系时，凝聚力就会高；第二，群体的有效性与和谐性；第三，人们留在一个群体内的动机受该群体的工具性目标影响。
4. 根据群体内各成员相互作用的目的和性质，可以把群体分为正式群体和非正式群体。根据群体的规模和沟通方式，可把群体分为大型群体和小型群体。
5. 群体的凝聚力是指群体成员凝聚为一体，合力于群体或组织目标活动的心理结合力。凝聚力表现在成员的心理感受方面，即认同感、归属感及力量感。
6. 群体凝聚力对群体以及成员发挥的作用主要表现在增强群体的稳定性、提高群体成员的自尊感与安全感和影响群体工作效率等方面。

7. 许多因素决定人们在一起是竞争还是合作，包括情境的奖励结构、竞争性的个体差异、沟通模式和相互作用的影响。

8. 竞争是个体或群体间力图胜过或压倒对方的心理需要和行为活动。即每个参与者不惜牺牲他人利益，最大限度地获得个人利益的行为，目的在于追求富有吸引力的目标。

9. 群体决策是群体成员的主张和意志对群体行为的作用过程。

10. 群体极化是指群体讨论倾向于使群体成员的初始观点得到加强。

11. 领导是指群体或者组织中特定的人在一定的环境条件下，为实现既定目标，对所在群体或组织和所属成员进行引导和施加影响的行为过程。

12. 勒温等人将群体领导方式分为专制型领导、民主型领导和放任型领导三类。

13. 偏见产生的原因包括社会分类、社会化、偏见人格、现实利益冲突和心理因素。

14. 减少群体偏见的方法有消除刻板印象、增加平等的和个人间的接触。

思考与练习

一、名词解释

群体　群体凝聚力　刻板印象　群体极化　群体思维

二、案例分析

在众所周知的泰坦尼克号事件中，尽管有四条信息显示前方可能有冰山，而且一名守望人员提出需要借助于望远镜来判断是否有冰山，但船长——一位受人尊敬的支配型领导，还是坚持让船在夜晚全速前进。船长曾经说过："上帝也无法弄沉这条船。"其他船员都斥责那名不能用肉眼瞭望的看守，以至于对他的异议置之不理。

试通过本章所学的相关知识分析这个案例。

三、论述题

结合自己的实际经历，论述群体凝聚力对群体以及成员发挥的作用。

第十一章

中国人的心理与行为

学习目标

- 掌握中国人态度取向的四种特征；
- 理解中国人社会关系的互动基础、互动过程及互动结果；
- 理解中国人的社会自我（面子）的实质及运作过程；
- 理解人情面子的文化心理特殊性。

本章学习资料

引例

你几乎都不需要思考，就能肯定中国人与西方人有所不同。面对同样的情境，中国人、西方人如是说——

在选择配偶时，

中国人说："他这人心眼儿好！"

> 西方人说:"他令我眼前一亮!"
> 在人际交往中,
> 中国人说:"近朱者赤,近墨者黑。"
> 西方人说:"他到哪儿,哪儿就有笑声,我们都喜欢他。"
> 在做事风格上,
> 中国人说:"重要的是沉稳干练。"
> 西方人说:"关键是公正,不然,你越能干,问题越大。"
> 关于创造性,
> 中国人说:"看上去没有可行性的东西就不考虑。"
> 西方人说:"我们喜欢异想天开!"

1894年,在中国居住长达五十多年的美国人亚瑟·亨·史密斯出版了《中国人的性格》。他从自己的视角对当时中国人的性格进行了描述,包括保全面子、节俭持家、勤劳刻苦、讲究礼貌等共27项特点。而在英国哲学家伯兰特·罗素看来,中国人的性格既有和蔼可亲、爱说笑、要面子、忍耐、凝聚力强等优点,也有贪婪、怯懦、冷漠等局限性。到现在,离史密斯和罗素的观察,已经过去了一百多年,我们似乎仍能从这些描述中发现当下中国人性格的一些特点。我国心理学家王登峰提出可以从外向性、善良、行事风格、才干、情绪性、人际关系和处事态度7个角度来理解中国人的性格特点。无论是外国学者的概括,还是中国学者的研究,要理解中国人的性格特点,就必须理解社会取向、关系、面子、人情等一系列中国人熟悉的概念。

第一节 | 中国人的社会态度

小 测 验

每个人都有家庭,但在日常生活中,关于个人应该如何对待家庭和家人,每个人的看法各不相同。下面列举了一些描述个人对待家庭或家人方式的观点,你对这些观点的态度如何呢?请在相应的数字上划"√"。请尽量根据自己的真实想法来回答,而不必考虑别人的看法。

序号	描述	很不同意	不太同意	说不清	比较同意	非常同意
1	遇到困难,最能帮助自己的还是家人	1	2	3	4	5
2	个人做好事积德,是为了带给子孙好运	1	2	3	4	5
3	个人努力上进,是为了得到家人的看重	1	2	3	4	5
4	个人应该与家人保持非常亲密的关系	1	2	3	4	5
5	逢年过节,每个人都应该回家团聚	1	2	3	4	5
6	养育子嗣,延续家庭香火,是十分重要的事	1	2	3	4	5
7	个人应该好好培养下一代,才对得起祖先	1	2	3	4	5
8	每个人对自己的家庭都应有很强的责任感	1	2	3	4	5
9	"家和万事兴",个人应避免与家人起冲突	1	2	3	4	5
10	按时祭拜祖先,可以得到祖先的保佑	1	2	3	4	5
11	家有不肖子,是人生最大的耻辱	1	2	3	4	5
12	每个人都应该非常关心家人的生活	1	2	3	4	5
13	个人功成名就,应该尽量提携家人	1	2	3	4	5
14	多子多孙就是福	1	2	3	4	5
15	变卖祖传的土地或家产,是败家子才做的事	1	2	3	4	5
16	家庭应给人很多的安全感	1	2	3	4	5
17	个人努力赚钱,是为了使家人过更好的生活	1	2	3	4	5
18	个人努力赚钱,是为了将来把财产留给子孙	1	2	3	4	5
19	为了避免年老时孤苦无依,要好好地培养下一代	1	2	3	4	5
20	每个人都应以自己是家庭的一员而感到非常自豪	1	2	3	4	5

通过上面的简单测量,你可以了解自己的传统家族观念有多强。请将你选择的数相加,数值越大,表明你的家族观念越强。其中,第1、5、9、13、17题相加的值代表家族和谐的重要性;第2、6、10、14、18题相加的值代表家族繁衍的重要性;第3、7、11、15、19题相加的值代表家庭兴盛的重要性;第4、8、12、16、20题相加的值代表家庭情感的重要性。那么,你是个传统的中国人吗?你如何理解自己的这一态度分数呢?

社会心理学家杨国枢认为，社会取向是中国人最基本的社会态度，是中国人融入群体、适应环境的一套独特的生活适应方式。尽管传统的社会态度逐渐式微，但我们仍可以在日常生活当中看到人们行为反映出的社会取向逻辑，尤其是在传统文化比较盛行的地域。具体来看，中国人的社会取向主要包括家族取向、关系取向、权威取向和他人取向四种特征。

一、家族取向

在传统的中国社会里，社会的基本结构与功能单位是家族，而不是个人。因此，家族取向是中国人态度的第一个重要特征，家族取向是指个人作为家族的一份子，对自己的家族、家人及其相关事物所持有的一套复杂的态度系统。我们可从态度的三要素（详见本书第七章）来具体分析。

在对家族的认知方面，中国人的家族取向主要强调五种相互关联的观念，包括家族延续、家族和谐、家族团结、家族富足及家族荣誉。如本节初的量表所示，如果你认同"不孝有三，无后为大"，代表着你有较强的家庭延续观；如果你认同"家和万事兴"，代表着你有较强的家族和谐观；如果你认同"家有不肖子，是人生最大的耻辱"，代表着你有较强的家庭兴盛观。

在对家族的感情方面，中国人的家族取向主要有五种相互关联的感情，包括一体感、归属感、荣辱感、责任感（忠诚感）和安全感。你是否觉得，正是这五种感情才是我们对家的定义呢？日常生活中，我们常常说"家是港湾"，就是这种情感的体现。

在对家族的意愿方面，中国人的家族取向包括八种行为倾向，即繁衍子孙、崇拜祖先、相互依赖、忍耐抑制、谦让顺和、为家奋斗、长幼有序及内外有别。你是否发现，这八种行为倾向或多或少地都会在我们的日常生活中找到影子。

在家族取向的原则下，人们在生活中一切尽量以家族为重，以个人为轻；以家族为主，以个人为从；以家族为先，以个人为后。具体来说，家族的生存重于个人的生存，家族的荣辱重于个人的荣辱，家族的团结重于个人的自主，家族的目标重于个人的目标。我们可以看到，中国人常常不得不屈从或融入家族，其个性或独特性是不受重视的。这种团体重于个人的原则，经常被称为集体主义取向。然而，中国人的家族取向所强调的集体主义取向主要限于自己的家族，是一种内团体的集体主义，而不是一种普遍性的集体主义。例如，我们常常对陌生人都会有不信任感，但一旦发现他原来是自己的某类亲戚后，信任感会油然而生。

在家族取向的原则下，家族成为中国人社会生活中的最主要部分，其他团体（如兴趣社团）的重要性远不如家族。在传统社会中，其他团体为数甚少，而且大多数人一生之中都没有机会参与这些家族外的活动。随着社会的发展，越来越多的中国人被要求走出家族，甚至迁移他乡，他们参与家族事务的机会逐渐减少，参与其他团体的机会却逐渐增加。有研究表明，中国人常常自然而然地将家族中的结构形态、关系模式及处事方式推广、概化或带入非家族的团体或组织中，这一倾向被称为泛家族取向。例如，你会发现，在众多的同事当中，总是有小圈子存在，圈子内的人的交往规范则与家族规范有着许多相似，如圈子内要团结、互助，要给人归属感等。

二、关系取向

几乎在所有文学作品或社会科学中，都可以清楚地看到中国人的日常生活中人际关系的重要性。西方人的"relationship"与中国人的"关系"一词相去甚远，以至于在英文文献中研究者们常常用"guanxi"来指代中国人特定的关系现象。中国人眼中的关系有怎样的特征呢？

（1）关系角色化。中国人常常用与他人的关系来界定自己的身份，如"我是某某的儿子""我是某某的学生""我是某某的朋友"等。这种用关系来界定身份的习惯，被称为关系角色化。固定剧本的角色化扮演，使自我的意志和情感表现都不再重要。不同的关系代表不同的"小剧场"，个人需要按"角色剧本"行事做人，就好像交替着不同的面具在人生的戏台上努力演出（详见本章第三节）。面对不同的关系他人，其态度和行为会立即变换，这就是为什么中国人的言行在不同情境下的一致性偏低的原因。从态度与行为的一致来看，中国人的一致性表现为角色一致性，即个人的言行在相同的社会情境下一致。这与西方人注重自我一致性是不同的。

（2）关系回报性。中国人的关系界定特别强调角色的对偶性（如夫与妻、父与子等），而对偶角色的行为规范常常是互惠的。以传统的五伦关系来看，亲子间讲慈孝，夫妻间讲和柔，兄弟间讲友爱，朋友间讲信任，君臣间讲仁忠。在互惠的规范下，对偶角色之间的给予与获取应该达到某种程度和方式的平衡。为了维持这种平衡，就必须寻求回报，否则，就会受到社会的排斥与谴责。例如，父母对子女有养育之恩，子女就必须报答父母。如果子女不孝，就会有所谓的"报应"出现。中国人常讲的"养儿防老"就是最好的例证。

（3）关系和谐性。传统中国文化历来重视和谐状态，对关系的不和谐或冲突有着特殊的焦虑，甚至是恐惧。为了维持关系的和谐，个人必须努力按角色期望来做事，必须小心翼翼地做人，以避免可能的冲突。如果谁先破坏了和谐，不管有理无理，都是不对的。社会秩序的和谐已成为中国人的一种集体情结。万一出现了不和谐，"和稀泥"就成为恢复和谐的主要策略。和事佬并不必真正弄清楚谁是谁非，只是强调"识大体""为大家""家丑不可外扬"，甚至说"你们双方都没有错，我这个中间人错了，我向你们赔个不是"。卖中间人一个人情（详见本章第三节），通常是非常有效的。

（4）关系宿命观。中国人关系的和谐与稳定，依赖于"缘"的信念，即强调远在关系发生之前，与某人的特定关系就已被决定，包括形态、久暂与结局。不管是良缘还是孽缘，不管是长缘还是短缘，个人都必须忍受现在的关系，走完全部的"缘分"。这是宿命的必然，并非个人能力可任意改变的。除了在家族内部认定缘分（姻缘和血缘）外，与家族外的人建立关系，也是以缘为前提的（如业缘、地缘）。以缘为纽带，形成了中国独特的关系网谱——圈子（详见本章第二节）。

三、权威取向

父权家长制是传统中国社会的社会结构，父亲作为家长拥有主要的专制权力。这一逻辑直接延伸到官权和君权上。在家族内外，或多或少地都能看到中国人身上的一种过分重视、崇拜和依赖权威的心理和行为倾向，可以称之为权威取向，它主要表现为以下三方面。

（1）权威敏感。你会发现，中国人见面，总有人要花费相当长的时间，用各种技巧来相互探查或打听，以获知每个人的辈分、年龄、职位、级别等，好以此来排列高低或尊卑，知道如何对待。因为只要辈分、年龄、职位高者，都是权威。为了避免"有眼不识泰山"的尴尬或危险，或在不知情时冒犯了权威，大家第一次见面时总是相当客气。这是一种安全的策略，这种现象在当今的职场中依旧十分明显（尽管有人称这种现象是谦虚的表现）。

（2）权威崇拜。在很多中国人的眼里，权威具有绝对化的倾向，他们是可信的、全能的和永久的。当人们发现某个权威出现了过错时，他们要么觉得这些错误不值一提，要么完全打翻权威。同时，人们常常认为某一方面的权威（如长辈）在其他方面也是无所不能的（当然，许多权威自己也是这样认为的）。最有意思的是"一日为师，终身为父"的观念，权威的地位永远不变。

（3）权威依赖。权威的绝对化常常使许多中国人在面对权威时感觉自己"无能"。即使是最有能力的儿子在父亲面前也是这种感觉。同时，面对权威，人们也会无条件地服从。当然，恭顺地服从也是一种讨好或逢迎权威的有效策略，这使人们在现实生活中可以获得更多的权威支持或奖励。

四、他人取向

他人是谁？在中国人的眼中，他人并不是特定关系中的对方，而是泛指除自己以外的人。有时指真实的一个人，有时却是个人想象出来的"观众"或"听众"，如"叫我如何面对世人"中的"世人"、"社会大众会看不起我"中的"社会大众"、"无颜见江东父老"中的"父老"、"我和邻居相处得很好"中的"邻居"、"朋友都喜欢我"中的"朋友"、"家人并不了解我"中的"家人"、"我总是不如别人"中的"别人"等，对说话者而言，这些都是他人。他人取向就是指在心理和行为上特别易受他人的影响——对他人的意见、标准、褒贬、批评特别敏感，因此，在心理上总是希望给他人留下好印象，在行为上则努力地与他人保持一致。他人取向主要表现为四个方面。

(1) 顾虑他人。中国人非常重视他人对自己的看法。可能是因为在传统社会中，一般人大都缺乏自己的想法，只好通过与他人想法进行比较来理解自己。也可能是大多数人本来就没有主见，直接根据别人的意见行事更省事。当然，更重要的原因或许是：即使自己有想法，但怕受到他人的批评，通过别人的看法，来衡量自己的想法是否是安全的。必要时，放弃自己的想法，以获得他人的接受、承认和赞同。

(2) 顺从他人。无论是在感觉上，还是在行为上，我们都有很强的避异求同的心理。在日常生活中，标新立异者常常会受到他人的批评与排斥，受到有形的或无形的社会压力。因此，当我们有与众不同的想法或行为时，我们自己也会感到不安和恐慌，甚至当看到别人与众不同时，也会有焦虑感。这种社会态度会使大多数人都在意见或行为上与别人一致，即形成所谓的从众（详见本书第九章第二节）的倾向。

(3) 关注规范。在中国人的心目中，当地的社会规范与标准已经不是相对的参考原则，而是绝对的权威，它们不再成为分析、怀疑或批评的对象，而是盲目地、无条件地遵守的法则，是判断人们言行好坏的唯一标准，也是褒贬他人的主要凭据。

(4) 重视名誉。对于中国人而言，他人是无所不在的"听众"，也是无所不在的"观众"。根据从他人那里搜集而来有关自己的信息，经由自我认知的检视后，不断调节自我呈现的内容与方式，借以整饰自己给予别人的印象，以便在他人心目中创造良好的名誉。值得注意的是，中国人讲究的名誉，主要不是指在家人心目中的形象，而是指在熟人及泛泛之交心目中的形象。日常生活中，做人是中国人最主要的任务，做事则放在次要位置。

第二节 ｜ 中国人的社会关系

引例

人情社会的关系网

近几十年来，国家制定数百上千种法律、法规，全面推进依法治国；企业也忙于把现代管理制度引入行政、经济和事业部门，试图提高工作效率，但人们发现，有些规定和管理制度还是一头撞

> 到人情的软墙上，或是跌倒在各种有形或无形的关系网络中。人们可能抱怨：工商系统有"人情购销"，信贷系统有"人情贷款"，人事组织系统有"人情提干"，税务系统有"人情征税"，医疗系统有"人情处方"……但是，人们所抱怨的却也是他们迷恋并隐藏或公开地实践的东西，不少中小型私营企业主私下吐露办企业成功的经验正是人情和关系网。

在日常生活中，你是否也有上述的体验或感受？我们所埋怨的人情关系也正是我们竭力想要加强的部分。那么，中国人的社会关系有怎样的特点？为何我们似乎总是难以摆脱"人情"的束缚和社会关系的网络？

一、关系互动基础

我国著名社会学家费孝通先生认为，中国乡土社会以宗法群体为本位，人与人之间的关系是以亲属关系为主轴的网络关系，是一种差序格局。在差序格局下，每个人都以自己为中心结成网络。这就像把一块石头扔到湖水里，以这个石头（个人）为中心点，在四周形成一圈一圈的波纹，波纹的远近可以标示社会关系的亲疏。西方社会以个人为本位，人与人之间的关系好像是一捆柴，几根成一把，几把成一扎，几扎成一捆，条理清楚，形成团体状态，被称为团体格局。了解中国人的社会关系，就一定要从理解差序格局开始。日常生活中，这一结构被称为人际圈或圈子。内外有别于弹性关系的交往原则构成了中国特有的复杂人际社会关系。

提到我国的用字，汉字"家"可以说最能伸缩自如了。"家里的"可以指自己的太太一个人，"家门"可以指叔伯侄子一大批，"自家人"可以包罗任何要拉入自己的圈子并表示亲热的人物。"自家人"的范围因时因地可伸缩，大到数不清，真是天下可成一家。

我国社会中最重要的亲属关系就是这种丢石头形成同心圆波纹的性质。亲属关系是根据生育和婚姻事实所发生的社会关系。从生育和婚姻所结成的网络，可以一直推出去包括无穷的人，过去的、现在的和未来的人物，俗语里的"一表三千里"就是这个意思，其实，三千里也不过指其广袤的意思而已。这个网络像个蜘蛛的网有一个中心，就是自己。我们每个人都有这么一个以亲属关系布出去的网，但是没有一个网所罩住的人是相同的。在一个社会里的人可以用同一个体系来记认他们的亲属，所不同的只是这个体系罢了。体系是抽象的格局，或是范畴性的有关概念。当我们用这个体系来认具体的亲戚时，各人所认的就不同了。我们在亲属体系里都有父母，可是我的父母却不是你的父母。再进一步说，天下没有两个人所认取的亲属可以完全相同。兄弟两人固然有相同的父母，但是各人有各自的妻子儿女。因此，以亲属关系所联系成的社会关系的网络是个别的，每一个网络有个"己"作为中心，各个网络的中心都不同。

在传统社会里,不但亲属关系如此,地缘关系也是如此。现代的保甲制度是团体格局性的,但和传统的结构却格格不入。在传统结构中,每一家以自己的地位作中心,周围划出一个圈子,这个圈子是街坊。有喜事要请酒,生了孩子要送红蛋,有丧事要出来助殓、抬棺材,这是生活上的互助机构,这不是一个固定的团体,而是一个范围。范围的大小也要依中心的势力厚薄而定。有势力的人家的街坊四邻可以遍及全村,穷苦人家的街坊四邻只是比邻的两三家。这和我们的亲属圈子是一样的。例如,贾家的大观园里,可以住着姑表林黛玉,姨表薛宝钗,后来更多了,什么宝琴、岫云,凡是拉得上亲戚的,都包容得下。可是势力一变,树倒猢狲散,缩成一小团。到极端时,可以像苏秦潦倒归来,"妻不以为夫,嫂不以为叔"。中国传统结构中的差序格局具有这种伸缩能力。在乡村,家庭可以很小,而一到有钱的地主和官僚阶层,可以大到像个小国。许多中国人对世态炎凉的特殊感触,也正是因为这富于伸缩的社会圈子会因中心势力的变化而大小。

小圈子往往是一个人动员其人脉中的家人与熟人关系组成的小团体。因为熟人关系是人情交换关系,圈子的边界可以有较大的弹性,同时,熟人可以从认识的圈外人发展而来,从而使圈子的边界不封闭,圈子也因此增加了弹性。这样的弹性使得中国人的个人网关系结构可伸可缩,可紧可密。

根据差序格局的概念,可以将中国人的社会关系分为三类:家人关系、熟人关系与生人关系(见图11.1)。其中,家人包括父母、子女、兄弟、姊妹及其他家人;熟人包括亲戚、朋友、邻居、师生、同事、同学及同乡等;生人则指与自己没有任何直接或间接的持久性社会关系的人。在人际互动过程中,家人关系、熟人关系与生人关系的互动基础、互动过程和互动结果是有明显差异的。

图11.1
中国人的人际圈及关系网

二、关系互动过程

如表11.1所示,在家人关系中,彼此之间要讲责任,应按家庭角色规范为对方做事,但并不是那么期望对方做对等的回报,因此,社会交换的预期最低。在熟人关系中,相互之间要讲人情(即人情原则),以双方过去所储存的既有人情为基础,以自己觉得合适的方式和程度从事进一步的人情来往。因无血缘关系,人情的亏欠是有限的,自然比较会期望对方回报,因此,社会交换的预期为中等程度。至于生人关系,因无任何实质性关系,彼此之间相遇或打交道只能依据当时的实际利害关系而做事(即利害原则)。交往双方既无血缘关系,也无人情关系,因而比较会精打细算,斤斤计较,对给与取的平衡与公道相当敏感,对回报的期望最高。

由于对待原则的不同,对待方式当然也会不同。在家人关系中,既然彼此之间要讲责任、尽义务,因此,遇到任何事情都要全力保护(甚至包庇)自己的家人,尤其是在家族以外的场合,对家人总是要优先考虑,对家人的困难总是努力解决。与西方的普遍主义不同,中国人在家族以外的场合,对待家人的这种例外主义或特权主义的态度叫作特殊主义,即认为规范、标准、规定或法律只适用于一般情形,必要时可以有所例外,可以灵活运用,而判断是否有必要的依据,往往是根据关系的亲疏、权势的大小等因素。给家人(或对方权势很大)的特殊待遇,会产生明显的偏袒倾向。所谓"一人得道,鸡犬升天",就是对这一现象的形象描述。在熟人关系中,由于人情的存在,中国人也会根据特殊主义的态度来做事,但与家人相比,其程度要低很多。至于生人关系,既无责任,也无人情,只需根据双方的利害情形行事。如果无任何利害考虑,就可能根据社会上一般的公道原则照章办事,既无任何通融,也无任何刁难。有时,因对方与自己无关,办事就会拖延。

因为所属关系不同,个人所受到的待遇差异很大。家人受到的待遇最好,其次为熟人,最后是陌生人。由于关系的重要性,使得关系本身已成为一种极为重要的社会资源,从而也使得所谓的"关系学"(讲究建立与维持关系的种种方法)在社会中发展出来。日常社会中,那些处心积虑地想出各种方法与有权势者、有地位者或是有财富者建立和维持关系的现象并不少见。人们以认关系、拉关系、套关系等手段,从无关系(生人关系)转变为有关系(熟人关系),以获得享受熟人的不同待遇;以认干亲、拜金兰、结婚姻及过继等方法,从熟人关系转变为家人关系或准家人关系,以获得享受对家人的特殊待遇机会。

表11.1　三种社会关系的对待原则、对待方式、依存关系及互动效果

关系类型	对待原则	对待方式	依存关系	互动效果		
				正向情绪 (良好互动)	负向情绪 (不良互动)	防御方式
家人关系	讲责任(低回报性)	全力保护(高特殊主义)	无条件相互依赖	无条件信任亲情	罪恶 沮丧 焦虑 愤怒	压抑 否认 抱怨 躯体化 反向行为
熟人关系	讲人情(中回报性)	设法通融(低特殊主义)	有条件相互依赖	有条件信任喜好	耻感 焦虑 愤怒	合理化 投射
生人关系	讲利害(高回报性)	便宜行事(非特殊主义)	无任何相互依赖	有缘之感投缘	愤怒 耻感	投射 合理化 直接发泄

资料来源:杨国枢,2004,《中国人的心理与行为:本土化研究》,第103页。

在三种关系中,由于对待的原则与方式各不相同,便会形成不同的依存状态。在家人关系中,彼此尽责任、相保护,易于形成一种无条件的相互依赖关系,即在心理上和行为上彼此完全无保留地依赖对方,而不附带明显的具体条件(如对方的回报能力、对方是否令人喜爱)。在熟人关系中,彼此讲人情、可通融,易于形成一种有条件的相互依赖关系,即在心理上和行为上彼此有限度地依赖对方,而且常常是附带明显的具体条件(如对方有回报的能力、双方彼此喜好的程度)。至于生人关系,则主要是讲利害、不通融,因而不会有相互依赖的情形出现。

三、关系互动效果

三种不同关系产生的人际互动效果也不同。从正向情绪、负向情绪、防御方式三个方面来看:家人关系如果互动很好,会产生无条件信任与家庭归属感等正向情绪;如果互动不好,则会产生罪恶感、沮丧感、焦虑感(如紧张、不安、害怕或恐惧)、愤怒或敌意等负向情绪,为了减轻这些与家人相处中形成的消极情绪,中国人倾向于采用压抑、否认、抱怨、躯体化以及反向行为等防御方式。熟人关系如果互动良好,则会产生有条件的信任与喜好等正向情绪;如果互动不好,则会产生耻辱感、焦虑感、愤怒或敌意等负向情绪,为了缓解这些情绪,人们通常会采用合理化、投射等防御方式。生人之间如果互动良好,就会产生投缘等正向情绪;如果互动不良,则会产生愤怒、敌意或耻辱感等负向情绪,缓解的方式经常为投射、合理化或直接发泄等防御方式。

第三节 | 中国人的社会自我

从本书第四章可知,自我概念是一套关于自己的信念,社会自我则是公开的自我形象,或者说是我们希望给他人留下的印象。

小 测 验

我们的自我概念与我们成长的文化有着直接关系。在中国文化当中,我们经常用"面子"或"脸面"来描述社会中的自我。在日常生活中,你或周围的人经常会用到这些与"脸"和"面子"有关的词,你能给它们下定义吗?

露脸:_____。

丢脸:_____。

> 赏脸：_____。
> 翻脸：_____。
> 要面子：_____。
> 争面子：_____。
> 没面子：_____。
> 给面子：_____。

你是否有这样的感受：一看到这些词，你就能心领神会，理解这些词语也非常容易，你可以灵活地运用它们，然而，要给它们下定义却会有些为难了。

尽管"面子"并不是中国人的特产，但中国人"爱面子"的心理情结却特别突出。中国网关于中国人"面子观"的调查表明，认为"面子"在中国人的社会交往中很重要的占83.33%；认为一般的占11.98%；认为不重要的仅占4.69%。认为"面子"作为一种文化现象，谈不上好不好，反正很有用的占51.00%；认为是文化中的糟粕，应该抛弃的占28.35%；认为非常好，利于人际沟通的占15.60%；认为有没有面子无关紧要的仅占5.05%。

美国社会学家戈夫曼曾指出，"面子功夫"是社会互动行为的仪式化表现，"面子顾虑"是人类生活中普遍存在的现象。面子不仅可以反映一个社会的价值取向，从面子的运作更可以看出个人如何维持人际关系的和谐。从社会心理学的角度来看，"脸面"实际上是对中国人的社会互动过程的一种形象描述。那么，除去生理意义外，中国人的脸面到底指什么？他们以怎样的方式来处理与脸面相关的事务？

一、面子的文化含义

在中国传统的社会取向价值观与特殊的社会关系建构背景下，"面子"成为中国人社会交往中最不可或缺的人情媒介，俗语说"银钱如粪土，脸面值千金"（图11.2）。中国文化中对于面子的重视，导致生活中一些人为了面子而活，生怕面子上挂不住。

早在19世纪末，西方人就注意到中国语言中面子与脸面的特殊意义，并把这个概念带回欧美，成为一个全球性的概念。此后，不少中国人也注意到面子文化现象。当然，最先关心和试图界定的大多是中国的文人，如鲁迅、林语堂等。直到20世纪40年代，自从人类学家胡先缙从学理上对脸和面进行了分别定义后，社会科学研究者才从各个学科的角度对其含义进行了细致的考量，如社会心理学者戈夫曼、翟学伟及周美玲等、社会学者何有晖、金耀基等以及心理学者朱瑞玲和陈之昭等（见表11.2）。

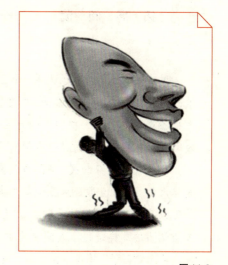

图11.2
面子情结太重，就会变成所谓"死要面子活受罪"！

表11.2　中外学者论脸面概览

外国学者		中国学者	
人名	基本观点	人名	基本观点
Medhurst	名誉	鲁迅	精神纲领
Wilhelm	名誉	王造时	虚伪
Smith	戏剧性	郎德沛	形式与表面
Macgowan	虚伪	林语堂	社交准则、虚荣
Russell	尊严	庄泽宣	文饰
Gibert	自大	梁漱溟	礼貌
大谷孝太郎	自大	胡先缙	声誉与地位
原物兵卫	形式与表面	杨懋春	声誉与地位
Rrodes	虚荣与功利	殷海光	声誉与地位
服部宇之吉	形式主义	金耀基	近似耻辱
Goffman	行为准则	何有晖	尊重需要

资料来源：翟学伟，2011，《中国人的脸面观：形式主义的心理动因与社会表征》，北京大学出版社，第40页。

拓 展 阅 读

面 子 观

罗素：外国人对中国人的"要面子"觉得很可笑。殊不知只有这样才能在社会上形成互相尊敬的风气。每个人都有面子，即使最卑贱的乞丐。如果你不想违反中国人的伦理准则，那就连乞丐也不能侮辱。……中国人的生活，即便是最现代化的人，比起我们也要有礼得多。这当然影响效率，但同样（更重要的是）也影响了人际关系的真诚。

哈佛大学终身教授、美国最负盛名的中国问题观察家费正清：中国式的人文主义包括关心个人尊严的问题，但那是从社会的观点来关心的。"面子"是个社会性的问题。个人的尊严来自行为端正以及他所获得的社会赞许。"丢面子"来自行为失检，使别人瞧不起自己。人的价值并不像西方所认为的那样是每个人固有的品质，而是需要从外界获得的。

鲁迅："面子"是我们在谈话里常常听到的，因为好像一听就懂，所以细想的人大约不很多。但近来从外国人的嘴里，有时也听到这两个音，他们似乎在研究。他们以为这一件事情，很不容易懂，然而，它是中国精神的纲领，只要抓住这个，就像二十四年前的拔住了辫子一样，全身都跟着走动了。

林语堂：脸面这个东西无法翻译，无法为之下定义。它像荣誉，又不像荣誉。它不能用钱买，它能给男人或女人实质上的自豪感。它是空虚的，男人为它奋斗，许多女人为它而死。它是无形的，却又靠显示给大众才能存在。它在空气中生存，而人们听不到它那备受尊敬、坚实可靠的声音。它不服从道理，却服从习惯。它使官司延长，家庭破产，导致谋杀和自尽。它也能使一个不义之徒由于同乡人的斥责而改邪归正。它比任何其他世俗的财产都宝贵。它比命运和恩惠还有力量，比宪法更受尊敬。它经常决定一次军事行动的胜负，它可以推翻政府的一个部。中国人正是靠这种虚荣的东西活着。

那么，脸和面子到底有什么差异呢？让我们先来看本节开始的小测验：

小 测 验

露脸：个人的品格、技能或成绩得到了成功的展示，让所属群体很满意。

丢脸：没有做迎合他人期待的形象，或做了迎合但没有达到所在社会圈的认可，抑或使用的某种不正当手段败露了（与"丢人""丢丑""出丑""出洋相""下不了台"等词汇同义）。

赏脸：除了自己努力迎合社会圈公认的形象外，希望对方在形象塑造中给予帮助或在成功与失败的时候都不要揭穿内幕。

翻脸：自愿取消对特定形象的维护。

要面子：通过自我评价期望自己在别人心目中有地位，即希望别人能看得起自己。

争面子：通过某种手段来实现或达到社会圈内认可的特定形象。

没面子：通过自我评价认为自己在他人心目中没有地位。

给面子：通过自我评价认为自己可能达不到他人期待或估计自己在他人心目中的地位与实际情况不符，希望对方能宽容大度，或网开一面（与"抬举""留面子""赏面子"等词汇同义），如图11.3所示。

图11.3 社会心理"面子"图片

通过上面的分析，我们可以看出，"脸"与个体的行为关系较大，而"面子"则和社会互动关系较大。"脸"和"面子"不是完全相同的概念：脸是个体为了迎合某一社会圈的认同和期待而表现出的形象，而面子是这一印象整饰在他人心目中产生的序列地位，也就是心理地位（区别于社会地位）。其中，脸与气质、性格、能力、知识、道德、风度、外貌、装束、言辞等有关；面子则与家世、身份、地位、名气、职务、权力、金钱、世故、关系网等有关。

翟学伟根据脸的规矩性和面子的心理位的统一与分离，划分出了中国人的脸面四分图（见图11.4）：

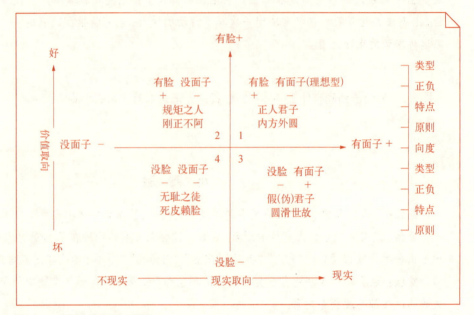

图11.4 中国人的脸面四分图

第一类人叫"有脸有面子"。这类人是中国古代最受推崇的"君子"，个人自身形象好，即"有脸"，在社会互动上也受到认可，即"有面子"。这是一种理想类型，体现为"修、齐、治、平"和"内圣外王"的统一。

第二类人叫"有脸没面子"。这类人刚正、铁面、讲原则、讲骨气，"笃信好学，守死善道"，但在他人的心目中并没有获得较高的社会地位，反而常被讥讽为"不通人情世故""做人太认真""太正经"，自己"有脸"，可别人不给他"面子""不会做人"。

第三类人叫"没脸没面子"。这类人大多处于社会底层，无所顾忌，既不给自己争脸，也不在乎别人给不给面子，撒泼打滚无所不作，大抵可以称为"小人"。

第四类人叫"没脸有面子"。这类人不讲究道德修养和社会规范，但是懂得面子的金贵，为人圆滑，见风使舵，尽管没什么突出的个人品格来"争脸"，可是善奉承会巴结，在社会上颇有"面子"，即"伪君子"。

从图11.4中可以看出中国人脸面观的复杂性与独特性：中国人的脸面观并

非在同一向度上,绝大多数中国人都在社会生活中追求脸面,但追求的方式有所不同。大多数人处于第二类和第四类。第一类人为数极少而为中国人所崇敬。第三类人通过相反的方向来实现这一目标。无论在价值观中还是在现实生活中,都认为第一类人好,第三类人坏。第三类人最可能选择越轨行为来获得脸面。对任何一种脸面类型追求的失败和成功,都使中国人产生一种世故的特征,从而导致生活上的双重理解与做人标准。

二、面子的运作过程

钱锺书在《围城》中这样描述方鸿渐买假文凭的行为:

> 方鸿渐进过哲学系的——撒谎欺骗有时并非不道德。柏拉图《理想国》里就说兵士对敌人、医生对病人、官吏对民众都应该哄骗。圣如孔子,还假装生病,哄走了儒悲,孟子甚至对齐宣王也撒谎装病。父亲和丈人希望自己是个博士,做儿子女婿的人好意思叫他们失望么?买张文凭去哄他们,好比前清时代花钱捐个官,或英国殖民地商人向帝国府库报效几万镑换个爵士头衔,光耀门楣,也是孝子贤婿应有的承欢养志。

在一个讲求面子的社会里,争取更多的面子与保护既有的面子都是生存的目的,至于挽回失去的面子,其重要性更是不亚于前两者(如图11.5)。"有面子"是社会给予的正面价值,失去面子不只失去原有的生活特权,也等于被社会排斥。丢面子的后果是如此的严重,个人即使必须付出相当大的代价,也要把已有的面子保住,并设法弥补失去的部分。因此,面子维护往往代替了原来人际互动的目的,成为个人主要关注的社会行为。中国人对面子的运作过程,包括面子的威胁知觉、面子的情绪反应和面子的整饰行为三个心理过程(见图11.6)。

(一)面子的威胁知觉

面子知觉是指个人因某种社会回馈而觉察到的自我心像,即个人行为是否符合社会规范是形成面子问题的先决条件。对面子需要的觉察主要与情境、个人及行为三方面有关。

首先,在情境特性方面。虽然社会价值可以内化,个人不需要因实际的观众评价即可自我奖惩,但在公开

图11.5
所谓面子功夫,其实就是一种印象整饰行为

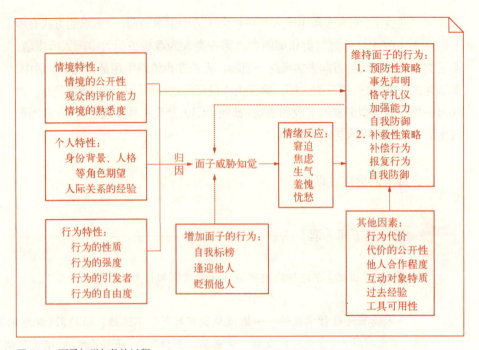

图11.6　面子知觉与整饰过程

资料来源：朱瑞玲，《中国人的社会互动：论面子的问题》，杨国枢，《中国人的心理》，第206页。

的情境下，面子受威胁是不可避免的，因为观众会提高一个人的自我检视或注意程度，于是，行为与规范的差距更容易被觉察到。同时，行为与规范不一致的后果也就因观众的存在（人数并不一定多）而越发明显。如果观众本身的才能专长、社会地位或价值期望较强，他们可能对当事人具有直接的奖惩权力，或者有把行为与行为评价传达给他人的能力，此时，当事人的面子压力就会很大。当然，对社会情境规范了解的程度（情境的熟悉度）会直接增加当事人的面子威胁感，从而增强对面子的需求。你完全可以想象许多电影片段中，由于不清楚礼节仪式，当事人常常受到旁边人的讥笑。

其次，个人特性也会影响个体的面子知觉。由于面子需求高并不代表整饰面子的能力高，高的预期与实际行为之间容易产生差距，因此，那些自我期望高的、有强烈社会取向的人，会更容易有面子知觉。

最后，行为本身的性质、强度、行为的引发者及行为的自由度都会影响当事人的面子知觉。我们可以想象，由于文化价值的不同，在一种文化中被认为很丢面子的事，在另一文化中则可能被认为无所谓。与他人转达相比，被别人直接当面指出自己的失误，会让自己觉得更加没有面子。同时，作为互动中的一员，可能自己只是行为的对象，丢面子的行为就应该由行为的引发者负责，自己的面子感就会降低。当然，我们也会发现，好心不一定能办成好事，如果将丢面子的行为归罪于自己不能控制的原因，自己也不必为此负太大责任了。

（二）面子的情绪反应

当发生丢面子的事情后，我们会有怎样的情绪感受呢？尴尬！窘迫！羞愧！难堪！无地自容！这些词常常被我们用来形容丢面子的情境。实际上，丢面子可能会同时有两种以上的情绪感受，包括窘迫、焦虑、羞愧，甚至生气、忧愁，也可能有内疚或罪恶感。

（三）面子的整饰行为

面子的整饰行为是指拥有面子或避免面子受到威胁所采取的行动，其中，以维护性策略最为普遍，包括事先的预防行为和事后的补救行为。当然，增加面子的行为也是防止丢面子的有效策略之一。

1. 事先的预防行为

（1）声明性行为。在预期丢面子行为是无法避免前，以声明在先的方式解释或否认自己的行为可能带来的不良后果，礼貌性地预先道歉，或是指明观察者可能会误解及取得观众事先的谅解。

（2）恪守礼仪。礼节规范具有保护面子的功能，按规矩办事，就可免除事后受窘。礼貌是给别人面子的策略，遵守规则，选择适当的机会说话或行动，会降低互动双方的面子压力。

（3）加强能力。能力在此有两种解释：一种是指专长能力，这是面子的来源，可以直接消减别人的评价能力，能力高的人，行为失误自然少；另一种也可指一般的社交能力，即整饰面子的功夫。

（4）自我防御。与事先声明不同的是，自我防御常常采用的是消极的防御方式，如否认丢面子的事，不仅要说服别人，也要令自己信以为真。当然，也有人会选择逃避社会接触，从而避免丢面子事件的发生。

2. 事后的补救行为

（1）补偿性行为。形式上的道歉或赔偿，最重要的是宣布面子还在。至于实质上的补偿，也可防止损害到颜面。其他远期的赎罪行为，如重新努力或检讨改进，也可挽回面子。

（2）报复性行为。攻击他人，指责对方，以消减别人的面子来挽回自己的面子，或阻止进一步被别人看低自己。

（3）自我防御。想办法掩饰已发生的事（阿Q的"儿子打老子"策略），必要时全盘否认，也可能用遗忘来处理。通常是寻找合理的借口，或重新界定事情的状况，如减低严重性或强调不可避免性。也可能自嘲一番或离开现场，以避免继续丢面。

3. 增加面子的行为

（1）自我标榜。有力地自我表现，将优点标榜出来，尤其是那些社会期望的特质。

（2）逢迎他人。讨好对方，给对方好处，以使对方给自己更多面子。

(3) 贬损他人。贬损他人有抬高自己的效果。

当然，恪守礼仪、宽恕对方都能既维护面子，也能增加面子。

三、面子与人情

人情和面子是了解中国人社会行为的两个核心概念。前文分析了面子，那么何谓人情？人者，人人、众人、人与人；情者，人与人之间联系中的感觉。人与情的结合，就叫人情，反映的是人与人之间相互联系的一种生存关系。在中国关系取向的背景下，人情主要体现为有形资源和无形资源的交换上。显然，只有存在交换关系或恩惠关系，才有人情关系；没有交换关系，就没有人情关系，一个人不同另一个人从事人情交换，他不能说他同此人有人情关系。人情的封闭性则表现在人们彼此之间可以分清谁欠谁的人情或谁不欠谁的人情。

我们可以通过下面的例子来看人情如何与面子关联到一起的：当不考虑第三者的情况下，A与B建立了人情关系，这时B对A说："看在我的面子上"，也可以说："看在我们的情分上"，这里的面子和情分在A与B之间是没有区别的，即人情就是面子。但如果在A、B和C之间，A和B之间有人情关系，B和C之间也有人情关系，但A和C之间没有人情关系，那么，A和C之间本不会因为B分别与两人都有人情关系而建立共同的人情关系。但A可以看在B的面子上而给C面子，即B的面子在A和C之间的人情关系建立中起到了连接作用。

为了清楚地理解人情与面子的关系，黄光国提出了人情与面子的理论模式，如图11.7所示。

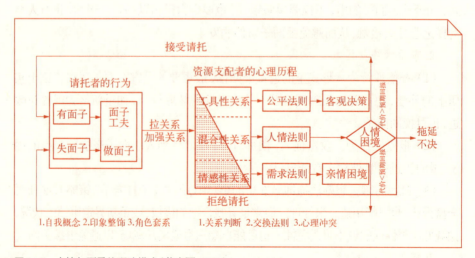

图11.7 人情与面子的理论模式（黄光国，2012）

从图11.7中可以看到，从关系的性质来看，我们与家人建立的通常都是一种长久而稳定的情感性关系。这种关系常常可以满足我们对关爱、温情、安全感、归属感等情感方面的需求。尽管家人也能为我们提供物质资源,但情感性的成分仍然大于工具性成分。从资源分配与交换来看,家庭中的资源分配原则是"各尽所能,各取所需"(需求原则),而与陌生人主要建立的是工具性关系,即一种短暂而不稳定的,以某些物质资源为目标的关系。由于缺少情感基础,个人会以公平原则与陌生人交往,比较能依据客观标准,作有利于自己的决策,遵从"童叟无欺"的公平原则;与熟人的关系虽有一定情感性的成分,却不能像对家人那样可以随意地表现真诚行为,需要通过面子来建立人情关系,属于混合型关系。

同时,我们可以看到,人情法则建立在"报的规范"基础上,即受者接受了施者的人情,便欠了对方人情,一旦有机会,便应该设法回报。正是基于对回报的预期,施者才会愿意对别人做人情。由于熟人关系并不像血缘关系那样不可分割,也不像陌生人那样可以"合则来,不合则去",假如个人不顾人情而得罪他人,双方心理都会陷入尴尬境地。

在社会互动过程中,请托者会因资源支配者接受其要求而感到有面子,也会因资源支配者拒绝其要求而感到失面子;同时,为了增加自己的面子,他会通过印象整饰行为和角色套系行为(拉关系)来建立或加强关系,以便获得更多的人情。当然,在另一情境中,请托者也会变成受托者,从而将人情还给对方。例如,别人有喜事,我送了礼物,就是做了人情给对方,而对方欠了我人情。将来,当我有了困难时,我可把这人情当作资源来交换,获得帮助。最令人头痛的是,有时,我们并不能确认对方是否能"还人情",就会产生所谓的人情困境,此时,个人会倾向于拖延不决,直到对做人情的代价与预期回报作出权衡。

例如,当C(请托者)有事想要找A(受托者)帮忙,但C可能与A并不熟悉。怎么办呢? C找到了以前与自己有人情关系的B,请B做中间人(拉关系)去跟A讲。B是否愿意帮忙取决于C在以前交往中的面子功夫如何。然后,A会根据B与自己的关系类型来考虑是否帮忙。如果A看在B的面子上给予C帮忙,意味着C有了面子,但欠了B人情;如果不帮忙,就会让C觉得没有面子。

最后,估计很多人还是会非常不理解:"我就搞不懂,难道西方人就不讲关系,不讲人情吗?"南京大学翟学伟教授采用了关系文化的时空模型来帮助我们理解中西方的关系概念。但在他的模型中,时间是指时间性,不是物理的时间,分为短程性(可被限定)和长程性(无定义)。空间性也不是物理空间,强调的是人的流动性,分为低选择(低流动)和高选择(高流动)。时间性和空间性组合成四个象限,就得到了四种不同的关系:短程性和高选择性构成了松散关系(如陌生人关系),短程性和低选择性构成了约定关系(如同学关系),长程性和高选择性构成了友谊关系(如朋友关系),长程性和低选择性构成了固定关系(如亲属关系)。

从中可以看出，西方人既研究松散关系，又研究约定关系和友谊关系，而中国人则更关注、也更偏爱固定关系，尤其是血缘和地缘关系。换句话说，尽管中国人的流动性极大地增强了，但关系模式并未有太大改变。因为中国人的关系设法要把你绑在身边。至少你走得再远，我这根线是能牵着你的。我一旦有事，一个电话，你立马就回来了。

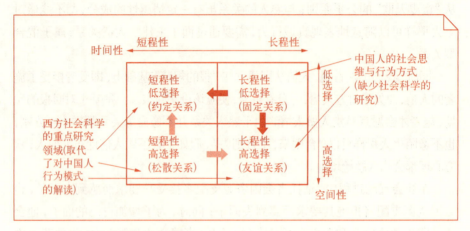

图11.8　关系文化的时空模型（翟学伟，2018）

本 章 小 结

1. 社会取向是中国人最基本的社会态度，是中国人融入群体、适应环境的一套独特的生活适应方式。

2. 中国人的社会取向主要包括家族取向、关系取向、权威取向和他人取向四种特征。其中，家族取向表现为人们在生活中一切尽量以家族为重，以个人为轻；以家族为主，以个人为从；以家族为先，以个人为后。关系取向表现为关系角色化、关系回报性、关系和谐性和关系宿命观四种特征。权威取向表现为权威敏感、权威崇拜和权威依赖三种特征。他人取向表现为顾虑他人、顺从他人、关注规范和重视名誉四种特征。

3. 我国著名社会学家费孝通先生认为，中国乡土社会以宗法群体为本位，人与人之间的关系是以亲属关系为主轴的网络关系，是一种差序格局。

4. 差序格局旨在描述亲疏远近的人际格局，如同水面上泛开的涟漪一般，由自己延伸开去，一圈一圈，按离自己距离的远近来划分亲疏。

5. 根据差序格局的概念，可以将中国的社会关系分为三类：家人关系、熟人关系和生人关系。在人际互动过程中，三种关系的互动基础、互动过程和互动结果有明显差异。

6. 在关系互动的过程中，对家人要讲责任，对熟人要讲人情，对陌生人就只讲利害了。

7. 脸是个体为了迎合某一社会圈的认同和期待而表现出的形象,而面子是这一印象整饰在他人心目中产生的序列地位,也就是心理地位(区别于社会地位)。

8. 翟学伟根据脸的规矩性和面子的心理位的统一与分离,划分出中国人的脸面四分图:有脸有面子、有脸没面子、没脸没面子和没脸有面子。

9. 中国人对面子的运作过程,包括面子的威胁知觉、面子的情绪反应和面子的整饰行为三个心理过程。

10. 面子的整饰行为是指为拥有面子或避免面子威胁所采取的行动,其中,以维护性策略最为普遍,包括事先的预防行为和事后的补救行为。当然,增加面子的行为也是防止丢面子的有效策略之一。

11. 人情法则建立在"报的规范"基础上,即受者接受了施者的人情,便欠了对方人情,一旦有机会便应该设法回报。正是基于对回报的预期,施者才会愿意对别人做人情。

思考与练习

一、名词解释

社会取向 差序格局 脸面 人情法则

二、案例分析

在我国众多的慈善人士当中,陈光标可谓另类。请用中国人的脸面观来分析陈光标的以下行为:

1. 2011年,陈光标为了倡导低碳生活,全家都已经"改名"。他改名为"陈低碳",老婆改名为"张绿色",两个儿子改名为"陈环保"和"陈环境"。

2. 2013年,陈光标携16吨人民币堆成钱墙,助推经济大普查。

3. 2014年,陈光标在其美国之旅发放的名片上印有:"中国首善""中国最具影响力人物""中国精神领袖""中国最具号召力慈善家""地震救援英雄""最著名最受爱戴的精神模范"等多个头衔。

三、论述题

1. 论述中国人态度取向的四种特征。

2. 论述中国人的社会自我运作过程。

第十二章

大众心理

学习目标

- 了解并能够运用信任、宽容等理论解释社会现象;
- 理解传统、流行与时尚阐释新时期转型期的社会心态变化;
- 掌握传言、流言与谣言思考社会现象,并能从社会心理学的视角进行解决。

本章学习资料

引 例

"长春长生疫苗"事件传播过程中的大众心理

2018年7月15日,国家药监局通报,长春长生生物科技有限公司违规生产狂犬疫苗,存在记录造假等行为,并在官网上发布了关于"长春长生公司违法违规生产冻干人用狂犬病疫苗的通告",通报当天并未成为热门话题。7月16日《光明日报》《新京报》等媒体相继推出了有关长春长生疫苗造假事件的报道，但是，公众对此事件的关注度还甚微。2018年7月21日，署名为"兽爷"的一篇《疫苗之王》的微信公众号文章引爆微信朋友圈，引发全国范围内网民关注。通过微博"大V"和自媒体的不断转载和评论，"问题疫苗"事件开始在网络上发酵。10月16日，新华社发布最新消息"药监部门依法从严对长春长生公司违法违规生产狂犬疫苗做出行政处罚"。

这一事件发生后，公众的社会心态发生了四个阶段的变化：

萌芽期：观望心理。在"长春长生疫苗"事件发展的初期，由于缺乏权威的发布渠道，并且从新闻客户端获取新闻信息的用户较少，在这个时期消息还处于"休眠"状态。随机在微博超话#长春疫苗#中抽取了网民在7月15—21日发布的评论，摘取数量为300条，通过内容分析法分析发现，微博用户在此时的心态较为平和，超过半数的人保持中立、观望的态度。在事件处于刚刚发生的阶段，信息匮乏，缺少权威媒体报道的时候，公众一般处于观望的心理。

发酵期：愤怒和恐慌心理。在"长春长生疫苗"事件的发酵期，由于自媒体公众号的介入，微博"大V"和网民们开始自发的转载、评论，事件经过二级甚至是多级传播之后，开始受到公众的广泛关注，并在网络平台呈现病毒式的蔓延和扩散。公众在对新闻客户端、微博"大V"以及普通网民的信息进行解读和加工之后，逐步产生情绪极化现象，被愤怒和恐慌的心理占据。在发酵期，有关部门的调查才刚刚开始深入，真相尚未浮出水面，加上一些别有用心的信息传播者为了个人利益故意制造、散播谣言，煽动公众情绪，因此，这时期的公众的心理主要表现为愤怒和恐惧。

高潮期：盲从心理。随着"长春长生疫苗"事件在网络上不断传播，媒体报道持续跟进，相关部门负责人作出批示，舆论逐渐到达"沸点"。由于微博大V屡次发表评论，相关新闻不间断地刷屏，信息逐渐向多样化的方向发展。此阶段，本次事件的内容由萌芽期的信息匮乏转向了顶峰期的信息泛滥，公众开始迷失在信息的海洋之中，逐渐失去方向，由恐慌心理逐步转化为盲从心理。

衰退期：悲观和怀疑心理突发公共事件造成的物质破坏以及安全损害，易于对公众的身心造成深远的无法弥补的伤害。即使在信息的海洋之中，公众的注意力逐渐转移，但悲观和怀疑的心理依然难以修复，并会对其下次遇见同类事件的认知方式和行为活动造成深远的影响。

近年来，随着信息技术的逐步成熟，各种类型的信息传播方式如雨后春笋般不断地产生并发展壮大。在突发公共事件的网络传播过程中，公众的心理往往会随着事件的进展，呈现出不同的变化。同时，公众的心理变化也会反过来作用于事件的演变进程。因此，分析突发公共事件中公众心理的变化过程，把握其运行规律，是解决突发公共问题、引导公共舆论的有效手段。

第一节 | 信任与宽容

信任是在人类社会进入工业化社会后方才出现的命题。在传统社会里，人们聚族而居，与外界少有接触，生活在一起的人不存在是否信任的问题。当进入工业社会之后，原先因聚族而居而形成的熟人社会不再成为社会的主要部分，"陌生人"构成了社会关系的主体，信任遂成为决定陌生人之间以何种方式打交道的重要前提。

人与人之间的宽容是建立社会信任的重要心理资源。但对于如何在整体社会层面提高社会的宽容度，进而提升社会信任度，目前学界的研究还相对较少。本节拟结合文化心理学的相关研究，对信任和宽容进行概念界定和内涵分析，从而探索提升社会宽容和信任的社会心理学策略。

一、信任的概念与类型

（一）信任的概念

随着社会的不断发展，各种社会利益相互交织于人际关系之间，人与人之间的信任关系变得微妙，信任在当今社会成了一个难以达到的标准和高度热门的话题。在心理学上，信任被理解为一种依赖关系，既是你对他人的依赖，也是他人对你的依赖的一种人的行为表现。但由于社会发展趋于复杂化，人与人之间的依赖关系难以建立，信任程度变得薄弱，各种利益交织于人际网之中，大多数人在与其他人的交往和进行社会活动时变得小心翼翼、处处提防，难以对他人形成依赖，建立信任。

社会学家巴伯曾经将信任定义为一套人们对他人、组织机构和界定生活规则的道德秩序所抱有的期望。这些期望是人们在社会实践中学习并反复强化的。按照巴伯的定义，信任所涉及的对象不仅仅是家人、朋友以及同学这样的与我们有密切社会联系的个体，也涉及那些与我们没有直接社会关系的一般化他人（generalized others）。

（二）信任的类型

信任这个概念本身包含了很多的维度。例如，普特南在研究美国社会资本变迁时就区分了厚信任（thick trust）和薄信任（thin trust），前者依赖于具体的社会关系，后者则指涉一般性他人。米祖尔则将信任区分为三类，即作为心理属性的信任（psychological attribute）、作为社会联系特征的信任（property of social relationship）以及作为社会系统特征的信任（property of social system）。祖克尔提出了一个类似的区分信任类型的方式，他将信任区分为基于特征的信任

（characteristic-based trust）、基于过程的信任（process-based trust）以及基于制度的信任（institutionally-based trust）。

将上述对于信任的区分进行总结可以发现，我们至少可以定义出三种彼此区分的信任类型。第一类可以称为一般信任，也就是脱离了具体的社会联系和生活背景而面向社会一般成员的信任。一般信任是普特南意义上的薄信任以及米祖尔意义上的作为心理属性的信任。第二类可以称作特殊信任。这类信任的特点是基于特定的社会联系，也即嵌入于特定的社会关系之中。很明显，特殊信任也就是上述分类中所指涉的厚信任、作为社会联系特征的信任以及基于过程的信任。第三类信任则是对机构或者制度的信任。这种信任是个体信任在社会机构或者制度上的投射。基于以往经验研究的一般操作，对于机构的信任主要关注对政府机构表现的评价。

二、社会心理学视角下的信任

（一）心理学视角

心理学的信任研究是现代信任研究的逻辑起点。这一研究更多的是依照心理学的传统范式，以微观社会个体的心理为基础，从人的个性特点入手，将信任理解为个人的心理事件、个人的人格特质、个人的行为。换句话说，在心理学家的眼中，信任是一种存在于个人内部的相对稳定的性格特质或者说人格特点，是个体的概念，信任被认为和信仰、期待或感觉一样深植于个体的个性之中，并且源自个体早期社会心理的形成，不是两人相互的概念，信任的达成只是一个心理过程。

心理学对信任问题的研究最早开始于美国心理学家多伊奇（Deutsch），在著名的囚徒困境实验中，从探讨如何解决冲突入手，由人际信任角度得出：在人际关系中，信任是人们面临不确定事件时的一种非理性选择。在多伊奇看来，在人际关系中，信任其实是人对特定场景作出反应的个体心理和个人行为，信任与否由特定场景的具体相关变量和约束决定。也就是说，信任是一个由外界刺激决定的因变量，当情境刺激发生变化时，信任程度也随之而改变。在后续的研究中，多伊奇着重对信任的场景进行描述和界定。多伊奇指出，信任的决定涉及以下场景变量：在未来存在一系列不确定的行动，结果的发生基于他人的行为，负面后果带来的伤害超过正面后果的得益。

心理学家霍斯莫尔、怀特曼等循着人际信任研究的思路，从人际信任特质上个体差异、人格特点的角度，用心理学实验的方法，借助测量、统计、比较，得出结论：信任就是个人人格特质的表现，是一种经过社会学习逐渐形成的相对稳定的人格特点。霍斯莫尔对信任有一个经典的定义："信任是当个体面临预期损失大于预期收益不可预料的事件时，所作的一个非理性的选择行为。"怀特曼则认为信任是个体所有的、一种构成其个人特质之一部分的信念，认为一般人都是有诚意、善良及信任别人的。怀特曼在实验中还注意到，一个人的生活经历和对人性的看法，会导致形成对一般性他人的可信赖程度的概化期望或信念，这就是为什么有的人倾向于信任他人，有的人则倾向于怀疑他人。

（二）社会心理学视角

与持个性观点的心理学者不同，社会心理学家则倾向于从人与人之间及组织层面上个体交往研究信任的创建及破坏。在社会心理学家看来，信任通常指一次交易中对其他当事人的一种期待。显然，在信任决策的过程中，个人的行为选择并不是消极地去应对这些场景变量和约束。罗特对人际信任的决定因素进行了进一步的研究。从社会学习理论出发，罗特指出，在特定的场景下，个人的行为选择取决于对给定行为所导致的特定结果的预期。在人际交往中，个人对不同个体的承诺会做出不同的预期并形成具体不同的经验。在某种程度上讲，随着这些预期和相关经验积累，通过正规的和非正规的社会学习（如对父母、老师和同行等的行为的学习以及通过报纸和电视等媒体的学习），个人将形成一种相对稳定的普遍预期，而这种普遍预期具有显著的人格特征。山岸指出，"信任"是人们对合作伙伴或潜在合作伙伴交往时的友好和善良意图的期待，而"确信"则是对合作伙伴善意行为的期待。信任是基于合作伙伴的个人特质和意图的推断，而确信则是基于对人际关系所处的激励结构的认识和了解。

山岸用一个例子来说明信任和确信之间的区别：假设我与黑手党有特殊的关系，我的生意伙伴也知道这一点。我确信他不会欺骗我，如果不这样他将被送到太平间。我对于生意伙伴"诚实"的期望是基于"诚实"的行为时符合他本人的利益的这一事实，而不是因为他是一个仁慈的人，因此，我表现的是"确信"而非"信任"。在这里，山岸的信任定义体现了一个显著特征，即它主要是关于乐于信任而非值得信任的，因而回到了或坚持了早期心理学对信任的传统定义，将信任定义为对他人的善良所抱有的信念或指一种健康的人格品质，强调了对意向的内部期待。山岸进一步区分了基于认知的信任（knowledge-based trust）和普遍信任（general trust）：基于认知的信任是局限于特殊的客体（个人或组织）；普遍信任是对人性本善的相信，而没有对客体提出特殊的要求。普遍信任是一种积极的认知取向，可以帮助一个人走出熟悉的关系圈。

纵观（社会）心理学中的信任研究，学者们普遍认为：信任理解为个体在特定的社会环境中产生的心理反应或形成的心理特质，理解为由情境刺激决定的个体心理和行为。换言之，信任是一种心理状态，在这种心理状态下，其一，信任者愿意处于一种脆弱地位，这种地位有可能导致受信者伤害自己；其二，信任者对受信者抱有正面期待，认为受信者不会伤害自己。在这种思维视角下，对信任问题的研究通常不考虑社会环境的因素，而只专注于人际信任的认知内容或行为表现,通过研究信任与其他心理品质之间的相关性来理解信任的内涵。信任是一个过程,它与过去、现在和未来都有关,也与个体经验有关。

三、人际宽容、群际宽容与文化宽容

社会心理学意义上的宽容是个体平和、包容地看待与自己不同的价值理念、言谈举止等社会存在的积极心态,它包括人际宽容、群际宽容和文化宽容三个分析层次。每一层次上的宽容均可作为信任源而增加社会信任。

(一) 人际宽容

人际宽容是指个体与个体的直接互动过程中的宽容心理。这主要表现为个体的穿着打扮、言谈举止、思想观念、生活方式等方面的宽容,这与目前心理学领域的宽恕研究有诸多相似之处。影响人际宽容的个体心理因素至少包括:(1) 认知因素,如包括对自身价值观的觉察、确认、肯定,对他人行为动机和价值观的识别、归因、评价;(2) 共情能力,即设身处地地感受他人情绪体验的能力;(3) 个体人格特质。

(二) 群际宽容

群际宽容是指群体与群体的互动过程中的宽容心理,其宽容的内容与人际宽容并无实质区别,只是分析的视角从个体转向群体,而个体在群体中的表现又不完全等同于其单独作为个体时的表现。

影响群际宽容的社会心理学因素包括四个方面:

(1) 低人性化信念。即群体成员认为自己所在的群体更具有人性化的本质,而外群体成员的人性化水平较低。

(2) 竞争受害性心理。即群体认为自己比对方群体在冲突中遭受到更大伤害的信念,卷入冲突的群体成员认为自己比对方受到更多的伤害。

(3) 内群体偏好。即当群体受到威胁时,个体更容易认同内群体成员;群体认同与群际宽恕之间存在显著的负相关,群体认同的强度越大,则群际宽恕的水平越低。

(4) 群际接触水平。群际接触的质量越高,低人性化认知、群体敌对态度和愤怒水平越低;共情程度越高,群际宽恕水平越高。

(三) 文化宽容

文化宽容是指社会整体的宽容文化心理,这是社会心态的一个侧面。社会心态是社会中多数成员或占一定比例的成员表现出普遍的、一致的心理特点和行为模式,并构成一种氛围,成为影响每个个体成员行为的模板。宽容的社会心态是塑造人与人之间和谐有序互动模式的重要社会心理基础。文化宽容涉及面非常广,如对商业创新的宽容、对具体行为模式(如行为艺术)的宽容、对特殊人群(如同性恋群体)的宽容等。

第二节 | 风俗、时尚与流行

引 例

流行玩具

流行服饰

1. 万元户	1. Duang
2. 个体户	2. 小鲜肉
3. 女排精神	3. 有钱,就是任性
4. "五讲""四美""三热爱"	4. 颜值
5. 大锅饭	5. 猫系理科男
6. 冲出亚洲	6. 也是醉了
7. 皮包公司	7. 那画面太美我不敢看
8. 铁饭碗	8. 只想安静地当一个美男子
9. 武打	9. 且行且珍惜
10.《读者文摘》	10. No zuo no die

流行用语

上面的流行现象,你了解多少?又参与过多少?这是20世纪80年代的流行与当下流行之间的比较。风俗、时尚和流行是大众心理现象中最直观化和形式的。从流行现象中,我们可以清晰地看到那些最让人们记住的时代特征,往往以这些大众流行现象为载体。

一、风俗

风俗是特定社会文化区域内大多数社会成员共同遵守的某些非成文行为模式或生活习惯。风俗是长期发展而成的，是社会传统的主要部分。特定社会传统哺育成长的人，被要求学会特定的风俗，而且使之内化。这些风俗群体的成员能理解彼此的行为，并有着共同的、极深的群体感情，这加强了群体的凝聚力。

（一）风俗的类型

风俗渗透于人们日常起居迎送的活动之中，涉及的范围非常广，包括生产、贸易、居住、饮食、器物、服饰、娱乐、婚嫁、丧葬、祭祀、时令和语言等生活的方方面面。具体可以分为以下六大类。

1. 生活风俗

生活风俗就是与有关衣食住行相关的风俗。在长期的历史发展过程中，由于自然环境、社会条件、经济水平的差异，中国各民族在饮食、服饰等方面形成了各自独特的风俗习惯。在饮食方面，汉族以米、面为主，喜食蔬菜、豆类、肉、鱼及蛋类，非常注重烹调技术；维吾尔族、哈萨克族和乌孜别克族喜欢吃烤羊肉串、抓饭和馕；蒙古族以牛羊肉及奶食为主，喜饮奶茶；朝鲜族爱吃打糕、冷面和泡菜；藏族爱吃糌粑和喝酥油茶。在服饰方面，满族妇女爱穿旗袍，蒙古族习惯穿蒙古袍和马靴；藏族爱穿藏袍、系腰带，穿长靴；彝族、苗族、瑶族妇女爱穿百褶裙，佩戴金银制的饰品；维吾尔族爱戴四楞绣花小帽；朝鲜族爱穿素白衣服，有"白衣民族"之称。

2. 生育风俗

生育风俗包括两个部分，一个是育，一个是生。育是指妇女从受孕到生产的过程，这段时间，妇女被看作一个特别的社会成员，她在社会中出现要遵守各种各样的禁忌和礼仪。较常见的孕妇禁忌有：不许吃公鸡、螃蟹、兔肉等不利于孕妇和胎儿的食品，不许到婚礼的场合接见新娘。怀孕期间，特别是临近生产的时候，娘家会赠送婴儿用品给女儿，叫作"催生担"。生的民俗一方面是指在分娩的时候，孕妇的生育方式，如山东黄县一带多让产妇坐在盆上生谓之"临盆"，在蒙阴等地多在床前铺上麦秸和谷草谓之"落草"；另一方面，是指孩子诞生以后的各种礼仪，包括生命降生仪式："洗三"，进入人群仪式："满月"，预卜前程的仪式："周岁"。

3. 人际风俗

人际风俗指人们生活和社会交往中约定俗成的风俗。人们可以根据各式各样的礼仪规范，正确把握与外界的人际交往尺度，合理地处理好人与人的关系。如果没有这些礼仪规范，往往会使人们在交往中感到手足无措，乃至失礼于人，闹出笑话，所以，熟悉和掌握礼仪，就可以做到触类旁通，待人接物恰到好处。例如，在日本的正式场合，男子大多穿成套的深色西服，女子穿和服。在天气炎热的时候，不随便脱衣服，如果需要脱衣服，要先征得主人的同意。在泰国，朋友相见，双手合十、互致问候；晚辈向长辈行礼时，双手合十举过前额，长辈也要合十回礼。

4. 闲暇风俗

闲暇风俗指有关岁时、岁事、时节、时令等事，是人们的社会生活中约定俗成的一种集体性习俗活动。例如，中国人在春节要回家、在元宵节要赏花灯，在清明节要去扫墓、在端午节要吃粽子、在中秋节要吃月饼等；德国人在新年要爬树；意大利人在元旦要摔碗；缅甸人在新年要泼水；丹麦人在忏悔节要狂欢；法国人则会在帝王节这天分享甜饼。

5. 审美风俗

审美风俗指有关民间文学、民间技艺等的风俗。其中，民间文学是"五四"新文化运动后出现和流行的学术名词，是指民众在生活文化和生活世界里传承、传播、共享的口头传统和语辞艺术。从文类上来说，民间文学包括神话、史诗、民间传说、民间故事、民间歌谣、民间叙事、民间小戏、说唱文学、谚语、谜语等。民间技艺则包括剪纸、陶艺、年画、皮影以及变脸、刺绣、泥塑、木刻、木雕、舞龙、戏曲等。

6. 信仰风俗

信仰风俗包括宗教、信仰、巫术、禁忌、占卜、预兆、审判等事项。例如，农民种地要祭土地，遇旱要祭龙王，渔民出海要祭海神，以及壮族的蚂拐节、藏族的望果节、景颇族的尝新节等。信仰习俗中最为典型的表现是宗教礼仪，例如，基督教徒去教堂祈祷，佛教徒去庙里烧香。

（二）风俗的特征

1. 社会性

由于风俗是由人们共同参与的活动组成的，因此，风俗与个人的习惯偏好不同，它具有明显的社会性。也就是说，某一行为习惯只有社会成员共同参与后，才能成为风俗。

2. 规范性

一般来说，风俗是一种非正式的社会规范系统，它常常具体化为各种礼仪和禁忌；风俗由于是历史形成的，它对社会成员有一种非常强烈的行为制约作用。风俗常常是社会道德与法律的基础和相辅部分。

3. 地域性

通常，人们将由自然条件的不同造成的行为规范差异称为风，而将由社会文化的差异所造成的行为规则的不同称为俗。因此，风俗往往具有较强的地域性特征，正所谓："百里不同风，千里不同俗"。例如，同在四川省，广汉这个小城的人喜欢吃兔头，而不远的彭州人则喜爱吃锅盔。

4. 稳定性

风俗一旦形成后，不会轻易因时间、地点的变化而变化。例如，中秋节吃月饼的风俗就延续了几千年的时间,尽管吃月饼的方式、做月饼的过程、月饼的配方都有了极大的变化,但吃月饼的仪式还是在经历了巨大社会变迁后被保留了下来。

(三)风俗与时尚的差别

风俗既为一种行为规范,其自身必须具有一定的稳定性,不少的风俗世代变迁而不变,表现出明显的继承性。然而,随着社会的不断变化,风俗也必然相应地发生变化,时尚是风俗变化的一个促动因素。时尚是不甘于循规蹈矩的一小部分人发起的社会试验,时尚是对社会风俗的一种挑战和反叛。当这些挑战成功后,社会风俗的某些内容可能失效,时尚达成了移"风"易"俗"的诉求。当然,有些时尚经过时间的沉淀也会逐渐转化成风俗的一部分,最终起到更新和补充社会风俗的作用。换句话说,两者的关系是:时尚是流行的风俗,风俗是凝固的时尚。

二、时尚

时尚是一种群众性的社会心理现象。具体来说,时尚是指一段时期内相当多的人在较短的时间内对特定的趣味、语言、思想和行为等各种模型或标本的随从和追求。时尚常常是由少数人引起,经过人们的相互影响、感染和模仿,为多数人迅速接受。时尚的表现形态多样。汉语中的时髦、时新、时尚、阵热、流行、摩登、新潮、风尚,英语里的 smart、fashion、style、fad、mode、vogue、boom、trends、craze,都可以用来表示时尚这一现象。

(一)时尚的分类

时尚的表现范围非常广,既包括日常生活的琐碎小事(如服饰和发式),也包括社会互动的内容与形式(如语言和娱乐),还包括价值观和人生观(如婚恋对象和职业选择),甚至包括建筑风格、工程设计和传播媒介。根据时尚表现出的热情程度和持续时间的长短,可以归结为以下三种形态。

1. 时髦

时髦主要指一种在短时间内流行起来又迅速消逝的生活或行为模式,即人们通常所说的风尚或阵热;但有时也指那种虽然持续较长时间却一直未能普及开来的高雅或怪诞行为(俗称摩登)。显然,风尚或阵热是时髦的一种常态形式,而摩登则是时髦的一种残余形式。例如,我国1990年代的皮夹克热;美国1960年代有呼啦圈热;德国1980年代有霹雳舞热。与"来得快去得也快"相比,摩登持续的时间虽长,但由于受主客观条件的阻碍难以尾随,因此,其流行范围有限。作为时尚最为常见的初始形态,时髦是指一种零散的、短暂的时尚。

2. 时尚

与时髦的零散性和短暂性相比,时尚是一种相对持久且较为成型的生活或行为模式;和时髦的浅俗性相比,时尚也具有较为丰富的文化内涵,是生活风格、活动系统和具体的文化项目的系列显现。在参与者的主观投入方面,时尚介于时髦与时狂之间。时尚首先体现在生活风格上,例如,在西方,白领阶层的生活方式、嬉皮士与后嬉皮士风格、冲浪与攀岩的场面、纨绔子弟的处世之道,以及单亲家庭与无育文化;在我国曾经"下海"的文化人的行为举止、麇集北京郊区的艺术家群体的后现代倾向,以及更为普遍的都市青年的雅皮士风格。其次,观念、服务、运动、人物等也都可能成为时尚的载体。

3. 时狂

时狂是时尚发展的极端形式,是时尚参与者狂热而不理智的状态。时狂与时髦和时尚最主要的区别之处在于,处在时狂状态的参与者,其身心投入程度远远高于时髦和时尚的追随者。例如,荷兰的"郁金香热"或中国的"君子兰热"。处在这类时狂中的人们之所以要千方百计地获得一件东西,是因为他们期望其他人会以一种高价格购买它,而这些其他人之所以用较高的价格购买,是因为他们完全期望另一些人会以一种更高的价格向他们购买这样东西。显然,在这种价格的哄抬中,最终会不可避免地达到一种价格界限,于是,人们开始从买进转向卖出。换言之,他们从正面的激奋开始转向惊恐的逃避,用股市行话讲叫"割肉"逃跑。

(二)时尚的特征

1. 短暂性

时尚是短时段内的产物,具有短暂性。时尚是纷繁复杂、多种多样的,因此,如果一种时尚的停驻时间是短暂的,它就具有短暂性。当这种时尚的停驻时间延长到一定阶段时,时尚就在不知不觉中演变成了流行。

2. 阶层性

中世纪时期,时尚与贵族阶层紧密相连。由于贵族阶层经济富裕,可以一掷千金,因此,他们可以雇佣著名设计师为其打造与众不同的时装,而这在当时便成为贵族阶层的时尚。如今,时尚依然具有阶层性,这种阶层性与中世纪的阶级性不同,它主要是指时尚在不同的社会群体、团体之间是互不相同的。

3. 包容性

时尚千变万化,时尚包罗万象,时尚的包容性体现在两个方面:其一,复古传统。例如,周杰伦音乐成为时尚,就是他巧妙地将现代流行音乐与中国的古典乐器和诗词融会贯通,开创了中国音乐复古主义的先河,并把这种音乐时尚带到社会大众的身边;其二,时尚跨越国界。法国时装展在此层面上非常能够体现时尚的包容性,纵观时装展全程,我们可以清楚地发现,时装里蕴藏着各个国家的文化元素,它们有的张扬,有的内敛;有的放肆,有的性感。

三、流行

流行是一种普遍的社会心理现象,指社会上许多人都去追求某种生活方式,使这种生活方式在较短的时期内到处可见,从而导致人们彼此之间发生连锁性的感染,即所谓的"一窝蜂"现象。例如,一些尚未被主流社会和大众普遍接受的事物(时尚),经过了某些特殊的途径引起了某些阶层、团体、族群或者有影响力的个人的注意,后来绝大多数的人开始关注它、使用它和了解它,就成为流行。

(一) 流行的特征

与时尚相比,流行现象主要具体以下两个特征。

1. 周期性

流行从形成到消失的时间较短,但在消失之后的若干时期,又会周而复始地出现。以女性裙子长短为例,大体上20年就会有一个周期:20世纪20年代,裙子从长变短;30年代则从短变长;经历了40年代和50年代的盘整后,60年代流行起了超短裙;70年代裙子又开始变长;80年代超短裙、极短裙再度流行。

2. 规模性

与时尚比,流行的时间不一定很长,但参与的社会成员一定更多,从规模上远多于时尚参与者。例如,当初共享单车是作为时尚现象出现在人们视野中的,现在这一出行方式已被大众接受,成为一种新的流行现象了;再如,最初由于只有少数人进行垃圾分类,只是算一种时尚行为,今天在上海这已成为一种流行行为,因为已有超过3 000万人参与其中了。

(二) 流行的原因

从时尚现象转化成流行现象,我们可以从内部和外部两个方向寻找原因。

1. 流行的心理因素

流行的心理因素是流行可满足人们的各种需求,如要求提高自己的社会地位;获得异性的注目与关心;显示自己的独特性以减轻社会压力;寻求新事物的刺激;自我防御等。例如,喜欢华丽的人,对流行更敏感;虚荣心、好胜心强的人,易追求时尚。流行的实现能带给参与者一种刺激,此种刺激可以满足他们的某些心理需要。

2. 流行的社会因素

导致流行的社会因素主要有两个:其一是对新技术、新思想宽容并予以鼓励与尊重的社会环境。例如,与30年前相比,我们今天的各种流行现象多元,从鬼屋到夸夸群,从反转式新闻到隐形贫困人口,从朋友圈成功人士到广场舞大妈;其二,传播媒介的发达、商业网络的健全及权威人士的参与,能扩大流行范围并加快传播速度。例如,大V和网红都极容易促进某一产品热销;而互联网的高度发达也能使"蓝瘦香菇""洪荒之力"迅速成为流行语。

(三) 流行与时尚的差别

在我们的日常生活中,很多人把流行与时尚当作一对可以互换的概念同等理解和使用,认为流行就是时尚,时尚就是流行。尽管时尚与流行之间有着许多相似之处,但在这两者之间仍然存在重要的区别。时尚源于对个性化的追求,流行则意味着大众。换句话说,流行是大众化的,而时尚相对而言是比较小众化的,是前卫的。

从这个意义上看,流行是时尚的规模化,时尚发挥着引导流行的作用;时尚是流行的诱因,是流行形成的前期准备。因此可以说,流行的就不再是时尚的。20世纪30年代尼龙袜问世之后,一时成为欧洲贵妇人的时髦之选,但随着1939年世博会后尼龙袜的批量生产和大幅降价,尼龙袜很快在全世界范围内流行开来,理所当然地不再被看作"时尚之物"。当然,时尚的不一定就能流行,比如奢侈品时尚,在财富神话频出、亿万富翁不断涌现的今天,私人飞机竟也高调地变成了"时尚之物",但任凭它怎么被报道、宣传,被关注、追捧,至少在可以预见的时间内私人飞机是不能成为流行之物的。又如,流行喝酒不代表喝酒时尚,流行骑自行车不代表骑自行车时尚,时尚比流行来得前卫得多。

> **案例**

抖音视频的社会心理学分析

当前,互联网环境开放自由,短视频行业整体发展向好。作为今日头条内部孵化的产物,抖音平台的精准营销,线上和线下相结合,激发了用户的共鸣与参与性,引起了广大受众的追捧。据统计,抖音目前18—24岁用户的占比已超40%,其采用大数据加权的信息筛选方式,可以在很短的时间内造就一个网络热点现象,而这些现象又会形成潮流,影响着平台上的青年群体用户。抖音短视频的爆红使得网络亚文化成为青年群体日常生活中所接触的重要内容,这深刻地影响着他们的社会心态。在抖音中,你在某一类视频停留的时间越久,算法认为你对此越感兴趣,从而更加积极地给你推送此类视频,于是,你又兴致盎然地刷下去。

迷失在"虚拟式热闹"的人们空虚地活着。有些虚假的、带有炫耀成分的动态助长了年轻人的攀比心态,容易造成年轻人的心理失衡,也会带来另一种焦虑,就是年轻人开始意识到网上互动已经占用了他们太多的时间,使他们远离了现实生活,产生了一种因为失去自我控制力而导致拒绝努力的自我挫败感,表现出得过且过、颓废、麻木的生活态度,并由此产生"佛系""葛优瘫""肥宅快乐水"等插科打诨的消极现象和词汇,我们称之为"丧文化"。但不可否认的是,"丧文化"表现的却是一种积极反抗的态度,从"90后"到"00后",网络上总是存在着一些污名化的标签,如"垮掉的一代",但随着时代的发展,青年群体表面上选择接受甚至是自创了一些带有负面意味的标签来形容自己,实际上这却是一种无声的反抗,其深层内容是青年对颓丧生活状态和情感状态的否定。随着社会生活压力的增加,当一种轻松愉快的生活方式变成一种沉重的生活负担时,越来越多的年轻人厌倦网络上的联络,更渴望面对面的沟通和真实的社交生活。短视频的井喷式发展带来了一波内容创业的热潮,更改变了人们的娱乐和生活方式,对青年群体乃至整个社会的审美文化和时代精神的形成都具有深刻的影响。

第三节 | 传言、流言与谣言

　　传言、流言与谣言在传播过程中很难被明确地加以区分，在未经证实之前，我们难以确认一则传播中的信息究竟是流言、谣言还是传言。谣言实际上也是一种流言，而流言中也包含谣言。日常生活中，人们很容易将传言和谣言、流言等词汇混淆，事实上，它们有许多共同之处，但相互间仍有一定的差别。根据社会心理学的解释，传言是提不出确切的依据，而人们相互之间传播的一种特定的消息。传言中的信息可能是正确的或不正确的、有依据的或无依据的。内容不真实的传言又称流言。传言不同于流言，根本区别在于所传播信息的真实性。谣言是流言的一种，谣言是恶意的攻击，是谣言制造者刻意捏造、散布的假消息。流言多具背后议论、诬蔑、挑拨是非的特征，人们常说的流言蜚语、流言惑众中的流言与谣言无异。流言与谣言的共同点在于：流言和谣言都是不切实的、无根据的言论或消息；两者都能够在社会大众中广为流传；都对社会生活有消极影响；都常常产生于社会重大变革时期。两者的区别在于动机不同：谣言是为一定的目的而有意捏造的，其动机性十分明显，具有一定的指向性；流言多为以讹传讹，从何而来，因何而起，往往说不清楚，一般没有明确的动机和目的性。

一、传言的概念及特征

（一）传言的概念

　　迄今为止，专家和学者们对传言仍然没有一个确切的定义，但是我们可以从传言的发展过程以及专家对传言不同侧面的把握和解读中寻找一种比较适合的观点。《韦伯斯特英文大字典》指出，传言是一种缺乏真实根据，或未经证实、公众一时难以辨别真伪的闲话、传闻或舆论。在英语中，传言与谣言多用"rumor"表示，美国社会学家特·希布塔尼认为，传言是在一群人的议论过程中产生的即兴新闻。奥尔波特认为，传言是指提不出任何确切的根据，而人们相互传播的一种特定的消息。罗斯诺认为，传言是指没有得到证实而又无法反驳的信息，往往与重要人物、事件相关。我国学者时蓉华在其著作《社会心理学》中指出，"传言是指提不出任何信得过的依据，而人们相互传播的一种特定的信息。"传言俗称小道消息，是人际交往过程中非正式沟通的一种重要形式。传言是一种社会现象，对人们的政治生活和精神生活起着特殊的作用。

（二）传言的特征

　　传言作为一种社会现象是不可能被禁止、更不可能被消灭的；但作为一个具体的传言,是可以被扩大或消除其影响的,或者说是可以控制的。传言的特点可归纳为以下六个方面。

1. 自由性

传言不受组织机构的监督和限制,直接沟通,灵活方便,传递迅速。一般在社会的下层流动,有时也会波及中、上层。

2. 突发性

传言与人们的心理危机状态密切相关,每一次较大的社会动荡,都伴随着大量传言,无一例外。

3. 变形性

传言过程的每一环节中,传言者会根据自己的理解、自身兴趣及经验体会,或多或少地对传言进行一定程度的夸张加工。传播的距离越远,则与初始传言相比的失真度越大,甚至面目全非。

4. 多样性

传言的内容多为政治、经济、政策、人事等与传言者利益有关的、正式沟通网络中尚未出现的消息,以及名人动态、他人私生活等与传言者情绪有关的、正式沟通网络中不可能出现的消息,此外,也有一些科普、文化、宗教等与传言者兴趣有关的、正式沟通网络已经出现的消息。传言网络的规模视消息涉及面的大小而定,小的网络可以只有两三人,大的网络的人数可达千万人乃至更多。

5. 周期性

传言从发生期开始,传递速度由慢而快地达到高峰期,然后急速转入衰退期,这为一个周期。多数传言只存活一个周期。但有些传言会出现多个周期,即几次衰退,又几次兴起,称为反复性传言。且每次反复,都会增加一些新的内容。因为这种传言有多次强化的效果,所以造成的影响比单周期传言要大得多。

6. 指向性

名人、权威人士、领导干部最容易遭受传言袭扰,在特定的范围内这种指向性尤为突出。这既与他们的地位和工作特点有关,也与平时活动中他们的优点和长处过于突出,而缺点和短处被掩盖的情况有关。当然,也不排除某些人因职务、荣誉与自身实际不相称而成为众矢之的的可能性。

在自然灾害、事故灾难、公共卫生事件、社会安全事件等公共突发事件中,在主流媒体信息匮乏而公众的求知欲又太强时,两面合围极易造成信息传播的某种畸变,即传言的产生。传言会腐蚀相当一部分人的基本判断力,在没有官方声音先声夺人的前提下,群众就会利用电话、信件、网络、手机短信、微信等对许多确实的和未经证实的消息以几何级数进行大范围的私下传播,并产生不良的社会效果。所以,政府公共管理部门必须重视突发公共事件中的各种传言,不断提高政府的公信力。

二、谣言的概念和影响因素

随着时代的不断变化,谣言的传播方式也不断发展,从最初口耳相传的"窃窃私语",到今天网络时代的爆炸式传播,谣言体现出顽强而旺盛的生命力,成为政治学、社会学、传播学、行为学、心理学等诸多人文学科的研究对象。

(一)谣言的概念

尽管谣言的表现形态随时代的发展不断变化,但谣言的本质特征却亘古不变。那么,到底什么是谣言?前辈学者和权威著作对此多有阐述。《现代汉语词典》对"谣言"一词的释义是:"凭空捏造的,没有事实根据的传闻消息"。百度百科上对谣言的定义则是:"没有相应事实基础,却被捏造出来并通过一定手段推动传播的言论"。清华大学新闻与传播学院刘建明教授认为,"谣言是没有任何根据的事实描述,并带有诽谤的意见指向,因此,它不是中性的传闻,而是攻讦性的负面舆论"。深圳大学传播学院周裕琼教授在《谣言一定是洪水猛兽吗——基于文献综述和实证研究的反思》一文中,又把谣言称为"未经官方证实却在民间广为流传的对现实世界的假设,它可以作为一种工具性说法,帮助人们解读当前模糊而重要的情境"。从以上定义中,我们可以看出学界对谣言具有人为性、目的性、虚假性、传播性等诸项本质特征有着比较一致的认识。本书认为,谣言作为不实的传闻,是有人为特定目的而蓄意制造、故意传播的煽动性谎言,是众多谎言中的一种。

(二)谣言产生的因素

谣言反映了特定社会背景下谣言制造人的心态,谣言的产生与社会背景、个人心理、特定情境有着密切的关系。

1. 社会背景

在三种社会背景下,容易产生谣言:(1)社会危机。如社会广泛出现群体危机和信仰危机,社会内部经济或政治矛盾激化等,谣言最易产生;(2)正式渠道的消息传播不充分或不正确。事情在人们心目中越重要越不明朗,谣言就越容易产生;(3)民众意见的发表受到限制时,谣言也越易产生。

2. 个人心理

无论是谣言的制造者或传播者,他们都企图用谣言作为解除内心紧张状态的一种适应性手段,个人心理对谣言的影响主要表现在:人们对现状不满,利用谣言泄愤;焦虑不安和恐惧情绪也会导致谣言的出现。人们在感到不安和害怕时,内心紧张,渴望知道更多的事实和消息。当没有确切的消息时,人们的不安便会促使其寻找新的安定凭据,这时,任何提示都会使人接受,人们极易相信偶尔听到的有利于自己解除内心紧张的信息,并且乐于传播,而不管消息的真伪。

3. 特定情境

谣言之所以能在特定的环境中产生,一是由于群体内相当多的人同时对某件事表示关注,关心的人越多,相互间的情绪感染就越强烈;二是由于关心某事的全体成员对此都没有确切的消息,都在积极地猜测事态的发展,交换有关信息,有的人为了显示自己的能力和消息灵通,而夸张地提高自己所述消息的价值,便导致谣言的产生和传播。谣言在传播过程中会发生种种变化。反复多次地听到同一种谣言的人比偶尔听到谣言的人更相信谣言,文化程度较低的人比文化程度较高的人更易相信谣言,女性比男性更容易关注和听信谣言,无所事事者比有事可做者更易于听信谣言。面对谣言,我们应持审视的态度。无论谣言的内容是否符合自己的心意,无论处境是如何紧急,信息是否能及时沟通,我们都要慎重审度,不可借谣言的传播来发泄内心的愤怒,求得心态的暂时平衡,也不能受相互间情绪的感染,做盲动的传播者。应静观多察,根据多方掌握的信息加以判断,拿出自己的主见,即使在情况不明时,也不盲目信谣传谣。

三、流言的概念及特征

(一) 流言的概念

流言是指不正确、无依据的信息。美国社会心理学家奥尔波特与波斯特曼在《流言心理学》一书中提出了有关流言基本规律的著名公式:$R = i \times a$。其中,R(Rumor)指流言,i(important)指流言的重要性,a(ambiguous)指流言的不明确性。该公式同样适用于传言。流言的流量同问题对于当事人的重要性及有关其命题的论据的不明确性的积成正比。流言与传言不同,流言是不真实的,无法证实的,传言则是有真有假的。

(二) 流言的特征

1. 新奇性

求新好奇心理是人类行为最强烈的动机之一。流言内容新奇有趣,人们对新事物尚不甚了解,又要满足求新好奇的心理需要,于是,人们就容易接受片面的和不正确的信息,使流言广为传播。

2. 失真性

流言本身就是不确切、无根据的传闻,再加上在传播过程中传播者有意无意地将信息加以改变、使流言在传播中失去了本来的样子,以至面目全非。

3. 蒙蔽性

流言是虚假不实之言,具有很大的迷惑性和欺骗性。由于它的内容不仅与人们的生活有密切关系,而且是新鲜、少见、有趣的事情,这样就迎合了一部分不明真相人的心理,使人们相信和传播这些流言。有的人开始并不相信流言,只是传的多了就不得不信。

4. 广泛性

流言传播范围广、速度快,一旦出现,一传十、十传百,迅速扩散开来,在社会上形成一种心理气氛。人们在这种氛围中，自然而然地受到影响，接受流言，并相互传播，流传范围越来越大，流行速度越来越快。当一种流言几乎人人皆知时，它的扩散速度变得缓慢下来，直到最后消失。

（三）流言产生和传播的条件

在社会发生剧烈变化时期，如战争年代、灾害时期、动乱时期、社会转型时期，公共突发事件等情况容易发生流言。在这些非常时期，原来的社会秩序被打乱，人们传统的生活方式难以适应社会变化，在社会剧变中的人们一时不知该怎样行动，造成心理上惶惶不安，失去了安全感，企盼得到解决问题的方法，了解事变发生的情形，预想未来的境遇，等等，在这些情境中容易接受和传播流言，以求得安全感或填补心理上的空虚。在信息传递渠道不畅的情况下，流言往往增多。人们有了解世界、理解环境的需要。当正式的信息传递渠道受阻时，必然导致信息缺乏，情况模糊。人们在正常情况下能够听到的声音听不到了或听不清了，这样就会感到紧张不安，从而造成一定的心理压力。可以说流言在某种程度上满足了人们的心理需要。备受关注、稀奇和令人厌恶的事物容易引起流言。涉及个人切身利益的事情，诸如有关个人利益得失问题，对个人具有挑战性的问题，对个人前途有重大影响的问题等，人们普遍关心并十分敏感。

总之，社会生活的变迁、沟通渠道的不畅、人们关注的问题的存在，是流言产生和传播的基本条件。

（四）流言传播内容的演变

流言在传播的过程中，其内容常常发生改变或歪曲。在现实生活中，我们常常遇到这种情况：一种传闻，传来传去，越传越走样，以致最后面目全非。这主要有三个原因。

1. 略化

流言在接收者再传播的过程中，其内容不断地被重新编排，所用词汇越来越少，遗漏许多具体细节，流失掉许多信息，因此，流言越传越变得简略、概括。流言内容略化的结果，使其变得更加简明扼要、通俗易懂，便于理解和接受。

2. 强化

强化指被强调化。由于流言接受者的兴趣、爱好、信仰、价值观念的不同，他们对流言的某些内容格外关心，成为兴趣中心，留下深刻印象。当他再向他人传播时，往往强调自己最感兴趣、印象最深的内容，经过强调过的流言，是个人根据自己的需要有选择地传播流言的某些内容，这反映了传播者的动机倾向，带有较为明显的个人色彩。

3. 同化

在流言传播的过程中，传播者往往把自己的知识、经验、需要、情绪等主观因素渗透到流言的内容中，依据自己主观上的好恶来理解流言的内容，并加以传播。

本章小结

1. 信任可以理解为个体在特定的社会环境中产生的心理反应或形成的心理特质,也可以理解为由情境刺激决定的个体心理和行为。换言之,信任是一种心理状态,在这种心理状态下,其一,信任者愿意处于一种脆弱地位,这种地位有可能导致受信者伤害自己;其二,信任者对受信者抱有正面期待,认为受信者不会伤害自己。

2. 人际宽容是指个体与个体直接互动过程中的宽容心理。这主要表现为个体的穿着打扮、言谈举止、思想观念、生活方式等方面的宽容,这与目前心理学领域的宽恕研究有诸多相似之处。影响人际宽容的个体心理因素至少包括:认知因素,如对自身价值观的觉察、确认、肯定,对他人行为动机和价值观的识别、归因、评价;共情能力,即设身处地地感受他人情绪体验的能力;个体人格特质。

3. 风俗是特定社会文化区域内大多数社会成员共同遵守的某些非成文的行为模式或生活习惯。风俗是长期发展而成的,是社会传统的主要部分。时尚是一种群众性的社会心理现象。具体来说,时尚是指一段时期内相当多的人在较短的时间内对特定的趣味、语言、思想和行为等各种模型或标本的随从和追求。时尚常常是由少数人引起,经过人们的相互影响、感染和模仿,为多数人迅速接受。时尚的表现形态多样。流行是一种普遍的社会心理现象,指社会上许多人都去追求某种生活方式,使这种生活方式在较短的时期内到处可见,从而导致人们彼此之间发生连锁性的感染,即所谓的"一窝蜂"现象。

4. 传言、流言与谣言在传播过程中很难被明确地加以区分,根据社会心理学的解释,传言是提不出确切的依据,而人们相互之间传播的一种特定的消息。传言中的信息可能是正确的或不正确的,有依据的或无依据的。内容不真实的传言又称流言。传言不同于流言,根本区别在于所传播信息的真实性。谣言是流言的一种,谣言是恶意的攻击,是谣言制造者刻意捏造、散布的假消息。流言多具背后议论、诬蔑、挑拨是非的特征,人们常说的流言蜚语、流言惑众中的流言与谣言无异。

思考与练习

一、名词解释

信任 人际宽容 流行 流言 谣言 传言

二、论述题

1. 简述流言、谣言和传言的概念辨析。
2. 举例论述影响群际宽容的社会心理学因素。

第十三章

家庭心理学

学习目标

- 掌握家庭观的内涵、特征、家庭社会观念的分类及其不同含义;
- 理解家庭中的夫妻关系、亲子关系和同胞关系的含义;
- 了解生命周期理论,理解生命周期与个体发展的关系;
- 运用相关理论,分析并化解家庭危机。

本章学习资料

引例

"问题少年"与"问题父母"

  北京海淀区法院少年法庭庭长尚秀云审判了629名未成年犯罪者。她发现"问题少年"往往来自"问题父母"。每7个编造谎言犯诈骗罪的少年中,有6个少年的家长不诚实;每14个偷拿他人财物犯盗窃罪的少年中,有13个少年的家长崇尚金钱,爱贪图小便宜;每15个持械斗殴犯故意伤害罪的少年中,有12个少年的家长性格粗暴,爱与人争斗,动辄打骂孩子。从中可以看到,家庭对于个人的成长有着至关重要的作用。

养老问题的思考

数据显示:截至2021年年底,我国60岁及以上老年人口达2.67亿,占总人口的18.9%。预计到2035年,60岁及以上老年人口将突破4亿,占比将超过30%,我国将进入重度老龄化阶段。国家老年医学中心曾公布过一个数据:"目前,中国的人均预期寿命是77岁,但据研究,中国人均健康寿命仅为68.7岁,剩下的8年多时间处于带病生存状态。"

如今,养老问题已经成为摆在我们面前的一大难题。人老了,靠谁养?

居家养老、抱团养老、旅游养老、家庭养老、社会养老,你认为哪一种养老方式更好?

第一节 | 家庭中的社会观念

对于家庭中的社会观念,学术界尚未形成统一、确切的界定,也很难有一个特定的社会学概念,它大致包括家庭伦理观、婚姻观、养育观、孝道观、夫妻观、家庭经济观以及家庭与社会的关系等,主要是以家庭为载体,体现对待亲子关系、夫妻关系、亲属关系以及其他家庭事务所持有的一种态度、看法和信念。简单地说,家庭中的社会观念是个人对于家庭的观念。家庭观可以借助言谈举止以一种无形的、潜移默化的形式展现出来,并产生深远影响,个人的家庭观直接关系到整个家庭成员的道德水平和处事态度,提高自身自律意识,注重与他律的合力作用,以增强其道德认知能力。家庭观具有利他性、内化性、能动性等特点。

家庭价值观与家庭中的社会观念有所区别,家庭价值观是衡量一个家庭的意义与目的是否符合理想家庭的标准,它影响着个人经营家庭生活与家庭相关事务的决定,更是家庭成员处理各种家庭事务应遵循的价值准则和行为规范。家庭中的社会观念是家庭价值观的集中体现,家庭价值观是家庭观的基本追求,一般来说,家庭价值观集中反映家庭成员的价值认同,通常具有普世性,是文明社会发展在不同历史、文化阶段的基本准则,是所在社会或地区法律、习惯所倡导的,并能得到绝大多数群众的普遍认同。家庭价值观以维系家庭的良性运行为主线,以推动社会和谐有序发展为最终目标,作为一种正确的价值观念,其作用是其他社会文化无法替代的,要将其内化于心、外化于行,形成良好的家教和家风,进而引领家庭文明新风尚。

一、婚恋观

（一）婚恋观的内涵

婚恋观是恋爱双方对待婚姻和恋爱过程中一切问题所持有的根本观点和态度，包含了对于爱情观、择偶观、性观念、婚姻观等方面的内容。婚恋观受到来自社会环境、家庭氛围、生活经历、经济状况、学校教育等多方面因素的影响，每个人的婚恋观各不相同。随着新时代的到来，婚恋观有了更加丰富的内涵。婚恋观也包含主体对待婚姻和恋爱相关问题的标准和看法，使其在面临配偶选择时更有倾向性，对以后在婚姻家庭中的责任感和使命感具有举足轻重的引导作用。总之，从宏观层面来说，婚恋观是指社会对婚姻、恋爱和性的看法，受到社会经济基础的影响；从微观层面来说，婚恋观是对于婚姻、恋爱的看法，受个体的生活经历、文化水平、心理素质等的影响。同时，婚恋观作为一种思想观念是在婚恋实践中产生的，反过来又对婚恋实践具有很强的指导意义。

（二）婚恋观的特点

婚恋观代表了对恋爱、婚姻问题的诸多观点，以此形成对婚恋行为评价的道德标准，作为婚恋实践活动中的价值导向，实现文明合理的婚恋活动这一最终目标，推动构建和谐社会。婚恋观具有时代性、传承性、地域性、民族性、相对稳定性、个体差异性等特点。

1. 鲜明的时代性与历史传承性

婚恋观在不同的背景下具有浓厚的时代特色，纵观新中国成立以来的婚恋观的变化，所反映出的时代特点十分明显，每个时代都有每个时代的婚恋特色。20世纪50年代的婚姻，夫妻二人在婚前可能素未谋面，只了解名字，当时的人在择偶时更加注重革命信仰，婚姻倾向于听从组织安排，结婚需要提前申请，申请通过后由单位证明、领导签字。不同的年代，结婚时购置的物品也有较大的不同，例如，在20世纪50年代结婚时讲究"三大件"：吹响唢呐、坐回轿、撒喜糖；70年代追求："三转一响"：收音机、自行车、缝纫机、手表；90年代则变成了电脑、空调、摩托车。如今，有不少年轻人放下了物质的局限，采用"裸婚"，即指不办婚礼甚至没有婚戒而直接领证结婚的一种简朴的结婚方式。

婚恋观作为一种价值观、人生观，是人类社会形成的稳定的婚恋伦理，在随着时代发展变化的同时也在承上启下地不断延续，代代相传。对于婚姻恋爱的一些好的观点，经过了时代的沙漏被保留了下来。比如对好的人品、孝敬父母、贤惠善良、勤劳努力、专一坚守等带有家风色彩的优秀品德代代传承且具有生生不息的生命力。我国古代的凄美爱情故事——牛郎织女，王母娘娘被他们夫妻的爱感动允许他们七月七日鹊桥相会，流传至今。这正是对忠贞爱情的歌颂，也体现了古人和现代人一样对幸福的执着追求,鲜明地体现了传承与发展。

2. 典型的地域性与厚重的民族性

婚恋观不仅在不同的主体中表现出不同的观点,在不同的民族和地区,婚恋观也表现出许多差异性。在我国,尤其是在少数民族地区,还保存着各种独特的婚恋观。例如,在云南景颇族,男女青年谈恋爱时,常以一些植物叶子作"情书"。此"情书"虽无文字,含义却很明确。蒲榭的叶子表示:"无论你躲到哪里,我都会拉你出来玩";石根哈的叶子表示:"我诚恳地向你求爱,千万别拒绝我";木克的叶子则表示:"我俩发誓永远相爱,决不变心";如果收到对方的莫那叶子,那就是说:"我不能与你在一起,不然别人会笑话我。"这就意味着被对方婉言拒绝了。

在广西壮族自治区西林、田林一带的边远山区,迄今仍沿袭着古老的入赘习俗,即男子嫁至女家,儿女随母姓。即便儿女齐全之人家,也愿把儿子"嫁出去"。"招婿"婚姻,男方不备"嫁"妆,结婚所需一切均由女方置办。结婚当晚,须按女方姓氏给女婿更名改姓,女婿与女方同辈称兄道弟,忌用"姐夫""妹夫"一类称谓。

3. 相对的稳定性与较大的个体差异性

改革开放以来,人们的婚恋观日益多元化,"高富帅""白富美""高知分子"代替军人和劳模成为最新取向。婚恋观虽然具有鲜明的时代性,但是在一定的时期内或某个阶段具有相对稳定性。历经千年,我国的传统婚恋观在随着时代日新月异的变化不断地更新演变,拥有了更加丰满的意义,有许多保留至今的优秀传统已经成为共识并被继续传承,这是对婚恋观所具有的相对稳定性的现实回答。婚恋观受所处时期的社会、政治和经济制度的影响。婚恋观作为一种思想观点,是个体对于恋爱和婚姻问题上的主观态度。个体与个体之间在思想意识层面是不统一的,导致婚恋观会随着主体内在的变化而变化。不同的个体所持的婚恋观各不相同。

二、养育观

(一) 养育观的内涵

国内大部分学者多将养育观的概念与养育方式、教养方式、养育模式、教养观等术语混同。刘爽等用家庭养育模式反映父母用什么样的方式来抚养和培育孩子以及谁来养、怎么养的问题。王秀丽将父母教养方式定义为父母在抚养孩子的日常活动中表现出来的固定的行为模式和行为倾向。曾晓强用父母抚养、教育子女的一般态度和行为来定义父母养育方式。纪红霞、刘小先等人指出,父母教养观念主要包括四个方面要素:一是子女发展观,即父母对子女成长规律及其影响因素的观点和看法;二是父母期望观,即父母对子女未来发展目标的期望;三是父母观,即父母对自身影响力和教养能力的看法;四是亲子观,即父母对自己与子女互动的看法。本书认为养育观"养"和"育"两个方面,"养"是指教养观,"育"即生育观。

生育观属于意识形态范畴,周长洪认为,生育观是人们在一定的社会、经济、文化环境中形成的对生育现象的认知。生育观反映着在一定的社会环境中,受政治、经济、文化等因素影响,人们对生育现象的基本认识,外部环境的变化会带动生育文化的改变,人们的生育观念也会随之发生变化。生育观主要包括生育需求、生育动机、生育意愿、生育偏好等。

教养观的概念和内涵并没有一个明确的界定,且多与教养方式的概念混淆。本书将教养观定义为:父母对子女的发展成长以及如何教育、培养子女等方面的态度和见解,以教养行为为中介,同时也是教养行为产生的心理来源,会直接或间接地影响子女的健康成长。

(二) 养育观的作用及影响因素

父母的养育观念对于子女是否能够健康成长至关重要,积极的养育观有助于子女独立感的培养,形成独立、勇敢的质量;有助于父母在养育孩子的过程中获得乐趣和满足感;有助于营造和谐的家庭氛围,提升父母和孩子的幸福感。目前,养孩防老、延续香火等传统生育观念在很多中国家庭中还有所保留,较多父母愿意为了子女牺牲自己追求幸福的权利,也有少部分父母认为需要对子女成年后的经济自立、感情幸福、家庭和睦负责。有研究发现,中国家庭养育观的影响因素包括父母性别、居住背景、学历、职业类型、个人总收入。

父母是孩子的第一任老师,父母的态度和行为会对子女产生潜移默化的影响,父母以何种观念养育孩子会影响孩子成长过程中的各个方面,包括人格、行为方式、自我意识、学业成就等。对于孩子的成长而言,父母的养育观念对于孩子的身心健康成长具有重要的影响。但是,在传统的文化背景、当前社会环境以及父母自身状况等因素的交错影响下,父母的养育观念可能会出现偏差,比如,随着经济的高速发展,社会原有的价值体系正在受到冲击,传统观念与现代观念互相冲突、互相渗透,致使父母的养育观念面临着功利与理想、理性与非理性的冲突与选择。父母只有不断地提高自身素质,在科学的养育观念指导下,掌握并灵活运用科学养育观念的原则和方法,才能对子女的养育达到事半功倍的效果。

三、老龄观

(一) 老龄观的内涵

在平均预期寿命不断延长、出生率和死亡率持续走低等多方面因素的综合作用下,老龄化已经成为世界性的难题。目前,除非洲国家以外的大部分国家都在经历老龄化的过程。预测显示,2050年欧盟65岁及以上人口比例将达到28.5%,其中,意大利和德国将上升至33.8%和29.4%,法国为25.6%。在亚洲,日本和韩国的老龄化问题日趋严重。根据联合国预测，到2099年，全球192个国家和地区的人口结构都将变成老年型。同样，我国也面临老龄化问题。"七普"数据显示，我国60岁以上人口2.64亿，占18.7%，其中65岁以上人口1.9亿，占13.5%。预计到2048年前后将超越发达国家人口老龄化的平均水平，跨入全球人口老龄化水平最高的国家行列。这意味着，我国人口老龄化有与其他国家共性的趋势，如家庭小型化、高龄少子化等；也有许多独特性，如老年人口基数大、在全球占比高，人口老龄化的速度快、区域不均衡，高龄老人和失能老人多，空巢化和独居化加剧，等等。

"家家有老人，人人都会老""今天的老人就是明天的自己"。在老龄化背景下，家庭成员关于如何看待老年人、如何理解老龄化、如何应对老年问题，就是老龄观的主要内容。例如，家庭成员如何看待老人？老年人对自己的老年身份的态度是什么？老人是否应该参与孙辈的养育过程？成年子女和老人分别对不同养老方式（如居家养老、抱团养老、旅游养老、家庭养老、社会养老等）的态度是什么？

在我国，老龄观则集中体现为孝道观，即一般指社会要求子女对父母应尽的义务，包括尊敬、关爱、赡养老人，为父母长辈养老送终等。在我国，有文字记载的以孝道为核心的尊老养老道德观念，至少已有三千多年历史。孝道在整个中国伦理思想史中一直占据非常重要的地位。所谓"百善孝为先"，孝被看作"百行之先""为仁之本"，孝道观对中国人的社会生活和行为习惯有深刻的影响作用。

(二) 现代老龄观：积极老龄化

传统观念上，老年人被认为是负面、衰弱、消极的，是一种负担；而现代老龄观认为，老年人不仅不是社会的负担和包袱，而是社会发展进步的动力和财富，即所谓积极老龄化。2002年世界卫生组织发布了《积极老龄化：政策框架》，明确了积极老龄化的内涵：指老年人不仅能够保障身体各方面机能和心理层面的健康，而且能根据自己的需求、喜好，参与到社会生活中，为社会创造价值。积极老龄化是健康老龄化的延伸，注重健康、参与和保障。

1. 健康

不仅指身体上的健康，更注重老年人精神层面与社会接触上的重要性，可以延长老年群体参与社会的时间。世界卫生组织从人的各个方面对健康进行了定义。主要表现在生理、心理、社会适应能力的各个方面，都应保持良好的状态。在积极老龄化的观念中，健康是降低风险因素，不断提高保障因素。在老年阶段自理能力较强，享受高质量的晚年生活。在积极老龄化的观念中，健康是对世界卫生组织的延续和发展。健康在积极老龄化中处于基础地位，只有身体健康才能积极地参加各项社会活动，享受乐趣，身心愉悦地生活。

2. 参与

参与是指以老年人自愿为前提条件，并且身体情况允许的状态下参加家庭和社会活动。曾经有位美国研究者在老年群体中做过调查，发现那些精神饱满、状态较佳的老年人在日常的生活中各类活动的参与度也较高，并且保持了较好的身体素质。老年人的参与侧重强调终身学习和人力资源再开发，为社会发展做贡献，在学和为两个方面体现的较明显。有利于体现人生价值，增强社会责任感和存在感。

3. 保障

保障是健康和参与的必要条件，主要表现为对老年人的多种社会福利，例如经济和法律等诸多方面，以保障其权利在行使过程中得到平等对待。

总的来说，积极老龄化一方面体现在老年人以积极的生活态度面对老年生活；另一方面也需要社会、政府、家庭等各个方面的支持，以保障其平安度过晚年生活。

第二节 | 家庭中的人际关系

马克思和恩格斯认为，家庭的本质是自然属性和社会属性有机的统一体。"生命的生产，无论是通过劳动而生产自己的生命，还是通过生育而达到的他人的生命的生产，就立即表现为双重关系：一方面是自然关系，另一方面是社会关系。"[1] 由此可见，在家庭的产生和发展的各个阶段，都离不开自然和社会这两重关系，两者相互依存，相互联系。

就家庭的自然属性来说，人与自然具有亲密的关系，人类离不开自然，只有在自然界才能很好地生活。正如恩格斯所说："人来源于动物界这一事实已经决定人永远不能完全摆脱兽性，所以，问题永远只能在于摆脱得多些或少些。"[2] 这里的兽性更多强调的是人的生物属性，人作为自然生命体存在，不仅要保全自己的生命，还要达到生命的延续。因此，人类要在自然界长久地生存下去，就应该保持自己的生命特质，与自然和谐共生，顺应自然规律。

就家庭的社会属性而言，马克思认为："人的本质不是单个人所固有的抽象物，在其现实性上，它是一切社会关系的总和。"人在家庭中与亲属的关系就是一种自然关系的社会形式，反映一种社会关系，再加上人生活在社会中，除了人与人的关系之外，与社会的各个方面息息相关，人不可能脱离社会而独立存在。总之，

---

[1] 马克思、恩格斯，2009，《马克思恩格斯文集（第一卷）》，北京：人民出版社，第160页。
[2] 同上书，第478页。

家庭的双重属性是由人的双重属性决定的。作为社会的"缩影",家庭的产生和发展在一定程度上决定了社会的产生和发展,家庭和谐健康地发展能够映像在社会中,家庭对于社会的进步和发展具有不可代替的作用。

一、夫妻关系

家庭是以婚姻关系为基础的,要使婚姻持久且和谐,最重要的是处理好夫妻关系。马克思主义家庭观认为,平等是夫妻关系中最根本的原则。恩格斯说:"现代各文明国家的立法愈来愈承认,第一,为了使婚姻有效,它必须是一种双方自愿缔结的契约;第二,在结婚同居期间,双方在相互关系上必须具有平等的权利和义务。"[①]由此可见,婚姻生活中建立平等的夫妻关系是维系和谐家庭关系的重要因素。

(一)夫妻情感关系

所谓夫妻关系,一般是指当男女双方缔结合法婚姻关系以后,在家庭中扮演的角色关系。包括日常生活中情感关系、经济关系、权力分配等方面的关系。由于人是情感动物,一个人对其配偶的情感自然会影响其在婚姻生活中的态度与行为。在对夫妻情感的界定之中,多数学者将婚姻的满意度与情感关系相挂钩,夫妻之间的情感沟通的亲密度与和谐程度会影响到整个夫妻关系的稳定。夫妻情感可以分为接受和关系信心,接受不仅是对配偶消极行为的接受,还包括对其缺乏积极行为的容忍。本书将夫妻情感关系定义为,夫妻双方在婚姻关系中的情感互动、对自己情感关系的态度以及感情亲密程度。

(二)夫妻权力关系

在家庭权力研究中,韦伯对权力的定义是:在一定的社会关系中,哪怕是遇到反对也有继续行使自己意愿的能力。罗伯特等人在对美国家庭的研究中总结出,夫妻之间应该有四种不同类型的权力关系,包括丈夫主导型,妻子主导型,权力平等型,权力共享型。

这四种类型主要分为两种形态,前两种是夫妻之间权力不平衡的状态,后两者是夫妻之间趋于平衡权力的形态。由于夫妻权力关系是一个较为抽象的概念,本书将夫妻权力关系界定为:夫妻双方以自身的意愿和偏好来对家庭事务或分工的决策产生影响,并且采取的行为会影响婚姻关系中的另一方,主要包括家庭日常事务的分工和重大事项的决策。

(三)夫妻关系中的互动

西方学者在研究亲密关系下的夫妻关系时认为,夫妻关系中的互动在家庭中扮演了极其重要的角色,夫妻间沟通更是影响婚姻质量的一个重要衡量因素。婚姻治疗师奥尔森与婚姻研究者哥特曼都认为,影响婚姻质量的一个重要因素就是

---

① 马克思、恩格斯,2012,《马克思恩格斯选集(第四卷)》,北京:人民出版社,第76页。

夫妻间的沟通问题。许多学者的研究都发现，在婚姻关系中，夫妻双方沟通存在的软硬情绪是影响婚姻质量的重要因素，软情绪是指伤心、难过等情绪，硬情绪是指生气、愤怒等情绪。

婚姻的本质是互动的一个过程，婚姻类似于一个小型的社交圈，这种社交圈比正常的社交圈更具有紧密性的互动。国内学者对于婚姻内部的互动主要研究互动的渠道、互动的目标以及互动的媒介。佟新认为，夫妻间的互动是夫妻双方的信息、情感及资源的交换过程，互动的媒介是语言的或非语言的，这贯穿互动的全部过程。互动又分为积极的互动和消极的互动，积极的夫妻互动使双方能够相互理解，进行有效沟通，对于中心事物双方都能够给予积极的正面回馈，夫妻双方还可以相互陪伴。除此之外，夫妻关系中的语言互动——沟通是人与人的联系纽带，信息是直接的传播媒介，可以提供人身心发展所必需的信息资源，也可以通过交换信息建立持久而稳固的支持网络。

国内关于婚姻的研究主要包括互动过程的媒介和渠道，社会工作领域内对于夫妻间的行为研究、互动方式以及信息资源等展开具体的实证调研，并结合社会工作本土专业方式解决家庭因互动而产生的分歧与矛盾。心理学界对于婚姻当中的夫妻间的互动，主要聚焦于某一社会情境下夫妻个体或双方态度、情感、认知等层面的差异化和共同点而形成的不同种类的夫妻间的互动模式，模式存在极大的异质性或同构型表现出来的家庭矛盾。

国外对于婚姻中的夫妻间互动模式的研究，更多地停留在夫妻沟通过程中的软硬情绪，以及对于情绪的管理能力、性别角色差异等都是影响婚姻稳定性和安全性的重要因素。无论是国内或国外对于婚姻中的互动研究，大多都集中于夫妻间沟通模式的研究，沟通承担了婚姻中的中枢作用，也最能表现出在家庭中的双方的情感共鸣能力。

二、亲子关系

（一）亲子关系的内涵

亲子关系的概念可以从法律和心理学两个方面进行界定。从法律层面来看，亲子关系是父母和子女之间的权利与责任的纽带关系。父母和子女是血缘最近的直系血亲，以双方在血缘上的直接联系为根据，父母与子女之间的关系只能因一方的死亡而终止，而不会受到父母婚姻的解除的影响。从心理学方面来看，亲子关系是指父母与子女之间的关系，是个体最早产生、也是接触最久的社会关系。良性的亲子关系具有情感的极为亲密性，父母对子女充满慈爱，而子女对父母充满信任与依恋，这对于个体的社会化起着积极的作用，也是维系家庭稳定的纽带。不良的亲子关系是指父母与子女的相处出了问题，原本充满弹性、亲密的关系变得僵化、疏离，对于亲子双方都有着消极的影响。

本书所指的亲子关系，更侧重于日常生活中母亲、父亲与子女之间的相处模式和状态，母亲父亲的教育方式、沟通方式都会对亲子关系产生重要影响，亲子关系和谐与否很大程度上会影响儿童的行为和心理健康，良好的亲子关系是青少年正常社会化的重要影响因素。

（二）亲子关系与社会行为

亲子关系和儿童社会行为之间的关系始终是社会心理学的重要领域之一。学术界的普遍观点认为，积极、亲密、和谐的亲子关系促进儿童作出友善性、合作性的行为，有助于亲社会性的发展；消极、冷漠和对抗性的亲子关系则导致儿童攻击性和破坏性的行为，增加儿童形成反社会性或社交退缩的概率。同时，儿童基于亲子关系而形成的社会行为，也会反过来显著地影响亲子关系的发展与维系。儿童友善、亲和性的行为会帮助维系良好的亲子关系，而儿童攻击、破坏性的行为会进一步加深消极的亲子关系。

（三）亲子关系的建立原则

良好的家庭关系是儿童能量的来源，是家庭教育的根基。高质量的亲子关系使孩子会尊重父母，听从父母的教育和指导。在日常生活中，促进亲子关系的建立有以下四个原则。

第一，定时沟通，耐心交流。父母要抽出一定的时间与孩子进行对话，全身心地投入与孩子的交流中，既可以了解孩子的生活，也使孩子了解父母的生活；同时善于运用沟通表达的技巧表达自己的感情，也鼓励孩子表达真实的情感；除此之外，还要站在孩子的角度思考对话的过程，做到耐心倾听，理解孩子希望倾诉、渴望分享的心情。

第二，赞赏孩子，鼓励表达。孩子在成长的过程中，需要父母的说明和认可，只有父母认可、赞赏他，才能提高他的自信心和赞赏的能力；除此之外，父母也需要鼓励孩子表达他们自己的想法、态度、情感等，将孩子内心的认知与父母沟通，这样才能避免父母与孩子的单向交流，使得亲子沟通真正成为双向沟通。

第三，共同玩耍，制定规则。在玩耍时需要孩子担任领导者的角色，引导孩子从中学会对自我的认可，也学到与他人合作的方式，间接地促进了孩子人际优势的发展。同时，游戏也是与孩子共同制定生活中需要遵守的行为规范的好时机。不论是基本的生活规范，还是在日常中观察到的特殊问题，都可以在游戏之中向孩子解释内涵，一起制定规则。

第四，尊重人格，理解差异。受中国传统文化的影响，父母在孩子早期的成长过程中处于帮助与指导的支配性地位，很容易忽视孩子作为个体时的独立人格，进而造成双方沟通上的矛盾与心理上的疏离、不信任或畏惧等问题，不利于建立良好的亲子关系。所以，父母在与孩子的相处中，要时常提醒自己注意维护与尊重子女的独立人格。当孩子表现出天马行空的想法或与众不同的行为时，父母要持宽容的态度,首先做到尝试理解,给予孩子表达的机会,之后再以合适的方式与孩子交换意见,而不是武断地惩罚或禁止。

三、同胞关系
(一) 同胞关系的内涵

随着"三孩"政策的实施,我国将有越来越多的家庭生育第二胎和第三胎。多子女家庭与独生子女家庭的显著区别在于新的家庭成员关系,即同胞关系。同胞关系对个体的发展起着重要的作用,而且同胞关系对个体的社会化过程与父母对个体的社会化过程有明显的差异。

从学术上来看,同胞关系是指两个或两个以上同胞从意识到对方存在的那一刻起,通过肢体动作、言语或非言语的方式分享与彼此有关的知识、技能和情感态度等方面的互动。它有以下三方面的特点,第一,除父母外同胞关系是家庭系统中持续时间最长的关系,兄弟姐妹在一起的时间超过子女与父母在一起的时间。第二,遗传因素和亲缘选择让同胞关系是非自愿的、非主动选择的关系。第三,共同的经历会使同胞之间行为相似,社会环境和个体差异使同胞之间行为不同。

(二) 同胞关系的类型及其表现

同胞关系通常被认为是一种情感紧张、爱恨交织的关系,在这种关系中,温暖和冲突并存,即同胞关系可以分为同胞温暖和同胞冲突两个维度。同胞温暖由兄弟姐妹之间的亲密程度来定义,以喜爱亲密、冲突解决和问题解决等为主要特征。而同胞冲突由兄弟姐妹之间的竞争和冲突来定义,以破坏性冲突,脱离/分离(情感淡漠、情感分离和无反应等)以及分歧为主要特征。由此分为三种主要同胞关系类型:

1. 温暖和谐型同胞关系

同胞之间存在着50%的基因相似性,因此演化心理学家从基因相似性的角度提出家庭中的同胞关系具有合作性的特点。一般来说,比起同龄朋友或者其他熟人,个体对自己有血缘关系的同胞产生的主观心理距离最近,表现出愿意为对方投入社会支持与利他行为。儿童如果拥有积极的同胞关系,则会更善于用妥协的方式解决遇到的矛盾,用建设性的策略去解决同胞间的问题

2. 敌意冲突型同胞关系

尽管同胞这个词在人们的印象中往往是与"团结""合作"联系在一起的,但在现实中同胞之间的冲突并不少。正如曹植的诗中所言,"本是同根生,相煎何太急",同胞之间除了温暖和谐的关系之外,还会出现敌意和冲突。例如,在低龄同胞之间,相互攻击是一个普遍现象。另外,同胞间的嫉妒也是同胞冲突的一种重要表现形式。研究表明,同胞间的嫉妒会增加同胞间的攻击行为并减少相互的帮助行为。

3. 和谐与冲突并存型同胞关系

研究者通过聚类分析的方法发现有三类同胞关系,除了典型和谐型、典型冲

突型之外，还有一种就是既有高水平冲突又有高水平和谐的同胞关系类型，而且这种类型的同胞关系所占比例最大。他们的各种心理发展指标介于两种典型同胞关系之间。

（三）培养良好的同胞有关系

在多子女家庭中，同胞关系出现矛盾甚至出现极端行为的案例并不少见。父母如何处理孩子之间的关系，从而帮助子女之间形成良好的同胞关系呢？

首先，父母需要关注每个孩子的需求。常常大人花很多时间处理了闹事的、情绪激躁且行为问题较多的孩子，却忘记了那些"不需要大人操心"的孩子，他们温和顺服不代表不需要关爱，需要大人花心思给予适当的注意与陪伴。最好可以安排单独陪伴每个孩子的时光，每个孩子在那个时刻感受到自己可以得到大人全部的关注，比如单独带着老大就医、单独带着老二去买晚餐等。

其次，看见孩子的个别差异、引导互相欣赏友爱。每个孩子都有自己相对优弱势，有的孩子擅长体育美术，有的擅长学科思考；有的孩子温吞随和，有的性格热情直率；没有哪一种比较好，就只是不同而已。例如可以说，"弟弟很会画画，很不错；哥哥的空间概念很好，盖出来的乐高很棒！"这样不仅促进手足关系，也能帮助孩子欣赏自己、提升自我价值感。

再次，先处理心情、再处理事情。当子女之间发生冲突时，父母应该第一时间父母先温柔地隔开孩子们，如果情绪过于激动无法详述发生冲突的过程，可以先让孩子喝杯水、含颗冰块或是梅饼冷静一下，之后再个别倾听双方说词、做出协调，和缓示范解决冲突的过程将有助于孩子在过程中学习，未来就算没有大人帮忙，也可以自己处理冲突。

最后，不要评价孩子的行为，旨在示范处理冲突的技巧。孩子之间发生冲突，不要过度放大孩子的行为，或者因此取消双方权益。家长需要安抚承接孩子心中不快，引导双方互相理解，替彼此行为找到合理解释及共识（找台阶下），每次遇到冲突时都用温和坚定的态度持续执行，就会逐渐引导孩子学会彼此理解包容，学会处理冲突。例如，"哥哥的力气比较大，所以轻轻一挥弟弟就飞出去了，所以两个人玩打架游戏都要小心。弟弟你也不可以太用力，哥哥如果很痛，可能就不想跟你玩了。"

第三节 | 家庭中的个体发展

一般来说，个体的成长和发展受到家庭尤其是原生家庭的影响最大也最深。一方面，大多数人自出生之时便生活于家庭之中，世界观、价值观、人生观都在家庭的影响下形成，许多人成年后也都生活在家庭中；另一方面，即使现代社会中出现了许多独自生活的个体，但原生家庭仍会通过各种方式直接或间接地影响他们。

一、家庭生命周期与个体发展

（一）家庭生命周期的概念

家庭生命周期是指一个家庭从诞生到消亡的生命历程，其阶段性特征与个体成长相似，自男女两方共同组建家庭开始，历经生儿育女、儿女长大成人、夫妻一方死亡为止，家庭的发展也构成了一个生命周期。

家庭生命周期具有非常丰富的内涵：从社会学的角度看，它是家庭成员角色互构和家庭关系变化的过程，是家庭与外部环境互动的过程；从经济学的角度看，它与收入、消费、劳动力供给等行为密切关联，是家庭资源配置和家庭效用生产的变化过程；从人口学的角度看，它是家庭生命事件序列及影响扩散的过程；从家庭功能的角度看，它是家庭主要任务及家庭功能与需求对应结构变化的过程。

家庭生命周期的概念在社会学、人类学、心理学乃至与家庭有关的法学研究中都很有意义。例如，对家庭生命周期的分析，可以更好地解释家庭财产权、家庭与家庭成员的收入、妇女就业、家庭成员之间的关系、家庭耐用消费品的需求、处于不同家庭生命周期的人们心理状态的变化等。

（二）家庭生命周期理论

无论对家庭生命周期如何划分，要完整地刻画一个家庭的生命历程，都需要考虑三个分析维度：时序维度、关系维度和功能维度。

1. 时序维度

一个家庭要依次经历各个阶段，不同阶段之间具有相继性并梯次出现。一个完整的家庭生命周期被称为古典家庭生命周期，或者家庭生命周期的古典形态。家庭生命周期时序结构的意义在于，如果某个阶段起始的标志性事件没有发生，后续的相关阶段也就不会出现，整个家庭生命周期就会偏离古典形态，或者呈现各种变异形态。因此，尽管不同类型家庭的生命周期不尽相同，但都有其特定的时序结构。时序结构是家庭生命周期的外在结构，或者外显形态。

2. 关系维度

家庭生命周期一般是从核心家庭角度定义的。一个核心家庭有三个基本的关系：夫妻关系、亲子关系、同胞关系。这三种关系构成了家庭关系的基本结构，在此基础上延伸出更多的亚关系，形成一个复杂的关系结构网络：夫妻关系、亲子关系、父子（女）关系、母子（女）关系、同胞关系等。在家庭生命周期的演变过程中，家庭关系结构也随之发生着变化：从形成阶段的单核（夫妻）结构，过渡到扩展阶段和稳定阶段的双核（夫妻、亲子）结构和多核（夫妻、亲子、同胞）结构，在空巢阶段又回归到单核结构。这种关系结构具有交换功能，家庭成员通过这些关系结构界定自己的角色、责任和义务,以实现各种形式资源的交换。

3. 功能维度

从某种意义上讲,家庭的形成与发展是由对家庭功能的需求推动的。家庭具有多方面的功能,有些功能在家庭的整个生命周期中一直都保持,如情感交流功能;有些功能则只是在生命周期的某个特定阶段出现,如生育功能。一方面,在家庭生命周期的不同阶段,家庭功能结构也是不同的。家庭生命周期的功能结构直接影响到家庭决策与行为、家庭资源的获得与分配;另一方面,家庭功能的变化、对家庭功能的预期以及家庭功能的社会替代,都会直接影响到家庭生命周期。

虽然在多元文化下的现代化社会中,家庭生命周期阶段并不能应用到所有的家庭发展模式,因为不婚、丁克、单亲、再婚等家庭形式都存在;但家庭生命周期理论仍可提供我们了解家庭生活史、不同家庭发展阶段任务的一个强有力的理论依据。

(三)家庭生命阶段及任务

根据杜瓦尔的观点,家庭生命周期包括相互联结的八个阶段:新婚期、育儿期、学龄前期、学龄期、青少年时期、空巢期、中年父母期、老年家庭成员,每个阶段有不同的任务。

表13.1　家庭生命阶段及任务

家庭生命阶段		发展任务
建立期	1. 新婚夫妇阶段	(1) 建立相互满足的婚姻关系; (2) 建立维持家庭运作的规则; (3) 融入婚姻所建立的亲属关系; (4) 为人父母的准备; (5) 怀孕的调适
扩展期	2. 家有婴幼儿阶段(第一个子女出生到2岁半)	(1) 调适、喂养婴幼儿发展; (2) 建立父母与婴儿共同舒适生活的家
	3. 家有学龄前儿童阶段(第一个子女2岁半到6岁)	(1) 适应学龄前儿童的特殊需要和兴趣,并促进其生长; (2) 为人父母者,调适体力耗尽及缺乏隐私的状况
收缩期	4. 家有学龄儿童阶段(第一个子女6岁到12岁)	(1) 准备生育第二个子女; (2) 建立家庭与学校的互动关系; (3) 促进子女的学业成就; (4) 参与和子女有关的小区活动
	5. 家有青少年阶段(第一个子女12岁到20岁)	(1) 随着青少年的成熟及独立,调整亲子间的关系,在自由与责任中取得平衡; (2) 在为人父母后期,建立自己的兴趣及生涯

续表

家庭生命阶段		发展任务
收缩期	6. 子女离家阶段	(1) 适当地协助年轻人投入就学、工作、结婚； (2) 维持家庭成为家庭成员的重要支持来源
	7. 中年父母阶段（子女均离家到空巢或退休）	(1) 婚姻关系的再调适； (2) 调整及适应父母与成年子女的代际间关系； (3) 适应为人祖父母的角色； (4) 增加对小区及休闲等活动的参与
	8. 老年家庭阶段（从退休到夫妇2人死亡）	(1) 适应老化； (2) 适应退休； (3) 适应丧偶及独居

数据来源：Duvall, 1957；Duvall & Miller, 1985。

二、家庭环境与个体发展

（一）家庭结构

在个体发展的过程中，家庭结构是家庭因素中最为凸显的影响因素。家庭结构指的是家庭成员的构成，分为核心家庭、单亲家庭和主干家庭等。家庭结构不完整对个体发展会产生不利影响，可能导致其出现自我心理失调、性别角色缺失和道德社会化等问题。例如，父母离异常常会使儿童得不到来自父母双方完整的情感支持，导致儿童的社交和心理成熟程度下降，出现情绪、行为和学习兴趣低等问题。

父母角色对个体的影响也不同。比如，小男孩喜欢跟父亲玩耍，但是当生病的时候就会寻求母亲的安慰。父亲的参与有利于个体社交能力、自控力和同理心的发展，也有利于其道德、社交技能和语言发展；母亲的积极养育态度则有利于个体形成独立和合作的个性特点。

家庭中孩子的个数和出生顺序也会影响个体发展，独生子女受到全家成员的关注，应当防止过度溺爱；如果家庭中有两个孩子，需要做好第一个孩子对家庭新成员到来的准备工作，避免出现对弟弟妹妹的嫉妒情绪以及对父母心生偏爱之感；如果家中孩子的数量在三个及以上，就要做好每个孩子的心理工作，避免因照顾不周而产生不满情绪。

（二）抚养方式

家庭对个体的抚养方式主要有三种：一是由父辈家长直接教养的亲子抚养；二是由祖辈家长帮助照顾的隔代抚养；三是由亲子父母和隔代父母共同参与的抚养。不同抚养方式下的个体，生活能力不同，言语智商和操作智商都存在差异，一般来说，混合抚养的幼儿心理健康状况最好，亲子抚养次之，隔代抚养和其他抚养方式下的个体容易产生心理健康问题。因此，父辈家长要主动承担教养重任,调整教育方式,与祖辈家长协同进行幼儿教养,促进幼儿心理健康发展。

由于祖辈与儿童之间生活背景差距较大,生活习惯、生活方式、生活理念和所接受的教育观念与现代观念相差甚远,儿童随着祖辈生活,会受到祖辈思想观念潜移默化的影响,从而不利于儿童的身心发展。同时,祖辈年龄较大,身体机能的逐步老化所带来的价值感缺失,通过抚养不谙世事的儿童可以获得价值感,但容易对儿童产生过度关注,出现溺爱的情况。除此之外,当儿童处于最具想象力和创造力的时期,隔代抚养使祖辈使用老一辈的观念对儿童进行教化,错失儿童发展的关键期。对于儿童来说,父母是最重要的人,儿童从父母身上获取安全感,父母的责任无可替代。因此,父母应当尽量多抽出时间陪伴儿童成长,促进儿童个性和社会化的发展。

(三) 教育方式

1978年,美国心理学家黛安娜·鲍姆林德提出了家庭教养方式的两个维度,即要求性和反应性。要求性指的是家长是否对孩子的行为建立适当的标准,并坚持要求孩子去达到这些标准。反应性指的是对孩子和蔼接受的程度及对孩子需求的敏感程度。根据这两个维度,划分出四种类型的教育方式:权威型、放纵型、忽视型、民主型。

(1) 专制型。指家庭中父母是绝对的权威,个体必须按照父母的要求行事,不可反抗。面对这种类型的父母,个体要么失去对事物的探索欲望,个性变得懦弱和不自信,不主动参与社交;要么形成表面顺从但内心叛逆、容易被激怒、攻击性强的个性。

(2) 放纵型。指父母对儿童抱以积极肯定的情感,但缺乏控制。父母很少向孩子提出要求,例如,从不要求他们做家务事,也不要求他们学习良好的行为举止;对儿童违反规则的行为采取忽视或接受的态度,很少发怒或者训斥儿童。这会使个体很不成熟,具有较强的冲动性和攻击性,缺乏责任感,合作性差,很少为别人考虑,自信心不足。

(3) 忽视型。指父母对孩子既缺乏爱的情感和积极反应,又缺少行为方面的要求和控制,亲子互动很少。他们易对孩子流露厌烦、不愿搭理的态度,尤其对于耗时耗力的长期目标,如培养儿童良好的学习习惯、恰当的社会性行为等。这会使个体具有较强的攻击性,很少替别人考虑,对人缺乏热情与关心,并在青少年时期更有可能出现不良行为问题。

(4) 民主型。指父母与儿童在家庭中地位平等,儿童也可以参与家庭决策,父母会尊重儿童并听取儿童的意见,给予儿童一定的自由,而不是父母绝对权威或者忽视儿童的需求,这种教育方式可以使儿童感受到自尊感和能力感。父母采用民主型教育方式最有利于个体发展。

三、家庭危机事件与个体发展

家庭危机的产生有时是严重且长期的问题造成压力而成,有时候则是由一连串家庭成员无法处理的内外部小事情或一系列无间断的小事件所引起的。家庭系统内部所产生的危机,如亲人的逝世、家庭暴力所产生的冲突、离婚、酗酒,容易使家庭陷入混乱,增加成员的对立、疏离和冲突。

(一)情境性危机

情境性危机是指因客观环境因素、个人因素、人际间或社会环境因素所导致的不可预期的危机状态。情境性危机事件包括家人互动与冲突、离婚、家庭暴力、失业与财务、家庭经济困境、车祸、疾病与死亡、强烈地震、空难等。

(二)发展性危机

发展性危机是指因个人的成长与发展,或因个人的社会地位产生变化而有所关联,此为可预期的危机状态,因此又称为正常危机。一般而言,家庭生命周期中的可预期危机包括:

1. 初为人父母期

对许多夫妻而言,第一个小孩的出生往往引起夫妻生活上巨大的改变。它改变个人的社会角色、家庭生活、婚姻关系、自我概念,甚至有人可能感到迷惘和冲突。随着孩子长大,当夫妻面对青少年的子女进入青春期,也会面临包含社会及性角色的转变。

2. 空巢期

空巢期(empty nest)是指当子女长大离家后,特别是母亲,常有孤单寂寞的感觉,这与妇女更年期的负面情绪反应有关。由于社会型态的改变,中年妇女有更多投入职场的机会,因此,空巢期不仅对母亲有深刻的影响,对父亲也是一项挑战。

3. 退休期

传统的男性一旦退休后将使他们面临其角色的失落,如果男性对其展望及角色定义较有弹性的看法,他的调适就会比较容易。

4. 鳏、寡时期

鳏、寡时期始于配偶死亡,对新的、未婚的状态及失落的感觉作调整的过程,包括财物分配问题、再婚问题、子女的照顾问题,能预期危机的发生或事先计划,都是有效应对危机的重要方法。

每一个阶段所产生的关系困境,必会影响另一个阶段的关系发展。然而,大部分家庭都没有在阶段危机前预先做好应有的知识储备和心理准备,导致家庭中的个体因难以得到支持而发展受阻。

(三)社会文化危机

社会文化危机是指受社会价值观的影响或社会结构因素而引发的危机事件,常无法为当事人掌握,是难以预期的。社会文化危机可能来自家庭内部,也可能来自家庭外部。

家庭内部危机因素包括对家庭、婚恋、养育、孝道等与家庭相关的价值观念,以及在家庭互动中的行为模式和面对压力时的应对方式等。例如,夫妻双方对承担家务持不同的观念,对养育孩子的方式持不同的理念等,都易造成家庭冲突。

家庭外部危机因素包括文化、历史、经济、遗传等。例如,部分地区依然存在重男轻女的现象,对部分家庭产生的影响。另外,如果夫妻两个皆为海洋性贫血带因者,则很可能会生出一个重症海洋性贫血子女,对家人互动、照顾、经济等都会带来负担。

当下,家庭危机主要表现为人口问题、生育率低下/少子化、高龄化/独居老人、晚婚/不婚、孤独/无缘等各种不同的问题。不少调查统计的资料说明,在日本、韩国等国家,年轻人的晚婚、不婚,老年人的独居等现象,已经成为突出的社会问题,以至家庭系统的崩溃趋势成为这些社会的普遍担忧。

本 章 小 结

1. 家庭中的社会观念主要是以家庭为载体,体现对待亲子关系、夫妻关系、亲属关系以及其他家庭事务所持有的一种态度、看法和信念。家庭观具有利他性、内化性、能动性等特点,并包含婚恋观、养育观和孝道观。

2. 家庭中的人际关系主要包括夫妻关系、亲子关系和同胞关系。

3. 家庭生命周期指一个家庭从诞生到消亡的生命历程,并具有丰富的内涵。

4. 家庭环境通过家庭结构、抚养方式和教育方式,对个体产生深远的影响。家庭内外部的危机对个体的发展和家庭系统的运作都有着冲击作用。

思 考 与 练 习

一、名词解释

养育观 夫妻关系 家庭生命周期

二、论述题

1. 论述如何培养良好的亲子关系。

2. 简述家庭环境对个体的影响。

参 考 文 献

1. [美]Elliot Aronson、Timothy D. Wilson、Robin M. Akert,2007,《社会心理学》(第五版·中文第二版),侯玉波等译,北京:中国轻工业出版社。
2. 曹锦清、张乐天,1992,"传统乡村的社会文化特征:人情与关系网———一个浙北村落的微观考察与透视",《探索与争鸣》第2期。
3. 陈欣银、李伯黍、李正云,1995,"中国儿童的亲子关系、社会行为及同伴接受性的研究",《心理学报》第3期。
4. [美]戴维·迈尔斯,2016,《社会心理学》(第11版),侯玉波、乐国安、张智勇等译,北京:人民邮电出版社。
5. 方文,1995,"论社会行为研究的伦理学",《自然辩证法通讯》第2期。
6. [美]费正清,1999,《美国与中国》(第四版),张理京译,北京:世界知识出版社。
7. [美]加德纳·墨菲、约瑟夫·柯瓦奇,1980,《近代心理学历史引导》,林方、王景和译,北京:商务印书馆。
8. 侯玉波,2007,《社会心理学》(第二版),北京:北京大学出版社。
9. 黄光国、胡先缙等,2004,《面子——中国人的权力游戏》,北京:中国人民大学出版社。
10. 黄雪娜、金盛华、盛瑞鑫,2010,"近30年社会心理学理论现状与新进展",《社会科学辑刊》第3期。
11. 金盛华,2005,《社会心理学》,北京:高等教育出版社。
12. 金盛华、张杰,1995,《当代社会心理学导论》,北京:北京师范大学出版社。
13. [美]道格拉斯·肯里克、史蒂文·纽伯格、罗伯特·西奥迪尼,2011,《自我·群体·社会:进入西奥迪尼的社会心理学课堂》(原书第5版),谢晓非等译,北京:中国人民大学出版社。
14. 乐国安,2003,《应用社会心理学》,天津:南开大学出版社。
15. 乐国安,2006,《社会心理学》,广州:广东高等教育出版社。
16. 乐国安,2010,《社会心理学教程》,北京:中央广播电视大学出版社。
17. 雷雳、王争艳、李宏利,2001,"亲子关系与亲子沟通",《教育研究》第6期。
18. [英]理查德·克里斯普、里安农·特纳,2008,《社会心理学精要》,赵德雷、高明华译,北京:北京大学出版社。
19. 林语堂,1994,《中国人》(全译本),郝志东、沈益洪译,上海:学林出版社。
20. 刘永芳,1998,《归因理论及其应用》,济南:山东人民出版社。
21. 鲁迅,1991,"说'面子'",《鲁迅全集》第6卷,北京:人民文学出版社。
22. [英]罗素,1996,《中国问题》,秦悦译,上海:学林出版社。
23. 全国13所高等院校《社会心理学》编写组,2008,《社会心理学》(第四版),天津:南开大学出版社。
24. 沙莲香,2011,《社会心理学》(第三版),北京:中国人民大学出版社。
25. 申荷永等,1999,《社会心理学:原理与应用》,广州:暨南大学出版社。
26. 孙时进,2003,《社会心理学》,上海:复旦大学出版社。
27. 王登峰、崔红,2007,"人格结构的中西方差异与中国人的人格特点",《心理科学进展》第2期。
28. 吴江霖、戴健林、陈卫旗,2004,《社会心理学》,广州:广东高等教育出版社。
29. [美]谢利·泰勒、利蒂希亚·安妮·佩普卢、戴维·西尔斯,2010,《社会心理学》(第12版),崔丽娟、王彦等译,上海：上海人民出版社。
30. 杨国枢,2004,《中国人的心理与行为：本土化研究》,北京：中国人民大学出版社。
31. 杨国枢,2006,《中国人的心理》,南京：江苏教育出版社。
32. 俞国良,2015,《社会心理学》,北京：北京师范大学出版社。
33. 翟学伟,1994,《面子·人情·关系网》,郑州：河南人民出版社。
34. 翟学伟,2011,《中国人的脸面观：形式主义的心理动因与社会表征》,北京：北京大学出版社。
35. 翟学伟,2015,《人情面子与权力的再生产》(第二版),北京：北京大学出版社。
36. 张春兴,2021,《现代心理学》,上海：上海人民出版社。
37. 周晓虹,1994,《现代社会心理学史》,北京：中国人民大学出版社。
38. 周晓虹,1997,《现代社会心理学》,上海：上海人民出版社。
39. Baumrind, D., 1964, Some Thoughts on Ethics of Research: After Reading Milgram's Behavioral Study of Obedience, *American Psychologists*, Vol.19: 421–423.
40. Blood, R. O. and Donald, M. W., 1960, Wolfe Husbands and Wives: The Dynamics of Married Living, New York: The Free Press.
41. Cartwright, D., 1979, Contemporary Social Psychology in Historical Perspective, *Social Psychology Quarterly*, Vol. 42: 82–93.
42. Clinton, E. P., 1967, Measuring Power of Spous, *Sociology and Social Research*, Vol. 10: 35–49.
43. Milgram, S., 1963, Behavioral Study of Obedience, *Journal of Abnormal and Social Psychology*, Vol.67: 371–378.

图书在版编目(CIP)数据

社会心理学新编/王晓楠,雷开春主编. —3 版. —上海:复旦大学出版社,2023.9
ISBN 978-7-309-16923-2

Ⅰ.①社… Ⅱ.①王… ②雷… Ⅲ.①社会心理学-研究-中国 Ⅳ.①C912.6

中国国家版本馆 CIP 数据核字(2023)第 132256 号

社会心理学新编(第 3 版)
SHEHUI XINLIXUE XINBIAN(DI SAN BAN)
王晓楠 雷开春 主编
责任编辑/戚雅斯

复旦大学出版社有限公司出版发行
上海市国权路 579 号 邮编:200433
网址:fupnet@fudanpress.com http://www.fudanpress.com
门市零售:86-21-65102580   团体订购:86-21-65104505
出版部电话:86-21-65642845
常熟市华顺印刷有限公司

开本 787×1092 1/16 印张 17.5 字数 441 千
2023 年 9 月第 3 版
2023 年 9 月第 3 版第 1 次印刷
印数 1—5 100

ISBN 978-7-309-16923-2/C·437
定价:56.00 元

如有印装质量问题,请向复旦大学出版社有限公司出版部调换。
版权所有 侵权必究